進化心理学から見た
機能とメカニズム

仲直りの理（ことわり）

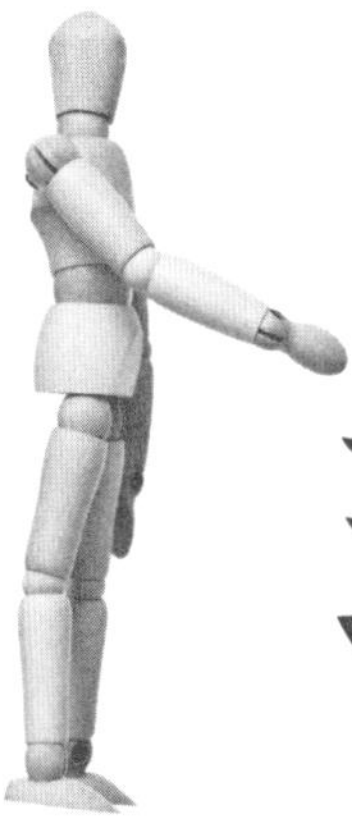

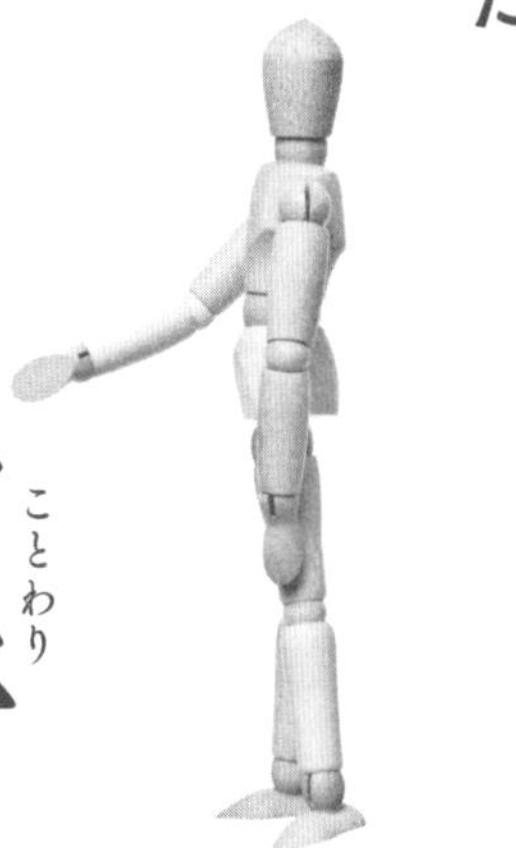

大坪庸介
Yohsuke Ohtsubo

ちとせプレス

はじめに

この本は「仲直り」についての本です。ですが、そもそも仲直りが必要な状況というのは、誰かとケンカをしたり、何かで相手ともめた状況です。このような状況を心理学では対人葛藤といいます。対人葛藤さえなければ仲直りも必要ないわけですから、仲直りについて考えるよりも、対人葛藤をいかにして避けるか、減らすかを考えた方がよいのではないかと思われる方もいらっしゃるかもしれません。しかし、どんなに注意深く相手とつき合っていたとしても、誤解によって相手を怒らせてしまったり、あなたから見るとまったく問題のない一言で相手が傷つくことだってあるでしょう。対人葛藤をゼロにすることができないのであれば、それをどのように解決することができるのかを考えてみようというのがこの本の目的です。

誤解による対人葛藤の例を小説にもとめると、夏目漱石の『坊っちゃん』にそのような対人葛藤とその後の仲直りまでの経緯が描かれています。[1] 古典的名作なのでストーリーをご存じの方も多いと思いますが、あらすじの一部をここで紹介する無粋をご容赦ください。松山の中学校に数学教師として赴任した主人公の坊っちゃんは、同僚の数学教師の山嵐といくつかの誤解が原因でケンカをします（あるいは、一方的に坊っちゃんが山嵐に腹を立てたといった方がよいかもしれませんが）。ケンカの一つの理由は、その学校の生徒が坊っちゃんをいたずらでからかったことです。生徒のいたずらに怒りが収まらないでいる坊っちゃんに対して、教頭の赤シャツが、生徒をそそのかしたのは山嵐だろうとほのめかしたのです。それで坊っちゃんが山嵐に腹を立てていたところ、追い打ちをかけるように、山嵐が坊っちゃんに下宿を出ろと言ってきます。坊っちゃんの下宿は山嵐の紹介で決まっていたのですが、下宿の主人が坊っちゃんの横暴に手を焼いて困っているので出て行ってほしいと山嵐に相談したというのです。こういったことがタイミング悪く重なって、二人は口をきかなくなります。

　そのうちに、当地の中学校の事情がわかってきた坊っちゃんは、山嵐と赤シャツは折り合いがよくないことを知ります。そして、山嵐が生徒をそそのかしたというのは赤シャツの嘘だったということに気づきます。そうすると、坊っちゃんとしてはなんとなく虫が好かない赤シャツとはつき合っていて、授業や下宿のことを気にかけてくれた山嵐とは口もきかずにいるというのがばからしくなってきます。ですが、坊っちゃんには山嵐と仲直りしにくい事情があります。というのは、赴任した直後、坊っちゃんは山嵐に氷水をおごってもらったのですが、ケンカしたときにその代金の一銭五厘を山嵐につき返してやろうと、山嵐の机に置いたのです。山嵐はそれに手をつけず、一銭五厘は山嵐の机の上でほこりをかぶっています。この一銭五厘が二人の間の心理的な壁となって仲直りのきっかけがつかめずにいました。

　そんなある日、山嵐の方から坊っちゃんに声をかけてきました。下宿の主人が坊っちゃんが横暴だと言ったのは、坊っちゃんに何かを売りつけようとしたら断られたことへの腹いせだったことがわかったのだそうです。山嵐は誤解によって坊っちゃんを下宿から追い出したことを謝ります。渡りに船で、坊っちゃんはこのタイミングで一銭五厘を山嵐の机から回収します。こうしていくつかの誤解がとけ、二人は無事に仲直りを果たします。誤解がとけたこともありますが、ストーリーが進むなかで赤シャツが二人にとっての共通の敵になったことも、二人が関係を修復できたことの一因かもしれません。

坊っちゃんと山嵐は誤解がとけて仲直りできましたが、シェークスピアの戯曲『ロミオとジュリエット』では、長い間いがみ合ってきたモンタギュー家とキャピュレット家が和解するためには大きな犠牲が必要でした。両家の和解が実現したのは、モンタギュー家の息子ロミオとキャピュレット家の娘ジュリエットが亡くなった後でした[2]。二人が命を絶つにいたった理由のおおもとは両家の対立にあります。二人はふとしたことから恋に落ちましたが、対立する両家の息子と娘が結婚することは、どうしても許してもらえませんでした。一計を案じたジュリエットは服毒自殺を偽装しました。ところが、ちょっとした手違いのためにロミオはジュリエットが本当に死んでしまったと思い込み、絶望して自殺してしまいます。そして、そのことを知ったジュリエットも後追い自殺をしたというのが五〇〇年以上読み継がれている有名な悲劇のあらましです。両家の家長は、ともにこのような大きな犠牲を払ってやっといがみ合うことのばからしさを悟り、和解することができました。

どちらも創作の中の仲直りではありますが、和解せずにいがみ合い続けることのばからしさとともに、それにもかかわらずなかなか和解することができない現実がよく描き出されています。いがみ合うのはばからしい、だけど仲直りも難しいというのは、古今東西の人間社会に通底する問題なのかもしれません。このような名作の中に仲直りの例をもとめていると、仲直りとはなんとも人間臭いことのように思えてきます。そう、対人葛藤には家族代々の宿怨によるものもあれば、ちょっとした誤解が原因で生まれるものもあります。なかなか仲直りを切り出せないのは相手のことが恨めしくて仕方がないからかもしれませんし、面子にかかわるとかばつが悪いからかもしれません。

このように考えると、仲直りを理解するためには心理学でこれまでにわかっていることを総動員してかからなければならないように思えます。実際、仲直りの研究に取り組んだ心理学者（おもに社会心理学者、性格心理学者、臨床心理学者）の研究は膨大で、二〇〇五年には *Handbook of Forgiveness*（直訳すれば、『赦しのハンドブック』）という六〇〇ページ弱の専門書が刊行されています。そして二〇一九年には、内容を刷新した第二版が出ました。[3] 本書では仲直りを被害者の赦し、加害者の謝罪の二つに分けて考えていきますが、そのうちの赦しの方だけでも全三二章の分厚い本になるのです。[4] ちなみに、「ゆるし」には「許し」という漢字もありますが、こちらは「許可する」という意味でも使われるので、本書では「赦し」の方を使うことにします。

赦し研究が多岐にわたるテーマを扱っていることは、二〇一〇年に発表された赦し研究のメタ分析論文にも見て取れます。[5] メタ分析とは、過去に行われた実証研究のデータをひとまとめにして、過去の研究が全体として何を示しているのかを明らかにしようという研究方法です（メタ分析でなぜ過去の研究の結果をひとまとめにできるのかについては、第5章のコラム5－1を参照してください）。ライアン・

フェアらの研究グループは、それまで個別の研究で赦しを促すかどうかが検討されてきたさまざまな要因に本当に効果があるのかどうかについてメタ分析を用いて総合的に検討しています。たとえば、性別の効果（女性は男性より赦しやすいのか、あるいは男性の方が女性より赦しやすいのか）、年齢の効果（年をとると他者を赦しやすくなるのか、または赦しにくくなるのか）といったことを検討した過去の研究を集めて分析し直しているということです。ちなみに、このメタ分析の結果によれば、赦しについて男女差はありません。また、年齢については、年を重ねるにつれて他者を赦しやすくなるという傾向が弱いながらも見られました。このように赦しを促すかもしれない要因が全部で二五種類も分析されています。つまり、これまでに心理学者は赦しだけで少なくとも二五種類の要因が関係しているかもしれないと調べてきたということです（二五種類の要因がどのようなものだったかについては、「はじめに」の最後につけているコラム0を参照してください）。

この本では、こういったこれまでの心理学の積み重ね全体にまんべんなく注意を払うことをしません。むしろ、複雑になってしまった赦しの研究を見通しよくまとめてみたいと思います。そのとき、できれば恣意的なまとめ方にならないようにしたいと思います。そこで、人間に限らずさまざまな生き物の行動に当てはまる進化論に依拠してまとめていきます。つまり、進化心理学的なアプローチを用いようということです。ですが、わざわざ生物学の理論をもち出すと、心理学の中だけで検討していても複雑になってしまう研究領域をさらに複雑にしてしまうことにはならないでしょうか。その点はご安心ください。進化論というどんな生き物にも当てはまる理論を使うことで、人間だけにしか当てはまらない細かな要因を抜きにして、どんな生き物にも当てはまる仲直りの本質を浮かび上がらせようという企図なのです。

　進化論や進化心理学という学問については第2章でくわしく説明しますが、少しだけ先に説明しておきます。進化心理学という分野は、身体の作りだけでなく心の働きも、環境に適応したものが残り、環境に適応しないものが生存できない・繁殖できないという形で淘汰される結果形作られるのだと考える心理学の一分野です。たとえば、サバンナで生活していた私たちの祖先の中に、ライオンのような大型の肉食獣を見てもちっとも怖がらずに逃げもしない人と、肉食獣の気配を察知するとすぐに安全な場所に逃げ込む人がいたとします。どちらが適応的でしょうか？　ここで適応的という言葉は、「しぶとく生き残り、多くの子孫を残す」という意味で使っています。答えはほぼ自明に思えます。肉食獣の気配があるとすぐに隠れる方が生き残りやすいに違いありません。これは少し単純化した例ですが、このような形での自然淘汰[6]が続けば、ヒトという動物には肉食獣に敏感で、肉食獣の気配を感じたら逃げ出すような傾向が進化することになります。このようにして私たちヒトに定着した心の働きはそう簡単にはなくなりません。多くの場合、進化には長い時間を要するからです。

　このように書いてくると、勘の鋭い読者の方は、この本で扱おうとする内容をすでにお察しかもしれません。なるほど、それでは**私たちの祖先でいざこざの後にすぐ仲直りできる者と、そうでない者がいたら、仲直りできる者の方が適応的だったので、私たちは仲直りする心の働きをもっている**と言いたいのだなと。拍子抜けしないでほしいのですが、煎じ詰めるとそのとおりです。でも、こんな一言に要約できるということは、筆者がただでさえ複雑な領域をさらに複雑にするために進化論をもち出しているわけではないということはおわかりいただけたのではないでしょうか。

それにしても、筆者はわざわざ一冊の本を書いて、この一言に要約できることを説明しようとしているのです。それはそれで無駄なことのように感じられるかもしれません。ですが、この単純なことが、よくよく考えていくとなかなか難しい面をもっています。冒頭で例に挙げた坊っちゃんはかなりせっかちな人なので、煎じ詰めた結論が聞けたのでもういいと言ってこの本を投げ出すかもしれません。ですが、こんな単純な話の裏に何があるのだろうかと思われる読者には、せっかく手にとったのも何かの縁と思って読み進めていただければと思います。

たとえば、仲直りできる方ができないよりも適応的というのはヒトだけに当てはまるのでしょうか。『坊っちゃん』や『ロミオとジュリエット』に描かれる仲直りは、とても人間臭い営みでした。だとすれば、ヒトの進化に特有なことなのでしょうか。ヒトは大きなまとまりとしては霊長類という、いわゆるサルの仲間に入ります。現在地球上に存在するサルの仲間で直立二足歩行をするのはヒトだけですし、言語を使ってコミュニケーションするのもヒトだけです。この他にもヒトには他のサルの仲間と比べて特別なことがあります。それは脳が例外的に大きく、他のサルには見られないくらい大きな集団を形成するということです。

ヒト（ホモ・サピエンス）がはじめてアフリカに出現したとき、私たちの祖先は狩猟採集の生活をしていたと考えられています。現代の狩猟採集民は、その意味で私たちの祖先の生活をうかがい知る手がかりとなります。彼らが日常的に社会関係をもっている人の数は、平均すると一五〇人くらいですが、これがサルの仲間が作る群れとしては格別に大きいのです。人類学者のロビン・ダンバーは、ヒトを含むサルの脳の大きさ（もう少し丁寧に言えば、高次の知性に関係する新皮質という部位が脳全体に占める割合）がそのサルが普段生活している群れの大きさと関係があることを発見しました。[7] 普段大きな群れで生活しているサルほど脳が大きいのです。群れが大きければ、誰が仲間で誰が敵か、また敵の敵は仲間かもしれないけれど、敵の仲間は敵だといったように、群れの中の社会関係の複雑なありようを把握しておかなければなりません。それができないと、気づいたときには群れの中に居場所がないといった致命的な事態に陥ってしまうかもしれません。サルの仲間では複雑な社会関係を把握するために脳が大きく進化したというダンバーの説は社会脳仮説と言われます。ヒトは群れも大きく脳も大きいので社会脳仮説が当てはまっています。その意味では、ヒトも例外ではありません。ところが、群れの大きさと脳の大きさのグラフを作ってみると、ヒトの群れの大きさ・脳の大きさはどちらも他の霊長類と比べて例外的に大きいので、グラフのかなり右上のあたりにポツンと孤立してしまいます。[8] そういう意味で、ヒトは特別なのです。

もし仲直りが複雑な社会関係に埋め込まれているからこそ必要なのであれば、仲直りは進化的にも人間特有の、本来的に人間臭い営みだといえます。ところが、どうもそうではないのです。多くの動物がケンカの後に仲直りすることが動物行動学の分野で報告されています。つまり、仲直りの進化を考えるときには、ヒトのことだけを考えていてはいけないのです。これは、研究をするためにはラッキーなことでもあります。もし、仲直りがヒトに特有の営みだとしたら、一五〇人という非常に大きな集団で起こるとても複雑な営みだということになり、その理（ことわり）を理解するのはとても難しい作業になるでしょう。ところが、もっと単純な社会をもつ動物でも仲直りが見られるのだとしたら、仲直りはもっと単純な社会をモデル化して理解できるということになります。この単純化を推し進めると抽象的だけど単純で分析しやすい進化ゲーム理論のモデルに行き着きます。

そのため、この本は「進化生物学のモデル研究」「動物行動学の研究」「心理学の研究」を行ったり来たりしながら進んでいきます。モデルによる理解、動物行動学での研究結果が「仲直りの理」の理解を助けてくれます。それを理解した後、ヒトの仲直りの理解へ進んでいきます。読み進めていただくとき、難しいと感じることがあれば、煎じ詰めれば著者が言いたいことは「**私たちの祖先でいざこざの後にすぐ仲直りできる者と、そうでない者がいたら、仲直りできる者の方が適応的だったので、私たちは仲直りする心の働きをもっている**」なのだと思い返してください。言わんとすることはこのように単純なのに、きちんと踏み込んで理解しようとすると複雑なのだと言いました。この煎じ詰めた理解を意識していると複雑な部分も読み進めやすくなるのではないかと思います。

また、先にお断りしておくと、この本はどのようにしたら仲直りできるのかについてのハウツー本ではありません。この本を読み通した後、仲直りっていうのは簡単だけど難しいなという、ある意味で矛盾した感想をもっていただくのが筆者の目標です。ハウツー本であれば、仲直りって意外と簡単なんだなと思ってもらうことが目標になるでしょう。だけど、この本を読み終わったみなさんには、理屈は簡単だけど、実践するのはなかなか大変なものだなあという感想をもってほしいのです。仲直りはなかなか大変だということを理解していると、そもそも対人葛藤なんて割に合わないから避けられるものなら避けたいと思えるかもしれません。そう、対人葛藤なんてないにこしたことはないのです。

コラム0　赦しを促す（妨げる）要因

本文で紹介したメタ分析で検討された二五種類の赦しに影響する要因は次の通りです。もとの論文ではこれを細かく分類していますが、ここでは、おおまかに三グループに分けて紹介しておきます。

①　次の一〇種類の要因は、被害者が加害者（または加害行為）についてどのように考えたか、感じたかということに関連する要因です。ただし、加害行為の客観的で自明な特徴と思われるような要因も含んでいます。たとえば、加害がどれくらい深刻かは客観的に決めることができますが、その深刻さが誰の目にも明らかであれば、被害者もそれを深刻なダメージと見なす・感じるでしょう。さらに客観的な特徴であっても被害者がそれに気づかなければ赦し（あるいは赦しにくさ）につながらないでしょう。そのため、客観的で自明な特徴は被害者の考え方・感じ方に含めることにしました。

・加害者の意図（加害者がわざとやったと思うと赦しにくくなります）
・加害者の責任（加害者に責任があると思うと赦しにくくなります）
・加害者からの謝罪の有無（第5章でくわしく説明しますが、謝罪があれば赦しやすくなります）
・被害の深刻さ（深刻であるほど赦しにくくなります）
・被害についての思考が反すうされる程度（第7章でも説明しますが、反すう思考は赦しを阻害します）
・ポジティブな気分（赦しとは関係しないという結果になりました）
・ネガティブな気分（ネガティブな気分は赦しを抑制します）
・相手に対する共感・同情（第6章でくわしく説明しますが、加害者への共感・同情は赦しを促す最大の要因です）

・相手に対する怒り（怒っているほど赦しにくくなります）
・被害があったときから経過した時間（赦しとは関係しないという結果になっていますから、時間の経過で自然と傷がいやされるわけではないようです）

② 次に挙げる一二の要因は赦す側の人の性格や属性といった個人特性に関するものです。つまり、どういう人は赦しやすい（赦しにくい）かが検討されたということです。

・協調性（協調性が高い人は他者を赦しやすい傾向にあります）
・視点取得傾向（相手の立場から物事を見ようとする人は他者を赦しやすい傾向にあります）
・赦し傾向（他者を赦しやすいという安定した傾向のことです）
・神経症傾向（神経症傾向が高い人はなかなか他者を赦さない傾向があります）
・怒り特性（怒りっぽい人はなかなか他者を赦さない傾向があります）
・共感的関心の抱きやすさ（苦しんでいる他者に共感して利他的に振る舞いやすい人は他者を赦しやすい傾向があります）
・自尊感情（赦しとは関係しないという結果になりました）
・うつ傾向（うつ傾向が高い人は他者を赦しにくい傾向があります）
・宗教性（赦し研究の多くは西洋で行われているため、ここでの「宗教」はおもにキリスト教になりますが、宗教熱心な人ほど他者を赦しやすい傾向があります）
・社会的望ましさを重視する程度（社会的望ましさを重視する人ほど他者を赦しやすい傾向がありますが、たんにそう答える方が望ましい反応だと考えて「赦している」と言っているだけかもしれないので注意が

必要です）
・性別（性別によって赦しやすさの違いはありません）
・年齢（年を重ねると他者を赦しやすくなる傾向があります）
③　次の三つは加害者との関係性に関する要因です。
・加害者との関係の近さ（近しい相手のことは赦しやすい傾向があります）
・関係へのコミットメント（関係にコミットしているほど、その相手を赦しやすい傾向があります）
・関係満足度（関係に満足していると相手を赦しやすい傾向があります）

いかがですか。こうしてみると、深刻なダメージがあるほど赦しにくいとか、怒っていると赦しにくいというたわざわざ調べる意味があったのかと思われる要因も含まれていたかもしれません。ですが、気分がよいからといって赦しやすいわけではないとか、年齢を重ねると必ずしも頑固で怒りっぽくなるというわけではない（むしろ赦しやすくなる）とか、調べてみないと本当のところはどうなのかわからないという要因も含まれていたのではないでしょうか。

目　次

第1章　動物たちの仲直り

「はじめに」で、仲直りはヒトという種に特有のものではないと述べました。近年、さまざまな動物がケンカの後に仲直りすることが報告されています。動物の仲直りの研究を始めたのは、霊長類学者のフランス・ドゥ・ヴァールでした。ドゥ・ヴァールは、『仲直り戦術』という本の中で、さまざまな種類の霊長類の仲直りのありようをいきいきと描いています[1]。その本のプロローグによれば、ドゥ・ヴァールの仲直りへの関心は、一九七五年の冬にオランダのアーネム動物園で目撃した二頭のチンパンジーのやりとりまでさかのぼります。アーネム動物園は、当時としては世界最大のチンパンジーの集団を飼育していました。そのうちの一頭のオスがメスのチンパンジーを攻撃したことで、集団全体に緊張が広がったそうです。異様な沈黙の後に集団全体が大騒ぎをし、その中で、攻撃したオスと攻撃されたメスがキスをし、抱き合いました。なんとも劇的な仲直りのエピソードです。

1　霊長類の仲直り

◇チンパンジーの仲直り

ドゥ・ヴァールがアーネム動物園で目撃したような仲直りは印象的ではありますが、だからチンパンジーには仲直りする傾向があるとはいえません。たとえば、筆者は、二〇二〇年六月に朝日新聞で次のような記事を見てびっくりしました。[2] 五〇代の男性が歩道を歩いていた妊婦さんのお腹を蹴って逃げたというのです。逮捕された容疑者の男性は、「邪魔だ、どけと言ったら、生意気なことを言われたので、蹴った」と容疑を認めていると書かれていました。もしあなたがこの事件の現場に居合わせて、それを目撃したとしたらとても驚き、衝撃を受けるでしょう。しかし、このことからヒトという種（とくに男性）には妊婦さんのお腹を蹴る習性があるということにはなりません。もちろん、そういう人がいたことは残念な事実ですが、だからそれはヒトという種によくある典型的な行動パターンなのだと考えるのは拙速にすぎます。

ドゥ・ヴァールが目撃したチンパンジー同士の仲直りについても同じことが言えます。たまたまこの二頭がキスをして仲直りをしたからといって、これがチンパンジーという種によくある典型的な行動パターンなのだと言い切ることはできないのです。そこで、ドゥ・ヴァールはもう少し系統だったデータを集めてみることにしました。[3] 当時の指導学生であったファン・ロスマレンが、アーネム動物園のチンパンジーの日々の相互作用の様子について詳細に観察記録をとり、それを分析してみたのです。[4] ドゥ・ヴァールが着目したのは、攻撃を受けたチンパンジー（B）が自分を攻撃したチンパンジー（A）と近づいたときにとる行動でした。[5] とくにケンカの後、最初にAに近づいたときが大事です。ただし、ケンカの後の最初の接触だけを見ていては、ケンカの後かどうかによらずこの二頭がいつも一緒にしている行動を仲直り行動と取り違えてしまうかもしれません。そこで、ケンカの後、二回目にAとBが接触したときに何をするかについても記録がとられました。すると、ケンカの直後かどうかによらず、毛づくろいは頻繁に観察されました。つまり、毛づくろいは仲直りのための行動ではないということになります。では、ケンカの直後に特徴的な行動はあったのでしょうか。冒頭で紹介した劇的なエピソードを裏打ちするように、二頭がキスするのはケンカの直後の接触のときにだけとくに頻繁に観察されました。

しかし、このキスは本当に仲直りの行動なのでしょうか。ケンカで攻撃を受けた後のBは、A以外のどのチンパンジーとでもキスをして落ち着こうとするのかもしれません。そのような批判をかわすために、ドゥ・ヴァールはBがA以外のチンパンジーと接触した場合についても調べましたが、この場合には、抱擁が頻繁に観察されました。ドゥ・ヴァールはこれをなぐさめと呼んでいます。その解釈の妥当性はさておき、大事なことは、ケンカの当事者同士の接触でないと、キスはほとんど見られなかったということです。英語では仲直りすることをkiss and make upと表現したりもします。直訳すると「キスをして仲直りする」という意味ですが、たんに「仲直りする」という意味で使われます。

チンパンジーの場合は文字通りキスをして仲直りすることが示されました。

◇チンパンジー以外の霊長類へ

チンパンジーの仲直り研究の成功もあって、ドゥ・ヴァールは他の霊長類での仲直りを調べ始めました。たとえば、私たち日本人に最もなじみがある霊長類はニホンザルですが、ニホンザルが含まれるマカク属というグループのサル（たとえば、アカゲザル）もドゥ・ヴァールの新しい研究対象になりました[6]。

しかし、チンパンジーに仲直り傾向があることがわかった後、他の霊長類で同じようなことを調べることにはどんな意味があるのでしょうか？　「チンパンジーが仲直りするのだから、他のサルもきっと仲直りするよね」では何がいけないのでしょうか。もしこのように思われた方がいらっしゃるとしたら、それはよくある誤解に基づいていると思います。それは、ヒトという動物が霊長類の中でも特別違っていて、他のサルは（チンパンジーも含めて）みな同じようなものだという誤解です。

たとえば、筆者は大学で進化心理学の講義をするときに、生物学的にいうとチンパンジーはヒトとゴリラのどちらにより近いかという質問をするようにしています。筆者の講義を受けているのはたいてい文系の学生ですが、この質問に正しく「チンパンジーはゴリラよりもヒトに近い」と答えることができるのは教室全体の半分くらいです。

しかし、チンパンジーはゴリラよりヒトに近いと言われても、何を根拠にそんなことを言っている

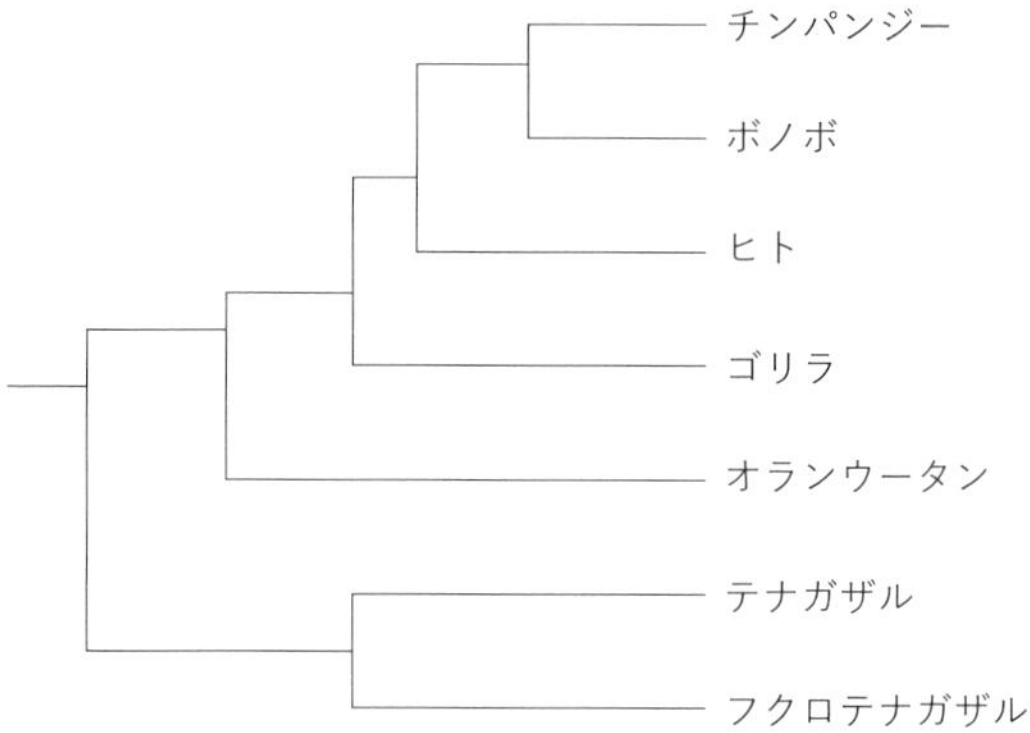

図1-1　ヒト上科の系統樹

（出典）ボイド・シルク（2011）より作成。

のだと思われるかもしれません。体の作りや遺伝距離をもとにして種がどのように分かれたかを示す系統樹を描くことができますが、ヒトに近い動物の集まりであるヒト上科に含まれる動物の系統樹を描くと、図1－1のようになります[7]。この図はロバート・ボイドとジョーン・シルクという人類学者によるヒトの進化についての教科書からとったものです（ただし、後の図1－3と合わせるために種の並び順を変更しています）。ヒト上科は、大型類人猿と呼ばれるグループ（チンパンジー、ボノボ、ゴリラ、オランウータンとヒト）とテナガザルのグループに大別されます。

そこで系統樹の上の方に書かれている大型類人猿のグループに注目しましょう。私たちヒトを中心に考えると、私たちヒトが属している枝から最初に分かれたのはオランウータンです（もちろん、ゴリラから見たとしても、ヒトやチンパンジーよりもオランウータンが自分につながる枝から最初に分かれたということになります）。その後、ゴリラが私たちヒトとチンパンジー、ボノボの属する枝から分かれました。私たちヒトとチンパンジー、ボノボは最後まで同じ枝にいたことになります。ところで、チンパンジーとボノボは、ヒトと枝分かれした後に、さらに二つに分かれたものです。ボノボという名前にはなじみがないかもしれません。チンパンジーと同じくアフリカの森林に住んでいて、社会性はかなり違いますが（とくに仲直りという点では、チンパンジーよりもはるかに仲直りが得意な種です）、見た目だけならチンパンジーと似ていると言って差し支えないと思います（チンパンジーと比べると顔が黒く、左右に分けたような髪形をしているといった特徴があります）。

私たちヒトとチンパンジー、ボノボのグループがいつ分かれたのか確実ではありませんが、いくつか考える手がかりはあります。ヒトをチンパンジー、ボノボと隔てる大きな特徴として直立二足歩行があります。テレビなどでチンパンジーが人と手をつないで歩いている様子などを見るかもしれませんが、実際にチンパンジーが地面を移動するときの通常の移動様式は、ナックルウォークといって拳を地面につけて歩くものです。それに対して、ヒトは手を地面につけることなく両足だけで立って移動します。直立二足歩行に向かう変化の兆しが見られる化石は七〇〇万年前から六〇〇万年前のものが最古と推定されているので、その頃に直立二足歩行に移動様式を少しずつ変化させた私たちヒトの祖先が、チンパンジー、ボノボの祖先と枝分かれしたと考えられます。

図1－1だけではわかりにくいかもしれないので、ボイドとシルクの教科書に紹介されている遺伝距離という推定値も紹介しておきます（遺伝距離についてはコラム1を参照してください）。チンパンジーとゴリラの遺伝距離は一・六三と推定されていますが、ヒトとチンパンジーの遺伝距離は一・二四し

かないのです（ちなみに、ヒトとゴリラの間の遺伝距離は一・六二です）。チンパンジーがゴリラよりもヒトに近いということを理解していただけたでしょうか。ですが、そのゴリラもオランウータンと比べるとまだまだヒトに近いのです。ヒト、チンパンジー、ゴリラのいずれから測ってもオランウータンとの遺伝距離は三以上になります。

それではニホンザルはどうなのでしょうか？　残念ながら私たちになじみの深いニホンザルは進化的には図1－1に入るには遠すぎます。そのため、図の中に入っていません。彼らが温泉につかってくつろいでいる姿は、いかにも人間的という印象を与えますが、進化的にはテナガザルの仲間よりもさらにヒトから離れているのです。

さて、ここで先ほどの問いに戻ります。チンパンジーが仲直りすることから、他の霊長類も仲直りするはずだと言ってよいのでしょうか。ヒトとチンパンジーの進化的な近さがわかってしまうと、そんなことはとても言えないと思うでしょう。それは、「ヒトが仲直りするのだから、他のサルもきっと仲直りするよね」と言っているのと同じくらい乱暴な議論なのです。

◆ＰＣ－ＭＣ比較法

少し遠回りをしましたが、ドゥ・ヴァールらが一九八三年に発表したアカゲザルの仲直り研究に戻ります。[8] この研究は、チンパンジーよりはるか以前に枝分かれした種での仲直りの証拠を見つけたというだけでなく、そこで使われた研究方法がその後の動物の仲直り研究の標準的な方法になったという意味でもとても画期的でした。アカゲザルとはインド周辺に分布するマカク属というグループに含まれるサルです（先にも述べたように、マカク属には日本人にとってなじみ深いニホンザルも含まれています）。ただし、ここで紹介する研究はインドで行われたのではなく、アメリカの霊長類研究センターで行われたものです。ですが、インドで捕獲された野生の群れが、群れごとアメリカに引っ越しているので、この研究結果には、野生の群れでの行動が反映されているといってよいでしょう。

この研究でも、先ほど紹介したチンパンジーの研究と同じようにケンカの直後に二頭が接触したときと、その次に同じ二頭が接触したときの行動のパターンが調べられています。「ケンカの後」は英語でpost-conflictと言います。論文では、これを略してPCとされています。このアカゲザル研究では、ケンカの直後に二頭が近づいて友好的な相互作用を始める傾向があるのだということを示すために、ケンカの後の二回目の接触だけでなく、ケンカが起きた日の次の観察日の同じくらいの時間帯にも観察をしました。その二頭が最初から接触しているとケンカの後の接触との比較対象にならないので、二頭が接触していないときを見計らって、その二頭が近づくかどうかを観察しました。このケンカの直後に対応する次の観察日は、実験でいうところの統制条件（英語ではcontrol condition）にあたると考えられます[9]。ドゥ・ヴァールらの論文では、ケンカ直後に対応する（マッチした）統制条件というニュアンスでmatched control（略してMC）と書かれています。MCの観察は実験でいうところの統制条件にあたるので、前回の観察でケンカをした二頭をPCのときと同じような条件で観察します。たとえば、ケンカが午後に起きたのであれば、午後に観察します。時間帯によって二頭の行動パター

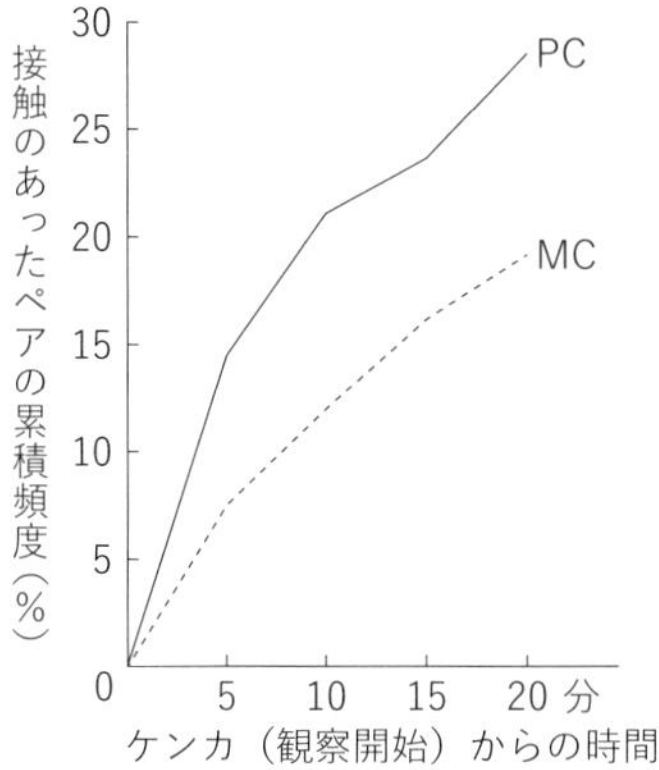

図 1-2　アカゲザルを対象とした PC-MC 比較法研究の結果

（出典）　de Waal & Yoshihara（1983）より作成。

ンが違っているかもしれないからです。このように注意深く観察したＭＣでの行動と比べることで、ケンカの直後（ＰＣ）の二頭は、そうでないときと比べてお互いに近づきやすいかどうかを見極めることができます。この研究方法はＰＣ－ＭＣ比較法と呼ばれています。

図１－２はアカゲザルを対象としたＰＣ－ＭＣ比較法を用いた研究の結果です。横軸はケンカが起きてからの時間（分）です。縦軸はその時間以内に近づいて接触のあったペアの割合（パーセント）です。実線で示されているのがケンカの直後（ＰＣ）のデータ、破線で示されているのが対応する統制条件（ＭＣ）のデータです。どちらも右上がりのパターンを示していますが、これは横軸に示された時間までに互いに近づいて接触したペアの割合を累積的に示しているからです（一〇分以内のどこかのタイミングで接触したペアには、九分以内のどこかのタイミングで接触したペアがすべて含まれているということです）。たとえば、ケンカの後、五分くらいでＰＣの実線は一五

パーセントくらいの値を示しています。これは、五分以内のどこかのタイミングで一五パーセントくらいのペアが接触をしたということを意味します。同じ五分でMCの破線は一〇パーセント未満にとどまっています。つまり、ケンカをした直後の方がそうでないときよりも二頭が近づきやすいということになります。グラフの〇分以外のどこを見てもPCの実線の方がMCの破線よりも上にあるのは、どのタイミングで見ても、その時間までに近づいて接触した割合はケンカ直後の方が高かったということです。

つまり、図1-2に示される結果から、ケンカをした二頭は、ケンカをしていないときよりも近づいて接触しやすいことがわかります。このPC-MC比較法は、ケンカをするところを観察することができる動物であれば、どんな動物の研究にも使うことができます。ケンカの後にケンカをした二個体が近づいて相互作用を始めるまでの時間を計っておき、それに対応する別の機会で同じ二個体が近づいて相互作用を始めるまでの時間を計ればよいのです。このような単純な方法で仲直り傾向を調べることができることがPC-MC比較法の強みです。

ところで、アカゲザルの仲直りの仕方はチンパンジーのようにキスをするものではありませんでした。ケンカの直後と二回目の接触のときの行動の違いを調べたところ、ケンカの直後に多く見られたのは、抱擁、リップ・スマッキング（口を素早くパクパクさせるもので、マカク属のサルでは友好的な相互作用のときに見られます）、第三の個体を威嚇して当事者同士のケンカは終わっていることを示すような行動の三種類でした。最後の行動など、いまとなっては君は敵じゃないんだと遠回しに言っているようで、チンパンジーと比べると進化的に遠いと言われても、なんとなく人間臭さが垣間見えるような気になります。

◇さまざまな霊長類の仲直り

これまでに、多くの霊長類でPC－MC比較法を用いた研究が行われ、仲直りがあるのかどうかが検討されました。その結果、霊長類の多くの種で仲直りが認められましたが、仲直りの仕方にはさまざまなヴァリエーションがあることがわかりました。たとえば、キス、抱擁、手をつなぐといった私たちヒトにもなじみのあるやり方をする種もありましたが、（多くの霊長類で仲直り以外の場面でもよく見られる）毛づくろいが仲直り行動にもなっている種もありました。変わったところでは相手のお尻をつかむだとか、疑似性交するといった種もありました。

表1－1は、フィリッポ・アウレリとドゥ・ヴァールが編集した *Natural Conflict Resolution* という二〇〇〇年に出版された本の付録から作成したものです[10]。また、アウレリとその共同研究者が一〇年後に同じような表をアップデイトしているので、そちらからも情報を追加しました。追加した情報は下線を引いて示しています。

仲直りがあったかどうかはPC－MC比較法でケンカの後の方がそうでないときよりも当事者同士が接近しやすかったということです。第三者よりもケンカの相手に接近しやすかったという証拠があるものについては選択的接触の列に○印がついています。また、それぞれの研究で観察されたケン

表 1-1　さまざまな霊長類での仲直り研究の結果

種（学名）	仲直り	選択的接触	仲直り率（%）
原猿類			
ワオキツネザル（*Lemur catta*）	×		—
アカビタイキツネザル（*Eulemur fulvus rufus*）	○	○	14〜21
クロキツネザル（*Eulemur macaco*）	×	—	—
新世界ザル			
フサオマキザル（*Cebus apella*）	○*	○	21
ノドジロオマキザル（*Cebus capucinus*）	○	—	—
シロクチタマリン（*Saguinus labiatus*）	×		—
コモンマーモセット（*Callithrix jaccus*）	○	—	—
コモンリスザル（*Saimiri sciureus*）	○	—	—
旧世界ザル			
スーティーマンガベイ（*Cercocebus torquatus atys*）	○		55
ベルベットモンキー（*Cercopithecus aethiops*）	○		14
パタスモンキー（*Erythrocebus patas*）	○	○	31
キンシコウ（*Rhinopithecus roxellanae*）	○		43〜54
ダスキールトン（*Trachypithecus obscura*）	○		41〜51
ゲラダヒヒ（*Theropithecus gelada*）	○		30〜45
ハヌマンラングール（*Semnopithecus entellus*）	○*	—	—
アビシニアコロブス（*Colobus guereza*）	○	—	—
アヌビスヒヒ（*Papio anubis*）	○	○	16
マントヒヒ（*Papio hamadryas*）	○		24
ギニアヒヒ（*Papio papio*）	○		27
チャクマヒヒ（*Papio ursinus*）	○		10〜35
ベニガオザル（*Macaca arctoides*）	○	○	26〜53
カニクイザル（*Macaca fascicularis*）	○	○	13〜40
ニホンザル（*Macaca fuscata*）	○	○	12〜37
ムーアモンキー（*Macaca maurus*）	○		40
アカゲザル（*Macaca mulatta*）	○	○	7〜23
ブタオザル（*Macaca nemestrina*）	○	○	30〜42
クロザル（*Macaca nigra*）	○	○	40
シシオザル（*Macaca silenus*）	○	○	42〜48
バーバリーマカク（*Macaca sylvanus*）	○	○	28〜33
トンケアンモンキー（*Macaca tonkeana*）	○		46
アッサムモンキー（*Macaca assamensis*）	○	—	—
大型類人猿			
マウンテンゴリラ（*Gorilla gorilla beringei*）	○*	○	—
ボノボ（*Pan paniscus*）	○		48
チンパンジー（*Pan troglodytes*）	○	○	18〜47

（注）フサオマキザルは食物が関係しない葛藤でのみ仲直りが見られている。ハヌマンラングールでは相手と近い場所にいるだけでも仲直りとしてデータに含められている。マウンテンゴリラではオスとメス間のケンカでのみ仲直りが見られている。

（出典）Aureli & de Waal（2000），Appendix A, pp. 383-384; Arnold et al.（2010）より作成（後者の論文の表から追加した情報については，選択的接触，仲直り率の情報が含まれなかったので，「—」としている）。

カのうち、仲直り率の列に示された割合（パーセント）のケンカが仲直りで解決されていました（ここから、すべてのケンカが仲直りで円満に解決しているわけではないということも見て取れます）。「仲直り」や「選択的接触」の列に〇印がついている種、つまり仲直り行動が観察された種であっても、仲直り率が低い種もあれば高い種もあることがわかります。また、同一の種の中でもいくつか研究があると仲直り率の見積もりに幅があります。たとえば、アカゲザルでは仲直り率が七〜二三パーセントと研究によってかなり違っていました。ただし、アカゲザルの仲直り率（最高でも二三パーセント）は、他のマカク属のサル（学名が *Macaca* で始まるサル）と比べると低めだということは言えそうです。

また攻撃をした個体とされた個体のどちらが仲直りのイニシアチブをとるかについても種による差があるようです。[11] たとえば、ベニガオザル、カニクイザル、ブタオザルは攻撃された個体が仲直りのイニシアチブをとることが多いようです。この攻撃した方がイニシアチブをとる二種には仲直り率が相対的に低いという共通点もあります。ドゥ・ヴァールは、これらの種では、攻撃された側がさらなる攻撃を警戒して攻撃者に近づきたがらないせいかもしれないと述べています。これに加えて、ボノボでも攻撃をした個体が仲直りのイニシアチブをとるのが一般的なのですが、ボノボの仲直り率は四八パーセントと高くなっています。ボノボでは攻撃が深刻なものであったときほど攻撃者が積極的に仲直りをしようとするので、同じ攻撃者からイニシアチブをとるといっても、先の二種とは異なる理由があるのではないかとドゥ・ヴァールは考えています。

表1－1を見ると、研究対象となったほとんどの霊長類で仲直りが確認されていることがわかります。しかし、個別の事情で仲直りが見られない種もあります。ここでは、これまでに考察されている個々の事情を少しだけ説明しておきます。原猿類であるキツネザルの中では、アカビタイキツネザルでだけ仲直りが観察されています。仲直りが観察されていないワオキツネザルは非常に結束の強い母系の社会を作り、その中では母娘、姉妹の強い絆が形成されるそうです。そのため、ワオキツネザルがケンカをするときには仲直りする必要のない敵対的な関係の個体とケンカをすることがほとんどで、それが仲直りが観察されない理由かもしれません。[12] シロクチタマリンでも仲直りは観察されていませんが、この結果は、何度か追試されています。そもそも、仲直りというのはケンカによって関係が悪くなったときに必要なのですが、シロクチタマリンではケンカがもとから少なく、ケンカの後にもさほど関係が悪くなっていないかもしれないという報告があります。タマリンは協力性が高い種なので、ささいなケンカでは関係が悪くならないのかもしれません。[13] ただし、ワタボウシタマリンは仲直りするという報告があるので、[14] タマリンとひとくくりで考えることはできないかもしれません。マウンテンゴリラの仲直りについては〇印にアスタリスクをつけて下に解説していますが、オス同士、メス同士、子ども同士のケンカでは仲直りは観察されていません。メス同士では、むしろケンカの後に再び攻撃する傾向さえあったようです。ですが、メスは自分にとっての保護者となるオスとのケンカの後には、仲直りをする傾向がありました。[15]

◇仲直りの系統樹

表1－1を見ると、とても多くの種類のサルで仲直りが観察されたように思えますが、これは系統樹ではどれくらい離れた種で仲直りが観察されたということなのでしょうか。名前は違ってもヒトとチンパンジーのような近縁の種で何度も仲直りが見られたというのと、系統樹で見てかなり離れた種で仲直りが見られたということでは「多くの種」の意味がまったく違います。図1－3は、二〇一一年に発表された遺伝距離に基づいた霊長類の系統図を簡略化したものに[16]、表1－1の結果などを当てはめてみたものです（余談ですが、図1－1は、この図のヒト科とテナガザル科の部分だけを拡大したものだと考えてください）。それぞれの長方形の大きさ（高さ）は、元論文の図に対応させています（それぞれの「科」に含まれる「属」の数が多いほど大きくなります）。たとえば、オナガザルの仲間はアフリカ、ユーラシア大陸に広く分布していますが（旧世界ザルと呼ばれます）。一方、新世界ザルと括られているのはアメリカ大陸に生息する仲間です。表1－1に含まれている属名（表1－1に合わせてアルファベットで表記しています）を、少し暗くした対応する長方形に白文字で入れています。オナガザルの仲間はそもそも種類も多く、研究対象にもなりやすいので多くの種が研究されています。また、仲直りが見られなかったものには取り消し線をつけています。

旧世界ザルの研究結果だけしかないと、いくら数が多くても進化的な時間で考えると比較的最近分岐した種だけが仲直りしているという可能性も残ります。ですが、南米のフサオマキザルが仲直りの証拠を示しているので、系統樹的に見ても早い段階で分岐した新旧両世界のサルのどちらも仲直りを

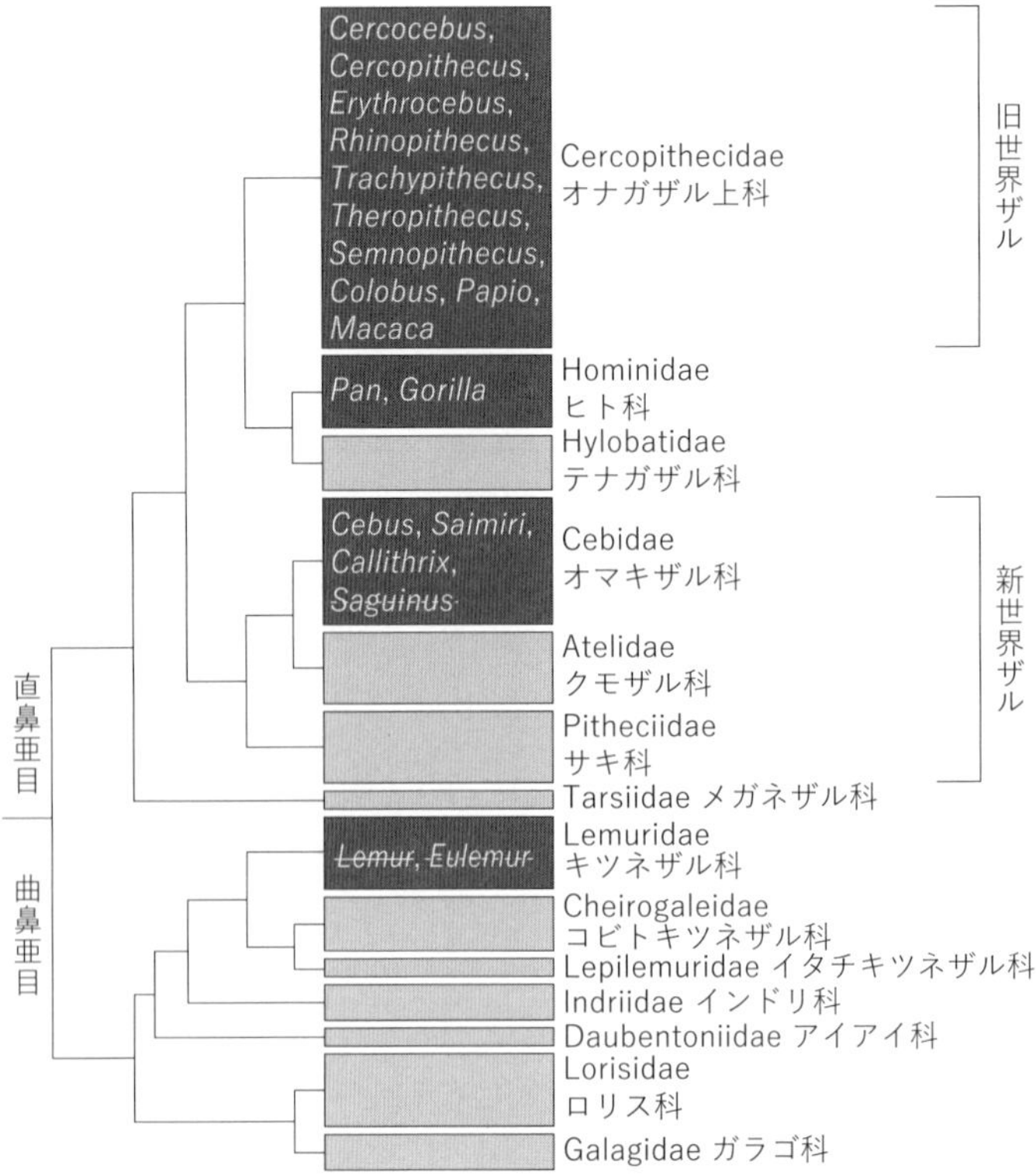

図 1-3　仲直り研究の対象になった霊長類を系統樹に位置づけたもの

（注）　仲直りが観察されなかった属には取り消し線，同じ属の中でも種によって結果が異なるものは破線の取り消し線をつけている。

（出典）　よりくわしい系統樹は，Perelman et al.（2011）。

することがわかりました。また、それよりもっと以前に分岐していたキツネザル科にも仲直りする種がいるということは、仲直りの進化的起源はかなり古いのかもしれません。ただ、進化的に遠いサルの間では、別々に仲直り傾向が進化したということも考えられます。このことについては、霊長類以外の仲直りの証拠を確認した後、あらためて考えます。

2　霊長類以外の動物の仲直り

◇霊長類以外の哺乳類の仲直り

霊長類では、系統樹のかなり広い範囲で仲直り行動が見られることがわかりました。近年、霊長類以外の動物でも、PC－MC比較法に基づく仲直り行動が見られたという報告が増えています。仲直りが報告されているのは、イヌ、オオカミ、ブチハイエナ、ウマ、ヤギ、ハンドウイルカ、シャチ、ワラビーといった群れを作り普段から他の仲間と一緒に生活している種です。興味深いことに、ペットのネコでは仲直り傾向がない（たんに相手と距離をおくだけ）という報告もあります[17]。野生のネコの原種は群れを作らないので、他の個体と仲直りをする機会も必要もなかったのでしょう。

多様な種で仲直りが観察されるという意味では、ワラビーに関する知見が重要です[18]。というのは、ワラビーはオーストラリアに生息する小型のカンガルーの仲間で、未熟な赤ちゃんを生んでお腹の袋で育てる有袋類に属しているからです。つまり、系統樹的に考えると、私たちになじみの深いたいていの哺乳類（胎盤のある哺乳類）とは早い段階で分岐してしまった種なのです。というわけで、系統樹的に遠いという点ではワラビーなのですが、じつはハンドウイルカの仲直り研究のうちの二つが日本で行われているので、ここでは霊長類以外の哺乳類の仲直りの例として、山本知里らによるハンドウイルカの研究（より新しい方の研究）をご紹介します[19]。

この研究は神戸の須磨海浜水族園、下関の海響館、鹿児島のいおワールドかごしま水族館の三つの施設で行われました（須磨の水族館へは筆者も子どもが小さい頃に何度も訪れているので、この研究にもますます親しみがわきました）。研究方法は霊長類の場合と同じで、ケンカが起きた後に親和的な相互作用が起こるかどうかを観察し、次の観察日のケンカが起こったのと同じ時間にケンカの当事者だった二頭を観察しました。イルカのケンカとしては、①一方が他のイルカを追いかけた、②一方が尾、尾のつけ根あたり、または頭で他のイルカを叩いた、③一方が他のイルカに嚙みついたの三通りのパターンが検討対象になりました。その後の親和行動としては、ひれを相手につけた状態で泳ぐ、一方が他方にひれをつけてこするようにする、二頭が同じようなタイミングで呼吸をするという三種類の行動が一〇分間に起こるかどうかが観察されました。

その結果、仲直りは五八・六パーセントのケンカの後に観察され、これはMCでの観察で二頭の親和行動が起こる確率よりも統計的に有意に高いものでした。つまり、ハンドウイルカでも仲直りが観察されたのです。また、この研究ではケンカに勝った個体にケンカとは関係のない第三の個体が近づく、ケンカに負けた個体に第三の個体が近づく、ケンカに負けた個体が第三の個体に近づくといった第三の個体を巻き込んだ葛藤管理の行動パターンも見られました。飼育下でないと難しい研究ですが、群れを作って生活する海洋哺乳類でも、ケンカの後に仲直りするという一つの証拠になります。

◇鳥類の仲直り

哺乳類では、霊長類に限らず群れで行動するさまざまな種で仲直りが見られました。この本ではイルカの仲直り研究を紹介しましたが、仲直りが見られた種のうち系統樹的に霊長類から最も離れているのはワラビーです。ですが、哺乳類以外ではどうでしょうか？　じつはワタリガラスとセキセイインコでPC－MC比較法を用いて仲直りが見られることが報告されています。鳥類で最初の仲直りの証拠はワタリガラスの研究だったのですが[20]、セキセイインコの研究は日本で行われた研究なので、ここでは一方井祐子らによって行われたセキセイインコの研究を紹介します[21]。

セキセイインコはつがいで子育てをする鳥で、同じ相手と生涯添いとげる種です。そこで、セキセイインコがいくら大きな群れでいるとしても、仲直りが必要なパートナーはつがいの相手ということになります。ヒトで言えば夫婦ゲンカの後に仲直りが起こるかどうかが検討されたということです。セキセイインコのケンカではくちばしを大きく開いて相手を威嚇したり、実際に相手をつついたりということがあるようです。それに対して、仲直りのための親和的相互作用としては、くちばしを触れ合わせる、向かい合って頭を縦に何度も動かす、毛づくろいをするといったことがあるそうです。

この研究では、オス、メスそれぞれ五羽で合計一〇羽の集団が二つ観察対象になりました（どちらの集団も少なくとも二カ月は一緒に過ごしていました）。二つの集団をあわせて合計一六時間、インコの様子を観察していたところ、二〇二回の夫婦ゲンカが観察され、そのうち三一回では五分以内に親和的相互作用が観察されました。これは、何もないときに夫婦が親和的相互作用をする頻度よりも高く、ケンカの直後に親和的相互作用が増える、つまり仲直りをする傾向が確認されたということです。ちなみに、セキセイインコはメスの方がオスより優位な種ということで、観察された二〇二回のケンカのうち一七八回はメスの勝ちだったそうです。一方、三一回の仲直りのうち二七回までオスがイニシアチブをとっていて（そのうち夫婦ゲンカで白旗を掲げたオスがイニシアチブをとったのが二四回）、セキセイインコのオスはパートナーの尻に敷かれていて大変そうです。

また、この研究では、つがいの相手以外とケンカをしたときのことも調べられています。その場合、つがいの相手に同じような親和的相互作用でなぐさめてもらうことも観察されました。つがいのパートナー以外とのケンカは一一一六回観察されていましたが、そのうち一三二回はケンカをした個体が直後に自分のパートナーと親和的相互作用をしていました。夫婦ゲンカは絶えなくても、よそでケンカしたときに頼れるのは自分のパートナーということなのでしょうか。これもなんだか人間臭く感じられて、この結果だけを聞いていると「どこか知らない国の民族を対象にした文化人類学の研究結果です」と言われても信じてしまいそうです。

◇魚類の仲直り

哺乳類、鳥類の仲直りの研究を紹介してきましたが、魚類の仲直りが（筆者が知る限り）これまでに一例だけ報告されているので、最後に魚の仲直りを紹介したいと思います。[22] 研究対象となったのは掃除魚として知られるホンソメワケベラと、そのお客たちです。

ホンソメワケベラは細長いベラの仲間で、体の横に黒く目立つラインが入っています。ホンソメワケベラは、他の魚の体についた寄生虫を食べてあげる掃除魚で、自分の「お店」になるような定位置をもって、そこにお得意さんの他種の魚が集まってきます（同じ個体が時間を空けて繰り返しつき合うという魚類としては珍しい状況です）。観察していると、ホンソメワケベラがお客になる魚の背びれのあたりを自分の胸びれや腹びれでさすって軽く刺激してあげるとお客の魚が動かなくなり（どうやらホンソメワケベラにさすってもらうのは、お客の魚にとって気持ちがよいようです）、そのすきにホンソメワケベラはお客の体についた寄生虫をとって食べます。

ホンソメワケベラの餌は基本的には他の魚の体についた寄生虫ですが、胃袋の中身を調べてみると他の魚の皮膚も入っているので、どうもお客さんの体の方もつまみ食いしているようです。そういうときには、お客の魚は体をゆすったり、ホンソメワケベラを追いかけたりします。長年、ホンソメワケベラを研究していたレドゥアン・ブシャリーは、ホンソメワケベラがお客を怒らせたときに、先ほどと同じようにお客をさすってあげること、それだけでなく、さすってもらったお客はホンソメワケベラが「仕事」を再開できるように再びじっと動かなくなることを発見しました。ブシャリーは、このホンソメワケベラと別の種の魚の間のやりとりは、一度争いが起きた後、うまく争いを収めているという意味で仲直りといってよいだろうと考察しています。

3　多くの動物が仲直りすることの意味

◇収斂進化

ここまで多くの動物で仲直りが見られることを説明してきました。多くの系統で仲直りが見られることは収斂(しゅうれん)進化と呼ばれる現象で説明できます。収斂進化について理解するために、魚やイルカの仲間に見られるひれについて考えてみましょう。ひれは水中で生活していると有用なものなので、水の中を泳ぎ回る動物の多くはひれをもっています。ところが、ひれをもっている動物は魚類であったり海洋哺乳類であったりと、まったく異なるグループに属していて、共通祖先から受け継いだものとは考えられません。つまり、水中生活にとって役に立つひれという器官が異なる種で別々に進化したと考えられます。この、同じ機能をもつ器官が異なる系統で別々に進化することを収斂進化といいます。

ところで、魚類のひれと海洋哺乳類のひれが独立に進化したというのは、なぜそう言えるのでしょうか。たとえば、クジラやイルカの祖先にあたる動物は陸上生活をしていたと考えられ、その化石を見てもひれはついていません。それだけでなく、イルカの胸びれの骨格を見ると、ヒトの腕から指にかけての骨と対応する骨からできていることがわかります。つまり、イルカの胸びれは四足動物の前足が変化したものであることがわかります。こうした証拠から、胸びれは魚の仲間と海洋哺乳類で別々に進化（つまり収斂進化）したことがわかります。

さて、この収斂進化が起きるということは、その環境で特定の器官がとても役に立つことを意味しています。たとえば、チョウチンアンコウのちょうちんについて考えましょう。ひれとは違って、ちょうちんは水中生活をしている動物に広く共有されているものではありません。ほとんどの魚類にはちょうちんはついていませんし、イルカやクジラ、ジュゴンやマナティにもちょうちんはありません。つまり、ちょうちんはアンコウには便利で有用であっても、水中生活にとって必要不可欠なものとは言えないということです。逆に、水中生活をしている多くの動物がひれを共有しているのであれば、水中生活のためにはひれがとても役に立つといってよいでしょう。収斂進化した器官があれば、それは同じような環境に住んでいるときにとても役に立つものだと言えるのです。

このことから、多くの動物に仲直りをする傾向が広く共有されているのであれば、仲直りすることは役に立つということです。また、鳥類は哺乳類とはまったく違うグループの動物だということも大事です。ご存じの方も多いと思いますが、鳥類の祖先は恐竜の仲間です。つまり、系統樹を哺乳類と鳥類の共通祖先が分岐する前にさかのぼると、その共通祖先は現在の爬虫類の祖先でもあります。このように哺乳類と鳥類がまったく異なる系統であることから、仲直り傾向は少なくとも哺乳類と鳥類で独立に進化した（収斂進化した）と言えるでしょう。さらに、魚類ではいまのところホンソメワケベラとそのお客との間でしか仲直りが確認されていないので、魚類の中でもホンソメワケベラで仲直りが特異的に進化したと考えることもできます。魚類の中で特定の種にだけ仲直りが進化しているのであれば、やはり収斂進化の証拠となります。

◇個別性を超えて

ここまで仲直りが動物たちの社会に広く見られるということを強調してきましたが、霊長類の中でもワオキツネザル、クロキツネザル、シロクチタマリンでは仲直りが確認されませんでした。また、霊長類以外の哺乳類ではミーアキャットとネコ、鳥類でもミヤマガラス、カケスでは仲直りが見られなかったという報告があります。[23] さらに、魚類では、これまで仲直りが報告されているのはホンソメワケベラだけです。

また、同じ霊長類の仲直りといっても、種によっていろいろなパターンがありました。攻撃した方から仲直りのイニシアチブをとる種もあれば、攻撃された方がイニシアチブをとる種もありました。また、仲直りの仕方もチンパンジーはキスをするのにアカゲザルは抱擁やリップ・スマッキングに加えて、ケンカの当事者以外の他の個体を威嚇して当事者同士の仲直りを促していました。

仲直りにはいろいろなやり方があると考えると、ここまで紹介してきた研究がいずれも大きな意味でPC－MC比較法という研究方法を用いたものにほぼ限定されていたことも気になります。というのは、この研究方法では仲直りをしたということにならない（直後に相手に近づくかどうかでは判断できない）、もっと遠回りで時間のかかる仲直りもあるかもしれません。たとえば、『坊っちゃん』や『ロミオとジュリエット』に描かれた私たち人間のややこしい仲直りはPC－MC比較法では扱いきれません。そのため、PC－MC比較法の限界によって確認できていない動物の仲直りはもっとあるのかもしれません。このように考えていくと、仲直りと一口に言ってもとても多様で、これをうまく整理して理解することができるのだろうかという気持ちになります。

ですが、考えてみてください。ひれだって魚の種によって大きさや形、その動かし方はさまざまです。それが魚だけでなく、海洋哺乳類にもあるのです。このように個々の違いを見ていけばそのヴァリエーションにはきりがないとしても、ひれが何の役に立つかは理解できます。たとえば、胸びれは水中で体を安定させるのに役に立つのです。

同じように、仲直りについても、個々の種に見られる違いは無視して、仲直りの機能の本質をおおづかみに理解することができるのではないでしょうか。ネコが仲直りしないという知見があることに触れましたが、祖先が群れを作らなかったネコに仲直り傾向がないということは、仲直りは集団生活にとって大事なのではないでしょうか。集団を作って生活をするということは、同じ相手と繰り返しつき合うことを意味します。このとき、特定の相手と敵対的な関係のままいるのは得策ではないでしょう。相手からいつ襲われるかと不安になることもあるでしょうし、その相手と二度と協調的な関係を築けないとしたら、関係がよかったら得られたはずの利益も得られなくなってしまいます。たとえば、霊長類の毛づくろいでは、お互いに相手の体についた寄生虫の卵をとってあげているので、自分の手の届かないところを毛づくろいしてもらうことの健康への影響（つまり適応上の利益）はとても大きなものです。鳥類で仲直りが見られたセキセイインコは夫婦ゲンカの後に仲直りしていましたが、夫婦関係とは同じパートナーと長期的に繰り返しつき合う関係にほかなりません。魚類ではホンソメワケベラが仲直りをしていましたが、ホンソメワケベラには、同じ場所でお得意さんを相手に掃除屋をして生活しているという特殊な事情があります。同じ相手と繰り返し協調的につき合っていかなければならないなら、こじれた関係を修復する仲直りが役に立つということになりそうです。

まとめ

第1章では、仲直りはヒトという種の専売特許ではないことを確認しました。ヒト以外の霊長類でも仲直りは広く見られました。また、霊長類以外の哺乳類にも仲直りをする種は多そうです。そのうえ、鳥類の中にも仲直りをする鳥がいますし、魚類でもホンソメワケベラが仲直りをしていました。つまり、仲直り傾向は系統樹の違う枝で何度か収斂進化しているのです。ひれが魚類と海洋哺乳類で収斂進化していたときに、ひれの機能をおおづかみに理解することができたように、仲直りの機能もおおづかみに理解することができそうです。繰り返しつき合う相手とケンカを続けても割に合わないことが多いので、早いうちに手打ちにしておいた方がよいのです。

ここでは仲直りがなぜ進化しそうなのかをおおまかに理解しました。第2章以降では、もう少しきちんと仲直りが進化する理由に迫りたいと思います。仲直りが進化する理由を理解するためには、個々の事例の詳細まで探る必要はないことがわかりました。第1章では直観的に理解できそうだということを説明しましたが、本当のところ仲直りにどのような機能があって、どのような条件があれば進化するのかはもう少し厳密に考えてみる必要があります。個々の仲直りの枝葉末節を取り払って（状況をおおづかみにして）、仲直りの進化の条件を厳密に探る方法を進化ゲーム理論といいます。

進化ゲーム理論は、枝葉末節を取り払った状況を扱うので、ややもすると無味乾燥で現実の私たちの行動とは無関係と誤解されることもあります。ですが、そうではありません。この章で見たように、仲直りは繰り返し同じ相手とつき合っていかなければならない状況であったら、種ごとに異なる諸事情を取り払ったとしても進化する可能性があります。だったら、枝葉末節を取り払って考えた方がその本質を理解することができるというものです。ヒトや動物の社会行動の本質をつかむための方法こそ進化ゲーム理論なのです。第2章ではそもそも進化とは何かをきちんと理解した後、進化ゲーム理論が「社会行動」の進化を考えるのにどのように役に立つのかを説明します。そして、第3章から第5章では、赦しや寛容さ、謝罪といった仲直りに関係する行動を扱った進化ゲーム理論のモデルを紹介し、それと対応する心理学の実証研究の知見を紹介します。つまり、枝葉末節を取り払ったモデルを使って仲直りの本質を理解するのと同時に、私たちの実際の行動もその本質から大きく外れていないことを知ってもらうのがこれらの章の目的です。

コラム1　遺伝距離

遺伝距離とは、集団同士が分岐してからの時間を反映したものです。どのようにしてさまざまな種の遺伝距離を求めているのでしょうか？　ここでは、ヒトと他の大型類人猿（チンパンジー、ゴリラ、オランウータン）との間の遺伝距離を調べた研究をもとに、簡単にその考え方を説明しておきます[1]。

私たちの遺伝情報（いわゆるゲノム）の中には、タンパク質の合成に関わらない部分があります。遺伝情報は、本来はまったく同じコピーを次世代に渡すのですが、一定の確率でコピーミスが起こります。このコピーミス（いわゆる突然変異です）は、タンパク質の合成に関わる部分にも関わらない部分にも同じように起きます。タンパク質の合成に関わる部分に起きるコピーミスはたいてい有害です（うまく動いている機械の設計図の一部をでたらめに書き換えることを想像してください）。このような有害な変異は淘汰により取り除かれます。一方、タンパク質の合成に関わらない部分（以下、未使用部分と呼びます）のコピーミスは淘汰されることはありません。そもそも未使用部分なので、この場所のコピーミスが有害になることはなく、有害ではないので淘汰によって取り除かれることもないのです。そのため、この部分のコピーミスは時間とともに一定のペースで蓄積していくことになります。

ヒトと他の大型類人猿の祖先がその共通祖先から枝分かれした後にも、未使用部分にそれまでなかったその種独自のコピーミスが蓄積したはずです。そして、ここで重要なことは、最近枝分かれした種では未使用部分にコピーミスがまだあまり蓄積していないので、未使用部分が似ているだろうということです。ずっと以前に枝分かれしていると、未使用部分に多くのコピーミスが蓄積していて似ていなくなっているはずです。この未使用部分が似ている程度を利用して遺伝的な距離を決めることができるのです。

第2章　行動の進化の理

第1章では仲直りが多くの動物で見られることを確認して、それが収斂進化した可能性を考えました。つまり、特定のパートナーと繰り返しつき合うことがある動物では、仲直りできる方が有利なので仲直りが多くの系統で何度か別々に進化したということです。このように、進化心理学的に仲直りというテーマに迫るということは、仲直りをする行動傾向がチャールズ・ダーウィンによって提唱された自然淘汰による進化によって形成されたと考えるということです。

第1章のように、動物たちの行動を題材にするのであれば、仲直りが進化したという考え方はとてもシンプルなものに感じられます。ところが、進化という言葉は日常的にいろいろな意味で使われていて、そのうちの多くは、生物学でいうところの進化とはまったく違っています。そこで、進化について誤解したまま読み進めて、話が噛み合わないということになってはいけません。この問題を避けるために、少し回り道と感じられるかもしれませんが、第2章では生物学で使われている「進化」という言葉の意味をきちんと理解し、それを踏まえて行動傾向が進化するということについて説明しておきたいと思います。

1　進化とは

◇フィンチのくちばし研究

「自然淘汰による進化」とは、遺伝子によって親から子に伝わる形質に個人差（動物の場合は個体差）があり、それに自然淘汰がかかる結果、**集団の中の遺伝子頻度が変化**することです[1]。なんだか小難しい言い方をしていると感じられたかもしれません。とくに遺伝子頻度と言われてもピンとこないかもしれません。そこで、実際に起きた進化を例にして説明します。ところで、みなさんは進化の実例としてどのようなものを思い浮かべるでしょうか？　進化とは長い時間をかけて生物が姿を変えていくプロセスなのだと思っているとしたら、はるか昔に生きていた、いまとは体つきがまったく違う動物の化石こそが進化の実例だということになるかもしれません。しかし、進化が起こるには、化石ができるほどの時間は必要ありません。

実際、化石に頼ったりすることなしに、ガラパゴス諸島のフィンチの集団に進化が起きているところを目撃した研究者がいるのです。ここで紹介するのは、ピーター・グラントとローズマリー・グラントという生物学者のカップルが、一九七三年以来、四〇年以上にわたってガラパゴス諸島の小さな島でフィンチという鳥を観察し続けた、その膨大な研究成果の一部です[2]。グラント夫妻が研究場所に選んだのは大ダフネ島という島で、「大」とついてはいますが島全体の面積が四・九平方キロメートルしかない無人の小さな島です。ガラパゴス諸島には一三種類のフィンチが生息しているのですが、グラント夫妻が研究対象に選んだのは、そのうちのガラパゴスフィンチという種とサボテンフィンチという種です。この本で紹介するのは、ガラパゴスフィンチの研究です。

グラント夫妻は、大ダフネ島が小さく、生息するフィンチの個体数も限られていたので（といっても一九七三年に最初に観察に訪れたときには、一〇〇〇羽以上のガラパゴスフィンチがいたそうですが）、すべてのガラパゴスフィンチに標識をつけて調査をすることができました。ちなみに、すべてのガラパゴスフィンチに標識をつけることができたのは、島が小さく数が限られていたから（しかもフィンチが島間の渡りをしないから）だけではありません。ガラパゴスフィンチの学名（*Geospiza fortis*）をそのまま訳すと「地上のフィンチ」という意味になるのですが、住んでいる場所が地上に近く捕獲して標識をつけやすかったのです。これがグラント夫妻がガラパゴスフィンチを対象に選んだ理由の一つでもあったようです。これに加えて、ガラパゴス諸島のフィンチが人を恐がらないということも大事でした。フィンチたちには人よりも捕食者であるフクロウの方が恐いようで、フクロウの影が上空に現れたときに、近くにいたフィンチがこぞってローズマリー・グラントの体にくっついたというエピソードもあるそうです。

このように、「全数調査」を敢行するのに有利な条件はあったとしても、やはりグラント夫妻のすばらしい発見を可能にしたのは、夫妻（と彼らの学生たち）の研究に対する情熱でした。グラント夫妻はフィンチのすべてに標識をつけて、そのフィンチの体重やくちばしの大きさなど、とてもくわしい身体検査を行いました。島でフィンチが食べている植物の種子をあらかじめ準備してきた特別な器具で片っ端から割って、その種子を割るのに必要な力を調べました。また、島の土をふるいにかけて、そこから出てくる植物の種も徹底的に調べました。これらは彼らが行ったことのほんの一部ですが、これだけでも研究へのものすごい情熱が伝わってきます。

◇進化を目撃する

グラント夫妻が大ダフネ島での調査を始めた数年後の一九七七年、夫妻は進化が起こるところを目の当たりにすることになりました。その年、ガラパゴス諸島が大干ばつに見舞われたのです。その結果、多くの樹木が枯れてガラパゴスフィンチが餌にしていた植物の種子も手に入らなくなり、多くのガラパゴスフィンチが死んでしまいました。ですが、その中でも生き残りやすい個体がいました。それはくちばしが大きく、普段ならガラパゴスフィンチが手（くちばし？）を出さないような大きな種子を食べることができる個体でした。

大ダフネ島で最もフィンチをてこずらせるのはとげに覆われた硬い殻の中に種子が入ったハマビシの実だそうです。くちばしの小さいフィンチがこれを割って中の種子を食べるのはかなりの大仕事に

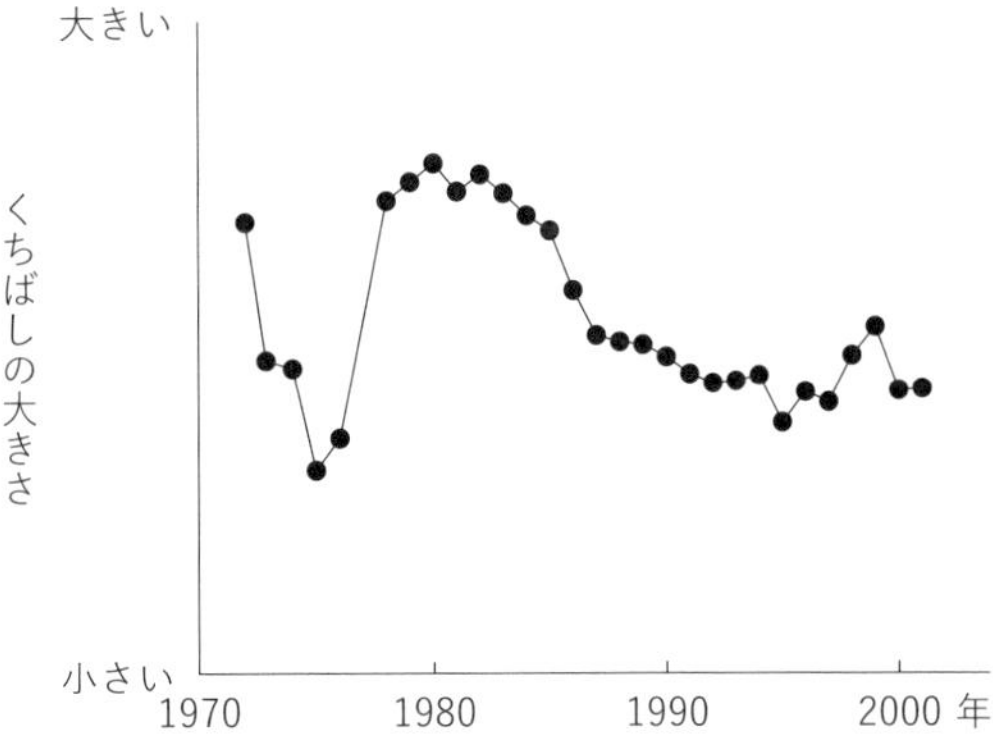

図 2-1　1973 年から 2001 年にかけての大ダフネ島のガラパゴスフィンチの平均的なくちばしの大きさ

（出典） Grant & Grant（2002）より作成。

なるようです。逆にいえば、干ばつになってもこのハマビシの実のような手間のかかる種子は残っていたわけです。このような種子しか残っていない環境では、くちばしの大きい個体はなんとか餌にありつけるので生き残りやすく（その結果、子どもも残しやすく）、くちばしの小さい個体の中には飢えで死んでしまう個体が多くいたでしょう。これがくちばしの大きさに自然淘汰がかかるということの意味です。これが正しければ、一九七八年には島に住むガラパゴスフィンチの平均的なくちばしが前年よりも大きくなっているはずです。はたしてそうなったのでしょうか？

図2－1は、大ダフネ島のガラパゴスフィンチの平均的なくちばしの大きさを一九七三年から二〇〇一年まで年ごとに示したものです。横軸の一九八〇年の目盛の少し前でくちばしの大きさが大きくなっているのがわかると思います。これが大干ばつの直後（一九七八年）です。グラント夫妻はくちばしの大きさが遺伝

によって決まることをすでに突き止めていたので、島のガラパゴスフィンチの平均的なくちばしの大きさが大きくなったということは、大きなくちばしを作る遺伝子がその島に住むガラパゴスフィンチの集団の中で相対的に増えたということです。反対に小さいくちばしを作る遺伝子は島の集団の中では相対的に減ったことになります。ここで、干ばつの影響でフィンチの絶対数が減っているのだから、いくら生き残りやすいとしても、大きなくちばしを作る遺伝子も絶対的には減っているのではないかと疑問に思われた方もいらっしゃるかもしれません。これが相対的に増えた、減ったと書いた意味です。相対的にというのは、島に住むフィンチの中で何パーセントが大きなくちばしを作る遺伝子をもつかというふうに考えるということです。絶対的な数は減っていても、小さいくちばしを作る遺伝子がもっと大幅に減ってしまっているのであれば、集団内で相対的に増えることになるのです。

進化の説明には「遺伝子頻度の変化」という難しい言葉が入っていましたが、この例で納得していただけたでしょうか。大ダフネ島に生息するガラパゴスフィンチの集団全体がもっている遺伝子を見たときに、大きなくちばしを作る遺伝子が相対的にどれくらいあって、小さなくちばしを作る遺伝子が相対的にどれくらいあるか、これが遺伝子頻度です。進化の定義である、集団内の遺伝子頻度の変化とは、相対的な数が世代とともに変化していくことです。

ですが、図2－1に示されているのは遺伝子の特徴ではなく、くちばしの大きさの平均値です。だったら、わざわざ遺伝子頻度という難しい言い方をせずに、大きなくちばしの個体が増えると言っても同じことだと思われるかもしれません。ところが、親とその子どもはくちばしの大きさやそれ以外のいくつかの特徴が似ているとしても、まったく同じというわけではありません。そもそも両親から半分ずつ遺伝子をもらっていますし、体の大きさや身体能力のような表現型は環境にも影響を受けるからです。一方、遺伝子自体は基本的には親がもっていたものの完璧なコピーが子どもに伝わります。ですから、世代を越えて増えたり減ったりしているのは遺伝子なのです。

自然淘汰によって特定の形質が生き残りやすいのであれば、そのような形質を作る遺伝子が増える。これが自然淘汰による進化です。また、グラント夫妻は、この後、エルニーニョ現象がもたらした記録的大雨で小さな種子がふんだんに実り、逆に大きな種子が少なくなったときには、ガラパゴスフィンチのくちばしが平均して小さくなったことも報告しています。大きなくちばしのガラパゴスフィンチは、自分のくちばしには小さすぎる種子を食べるのに手こずったため、小さなくちばしのガラパゴスフィンチの方が餌をとるのに有利になったのです。しかも、この記録的な大雨がもたらした種子は、数年にわたって島の地面に残っていて小さいくちばしのガラパゴスフィンチに十分な食料を提供したということです。一九八〇年代に図2-1に示したくちばしの大きさが小さくなっているのは、そのためです。

◆あらためて、進化とは

このガラパゴスフィンチの例は、進化についての多くの誤解を解いてくれると期待して最初にご紹介しました。よくある誤解の一つは、進化とは何か「優れた」「良い」形質に向かった変化であるというものです。しかし、ガラパゴスフィンチのくちばしが大きくなることも進化であったし、小さくなることも進化であったように、進化に絶対的な方向性はありません。その時々の環境に適応した遺伝子が増えることが進化です。環境が変化すればそのたびに進化の方向も変わってしまうのです。

もう一つのよくある誤解に、恐竜から鳥が進化したといったような、種が変化することを進化だとする考えがあります。もちろん、種が変化するまでに遺伝子頻度の変化が蓄積するわけですが、進化が起きたというときに種が変化している必要はありません。ですから、はるか昔に生きていた、いまの生き物とは姿かたちのまったく違う動物の化石をもち出さなくても進化が起きているかどうかを確かめることができるのです。

最後に、化石を進化の証拠と考える（進化にはとても長い時間がかかると考える）のとは正反対に、ある個体が生きている間に進化が起こるという誤解があります。このような誤解は、スポーツ中継などで、「○○選手は昨年からさらに進化しています」といった表現が使われるせいかもしれません。たとえ、干ばつで大きな種子を食べなければ死んでしまうという状況におかれたとしても、ガラパゴスフィンチのくちばしが火事場の馬鹿力で急に大きくなったりはしません。最初からくちばしの大きかった個体が生き残りやすく、その結果、次世代に子どもを残しやすいので、世代を経るにつれて集団全体としてくちばしの大きさが変化するのです。ある特定の個体（選手）が生きている間に生物学的な意味で進化することはけっしてありません。また、進化というのは集団レベルで起こるものであって、個人レベルで起こることではないのです。

2　心の働きも進化する

進化について正しく理解したところで、もう少し遠回りして別の問題について考えておきたいと思います。それは、行動傾向も進化するのかという問題です。ある人（や動物）がどういうふうに行動するのかということは、その人（動物）の心の働きに規定されると考えられます。そのため、行動傾向の進化を考えるということは、心の働きの進化を考えるということになります。ところが、心とはつかみどころのないものであって、そのようなものが本当に進化の産物だとどうして言えるのでしょうか。仲直りするかどうかも一種の行動傾向（あるいは、相手を赦そう・相手に謝ろうとする心の働き）と考えられます。そこで、まず心の働きの進化という問題について考えてから、仲直りの進化に話を進めたいと思います。回り道が長くなってしまいますが、心の働きが進化することに納得してもらえないと、仲直りの進化にたどりつけないと思うからです。もう少し回り道におつき合いください。

◇突然変異、自然淘汰と複雑な器官の進化

心の働きが進化したと言われると違和感を覚える人でも、眼が進化したと言われたら、それはそうだろうと思うのではないでしょうか。眼はカメラでいうところのレンズや絞りの機能をそなえた精巧な器官です。よく考えてみると、こんな複雑な器官が遺伝子のコピーミスに由来する突然変異の積み

重ねでできるというのは不思議なことです。ですが、最初は光に反応する細胞が体の特定の場所に集まっているといった原始的な「眼」からスタートしたのだと言われたら、イメージしやすいでしょう。突然変異は、本来は遺伝子で起きるコピーミスであって、いまあるものの機能を損ないこそすれ改善することなどほとんどありません。ですが、下手な鉄砲も数撃ちゃ当たるではありませんが、繁殖シーズンごとに多くの子どもが生まれ、これが何度も何度も繰り返されるのであれば、原始的な「眼」の機能を改善するラッキーなコピーミスもあったでしょう。

しかし、そんなにラッキーなコピーミスが何度も起こるものだろうかと思われる方もいらっしゃるかもしれません。しかし、それは下手な鉄砲をどれくらいたくさん撃っているのかがうまく想像できていないせいかもしれません。そこで、和算の問題として有名なねずみ算で、このことについて考えてみましょう。ねずみ算とは、ある年の正月につがいのねずみが子どもを一二匹（オス六匹、メス六匹）産み、二月には成長した子ねずみも親と同じようにひとつがい一二匹の子どもを産みということを繰り返すと年末にはねずみが何匹まで増えているかという問題です。二月には親のひとつがいに加えて、一二匹の子ネズミが六つがいになり、七×一二で八四匹の子どもを産むことになります。つまり、二月にはすでに、この子どもの数と彼らを生んだ親の数を合わせてねずみが九八匹に増えていることになります！　これが一二カ月続くと……考えるのも恐ろしいですが、みなさんには答えが想像できるでしょうか？　答えは二七六億八二五七万四四〇二匹です！　こんな増え方をされたらほどなく地球はねずみに覆われてしまいます。幸い（ねずみには不幸にしてですが）、このうちの大部分は病気で死んだり捕食者に食べられたりするので、地球上がねずみだらけ（あるいは他の動物だらけ）にならずにすんでいます。また、ほとんどは子どもを産む前に死んでしまうので、この計算結果はかなりオーバーな推定値になっているとも言えます。

ねずみ算の計算結果が本当のねずみの増え方の推定としてはオーバーであるとしても、ひとつがいが一二匹の子どもを産むという仮定は、多くの生き物の増え方としてはむしろ控え目な仮定だと思います。それでも一二回繰り返すだけでこんな数になるのです。地球上の生命はこういったことを何十億年も繰り返していたのです。また、国連経済社会局の統計によれば、二〇二〇年の世界全体のヒトの〇歳児の数は約一億三六〇〇万人です。[3] もっとも、ヒトの長い進化の歴史の中でこんなに人口が多い時期は他にはないのですが（実際、一九五〇年の〇歳児の数はこの約半分です）。ここで紹介した数字はどれもたんなる参考ですが、こういった非常に大きな数字を眺めていると、ラッキーなコピーミスが積み重なるという話にも納得していただけるのではないでしょうか。

こうしたラッキーな遺伝子上のコピーミスによって、他の個体の「眼」（まだ、私たちの話の中では、ただの光に敏感な細胞の集まりですが）よりもちょっとだけ改善された「眼」をもった個体は、他の個体よりも生き残りやすかったり、子どもを残しやすかったりするでしょう。すると、コピーミスとして出現したこの遺伝子は集団の中で増えていきます。いったん、この改善が広まると、次のラッキーなコピーミスでまた少しだけ「眼」の機能が改善されるでしょう。このような偶然の小さな改善の積み重ねが現代の動物がもっている眼への進化のプロセスでした。図２‐２は、「眼」の進化のコンピュ

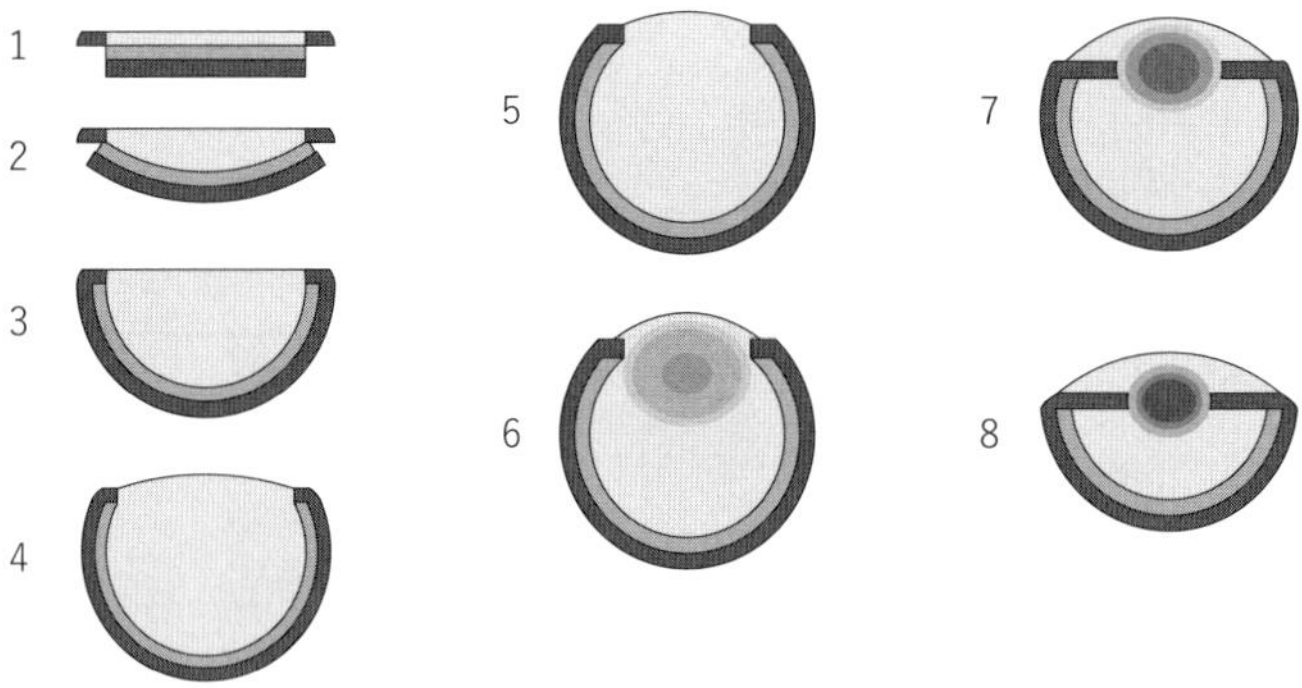

図 2-2　「眼」の進化のシミュレーション結果

（出典）　Nilsson & Pelger（1994）より作成。

ータ・シミュレーションの結果です。図の左上は光に敏感な細胞が集まった状態の「眼」です。これにランダムに構造を一パーセントずつ変更するという「突然変異」が生じるように設定されていました。そして、この「眼」の解像度がよいほど適応的であるという淘汰が一貫してかかった場合に、どのような「眼」が進化するかを調べたのです[4]。

また、図２－３は眼の進化に関して、現生の生き物の眼（または眼に進化したであろう器官）を参考にして提唱された眼の進化に関する仮説です。図２－２はシミュレーションで現実のものではありませんが、実際に存在する生き物にもシミュレーションの途中で現れたような単純な構造の「眼」が備わっていることがわかります。いずれにしても、これらの図を見ると、光に反応する比較的単純な細胞から、眼という複雑な器官の構造がどのように進化したのかについて、イメージをもちやすくなるのではないでしょうか。

1. 初期の脊索動物は，光受容体の遺伝子を発現する，明暗のわかる眼点をもっていた。

2. 明暗のわかる領域が頭部の両側に突き出る。

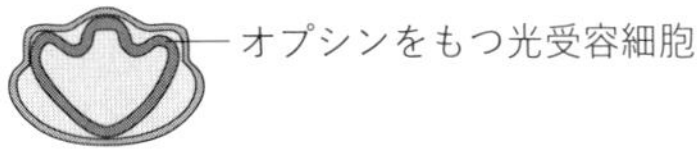

3. 色素が欠如した白い皮膚（レンズプラコード）の下に，カップ状の眼杯ができる。

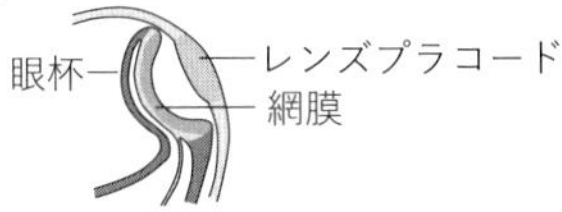

4. 表面が透明になり，レンズが像を結べるようになる。

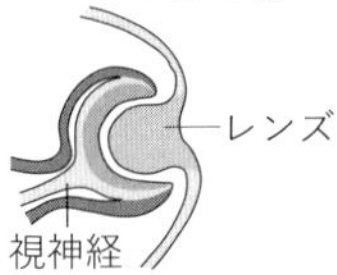

5. 眼は球形になり，より正確な像を結べるように進化する。

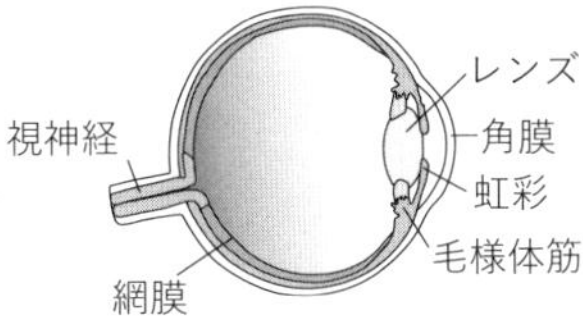

図 2-3　実際の生物の眼をもとにした眼の進化に関する仮説

（出典）　ジンマー・エムレン（2017），第 11 章，p. 217 より作成。

◇心の働きの進化

眼の構造の進化のイメージはつかめましたが、心の働きはどうでしょうか？　じつは眼が進化したというのは、視覚という感覚が進化したことでもあります。たとえば、私たち人間の眼が脳とつながっていなかったらどうでしょうか？　宝の持ち腐れで何の役にも立たないことがわかるでしょう。眼が「見た」内容は脳に送られて、そこで適切に情報処理され、私たちの行動に反映されます。つまり、眼の進化は、脳による視覚情報処理システムの進化とセットになっているのです。少し難しい表現になってしまいましたが、脳の情報処理こそ心の働きです。

脳の情報処理が心の働きであることを理解するために、視覚心理学の研究テーマの一つである奥行き知覚について考えましょう。私たちの眼の網膜は、外の情景を映すスクリーンのようなものです。スクリーンというのは二次元の平面ですから、眼に入ってくる外の情景は二次元の情報になっています。もちろん、どこが手前にあってどこが奥にあるのかといった印がついているわけではありません。ですから、私たちが主観的には何の苦もなく空は高い、この道はすぐそこで行き止まりになっているといった奥行きについて知るときには、脳が網膜から送られてきた二次元情報を使って三次元の世界を再構築してくれているのです。せっかく眼が外界の情報を脳に伝えてくれているのに、その情報を使って三次元世界の再構築をうまくできない個体と、うまくできる個体がいたら、うまくできない個体はでこぼこした道で転びやすかったり、捕食者に食べられやすかったりするでしょう。ということは、うまく三次元を再構築できる個体の遺伝子が次世代に残りやすいということになります。このような脳の働きを心の働きと認めるならば、眼の進化は心の働きとセットで進化したということがわかります。

ところが、筆者は大学の心理学の授業で奥行き知覚の話をすることがあるのですが、その授業の後に、「今回の授業はどのへんが心理学だったんですか」という質問を受けたことがあります。心理学というとカウンセリングというイメージが強くて、奥行き知覚のような話はカウンセリングと無関係だと思われたのかもしれません。また、心の働きとは意識的な心の働きに限定されていると考えている方も、奥行き知覚のように脳が自動的に情報処理してくれる過程を心の働きだと思えないでしょう。ところが、実際には心理学という学問が扱っている心の働きのほとんどは意識できないものです。

◇記憶の進化心理学

心の働きは意識できるものだと思っている方でも、記憶が心理学の研究テーマだと言われれば、そうかなと思えるかもしれません。これは、記憶している内容を想起することがある程度意識的にできるからだと思います。ですが、記憶という心の働きをよく考えてみると、意識的にコントロールできることはそんなに多くないと気づきます。たとえば、ここは試験に出そうだからちゃんと覚えておこうと意識的に勉強したのに、テストの本番でその内容がどうしても思い出せなかったという経験はないでしょうか？　もちろん、意識して覚えたものほどよく覚えてはいるでしょうが、参考書の必要な箇所を覚えておこうと思ったからといって、そのすべてを覚えておくことはできません。つまり、記憶を完全に意識的にコントロールすることはできないのです。

進化という観点から考えると、記憶という心の働きがあるのは、過去の経験を覚えておいて、将来その経験を生かすことができるということが適応的だからだと考えられます。[5] そうだとすれば、私たちは将来また経験しそうなことほどよく覚えているはずです。認知心理学者のジョン・アンダーソンは、私たちの記憶には意識せずとも将来また必要になりそうな情報を覚えておくような仕組みが備わっているのではないかと考えました。[6] たとえば、記憶に関する多くの研究から、記憶には次の三つの特徴があることが知られています。①何度も目にしたものほどよく覚えている。②最近目にしたものはよく覚えている。③過去に何度か目にしたものなら、目にしたのが特定の時期に集中しているものより、時間を空けて何度か目にしたものほどよく覚えている。

アンダーソンは、このような記憶しやすさの三つの特徴が、将来再び必要になる可能性が高い情報をよく覚えておくという機能につながっていると考えました。そして、実際に私たちを取り囲む情報環境のありようを明らかにするために、新聞記事に出てくる単語、親が子どもに話しかける発話のデータベース、自分自身が受け取ったeメールに含まれる単語を調べてみました。アンダーソンが行ったのは、たとえば、ニューヨーク・タイムズという新聞の過去一〇〇日間の記事に出てきた単語を調べて、一〇一日目にある単語が出てくるかどうかを予測するということです。すると、一〇一日目に出てくる単語には次のような三つの特徴がありました。①過去一〇〇日間に出てきた回数が多い単語ほど一〇一日目にも出てくる可能性が高い。②最近の記事に出てきている単語ほど一〇一日目の新聞記事にも出てくる。③過去に同じように何度も記事に出てきた単語であれば、同じ時期に集中して出てきたものより、いろいろな時期に何度も出てきた単語の方が一〇一日目の記事に出てくる可能性が高い。同じパターンは親から子どもへの発話、eメールにも見られました。この三つの情報環境の特徴が記憶の三つの特徴と対応していることはすぐにわかると思います。

アンダーソンらの研究結果から、私たちは意識的に記憶したり、忘れたりしようとしなくても、将来再び必要になる確率が高い情報をよく覚えているということがわかります。このような記憶の特徴はなぜ進化するのでしょうか？　たとえば、将来また手に入るかもしれない餌についてよく覚えて、二度と手に入らない餌のことは忘れてしまう動物と、二度と手に入らない餌のことばかりよく覚えている動物がいたら、どちらの方が効率的に採餌できるかを想像してみるとよいでしょう。情報環境に合った記憶メカニズムには、適応的な意味があります。ですから、意識せずとも覚えておいた方がよいものを覚えておくような記憶の働き（心の働き）は進化するのだと考えられます。

3　行動の進化

◇臆病なリスと大胆なリス

さて、ここでは行動の進化をおおづかみに理解したいと思いますが、奥行き知覚や記憶の仕組みは複雑なので、その進化をなかなかおおづかみにできません。そこで、もう少し簡単な例を使って行動の進化をおおづかみにするとはどういうことかを考えてみましょう。
カール・ジンマーとダグラス・エムレンの進化の教科書では、行動の進化の導入として臆病なリスと大胆なリスについての簡単な思考実験が紹介されています[7]。少し物音がしただけで餌を食べていてもすぐに逃げ出すリスと、とても大胆で少しの物音がしてもそのまま餌を食べ続けるリスがいたとします。大胆なリスは、少しのリスクを冒しても自分の食事を優先するので、もし天敵がいない環境ならビクビクして食事も満足にできない臆病なリスよりも適応的だと考えられます。しかし、天敵がたくさんいる環境では、自分の胃袋を満たそうとした結果、自分自身が捕食者の胃袋を満たしてしまうという最悪のシナリオも十分にありえます。そのため、天敵が多い環境では、大胆なリスよりも臆病なリスの方が増えるはずです。

　現実のリスの大胆さ、臆病さは白か黒かはっきり二つに分かれるといったものではないでしょう。ヒトの性格も極端に大胆な人、少し大胆な人、どちらともいえない人、少し臆病な人、極端に臆病な人と連続的に分布しています。ところが、メンデルの遺伝の法則で有名なエンドウマメでは、ある一つの遺伝子の違いでつるっとした豆になるかしわのよった豆になるかが決まります。一つの遺伝子で形質が決まるなら、大胆か臆病かという二つの形質だけを考えていればよいわけです。ところが、ほとんどの形質は多くの遺伝子の効果によって決まります。そうすると、大胆さに関係する遺伝子を数多くもっているほど大胆になるというふうに形質も連続的に分布することになります。ですが、ここでは行動の進化をおおづかみに理解するために大胆か臆病か、二つのうちどちらかだと考えることにしましょう。

さて、本来は連続的に分布しているであろう形質を白か黒かの二つに分けてしまうという簡略化をしましたが、行動の進化を考えるのにもう一つ簡略化をしたいと思います。それは、大胆か臆病かという形質の違いが適応度に与える影響だけに注目するという簡略化です。たとえば、ある島ではリスの天敵になるのは誰かが最近島にもち込んだネコだけで、大胆なリスは五〇パーセントの確率でネコに食べられるけれど、臆病なリスが食べられる確率はそれよりも少しだけ低い四五パーセントだと考えてください。ですが、リスはいろいろな理由で死ぬでしょう。病気になったり、餌を見つけ損なって飢え死にしたり、雷に打たれて死ぬ確率だって完全にゼロではありません。そういったことは無視して、大胆なリスがネコに食べられる確率、臆病なリスがネコに食べられる確率だけに注目して考えることにします。

連続的な形質を二者択一にしてしまい、しかもその形質（臆病か大胆か）がリスの適応度に与える影響だけに注目するなんて、ずいぶん乱暴な話に聞こえるかもしれません。しかし、このような簡略化したモデルであっても、リスの遺伝子頻度の変化を計算するとそれらしいグラフになります。たとえば、図2－4は、大胆なリスが九〇パーセントを占めて、臆病なリスは一〇パーセントしかいなかった島に、誰かがネコをもち込んで、臆病なリスの方が少しだけ捕食されるリスクが低くて有利になったら何が起こるかを計算したものです。

捕食されるリスクは、大胆なリスが五〇パーセント、臆病なリスが四五パーセントなので、その差

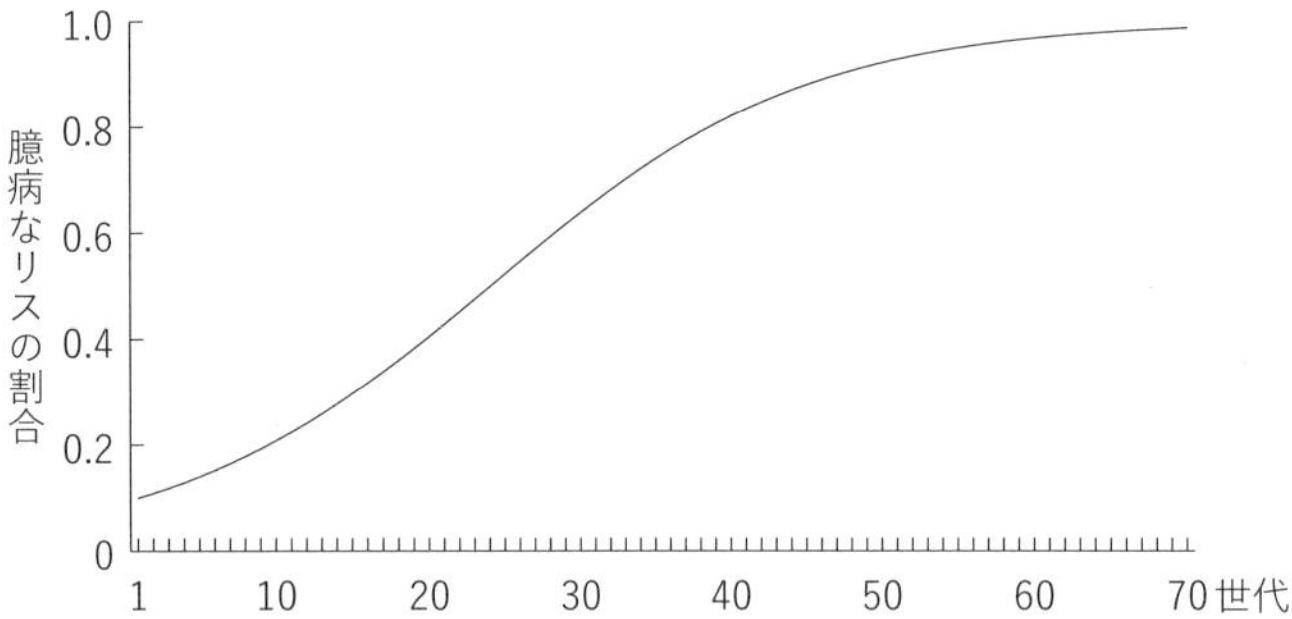

図 2-4　大胆なリスの 50%が捕食され，臆病なリスの 45%が捕食されるときの臆病なリス（遺伝子）の頻度の変化

はたった五パーセントです。ですが、この五パーセントの差があるだけで四〇世代を経ると一〇パーセントしかいなかった臆病なリスが八〇パーセントを占めるようになっています。グラフの形もそれらしい形になっています。本来は連続的に分布するはずの行動を二者択一の問題にして、適応度に影響するのはその要因だけだと考えるという簡略化をしても、進化の本質を捉えることができそうだということは理解していただけたでしょうか。

◇ゲーム理論と囚人のジレンマ

大胆か臆病かといった自然のリスクを相手にする行動傾向と違って、仲直りするかどうかのような行動傾向は、相手は本当に仲直りして大丈夫な相手なのかという対人的なリスクに関係しています。このような対人的リスクを扱うのに適した分析枠組みはゲーム理論です。ゲーム理論では最低でも二人の行為者（プレイヤーと呼ばれます）の行動を同時に考えることになります。たとえば、将棋の対局では、二人の棋士が交互にどのような手をとったかを考えないと、対局の途中で指された手が好手なのか悪手なのかもわかりません。このように複数のプレイヤーの行動を同時に考慮するので、どうしても話が複雑になりがちです。この本では、行動は連続的ではなく二つのうちどちらか一つだと考え、二人のプレイヤーの行動の組み合わせだけで適応度が決まるという簡略化をします。そうすることで話がスッキリします。また、この後に見ていくように、そのような簡略化をした方が仲直りの理をおおづかみに理解できますし、大筋がつかみやすい分だけ私たちの実際の社会行動にも深い洞察を与えてくれます。

ゲーム理論というのは、子どもが楽しく遊ぶゲームについての理論ではありません。先ほど将棋の例を出しましたが、自分の戦略だけでなく相手の戦略との組み合わせで各人が獲得する点数が違ってくる状況がゲーム理論で言うところのゲームです。ゲームの結果は自分の行動と相手の行動の両方で決まるので、ゲームのプレイヤー同士は相互依存関係にあるとも言います。ゲーム理論というのは、相互依存関係にある複数のプレイヤーがどのように行動するのが合理的かを分析するための理論です。プレイヤーの数は二人以上であれば何人でもよいのですが、ここではプレイヤーが二人だけの最も単純な状況を考えます。

相互依存関係の特徴は、それぞれのプレイヤーがもっている選択肢の数、それぞれのプレイヤーが選ぶ行動の組み合わせに応じた得点（利得ともいいます）によって表すことができます。仲直りが必要な相互依存関係について、枝葉末節をとってその本質だけを残すと、これまで仲良くやっていた二人のプレイヤーがケンカをした後に、良好な関係を取り戻すことに意味がある状況だと考えられます。

		プレイヤーB	
		協力	非協力
プレイヤーA	協力	1 ＼ 1	−1 ＼ 2
	非協力	2 ＼ −1	0 ＼ 0

図2-5　囚人のジレンマ・ゲームの利得行列

このように、二人のプレイヤーがケンカをする（利害が対立する）こともある一方で、仲直りをすることにも意味がある（利害が一致する）こともある状況を簡潔に表すのは囚人のジレンマと呼ばれるゲームです。

図２−５は、囚人のジレンマ・ゲームを表しています（選択肢の組み合わせごとの各プレイヤーの利得が書かれているので利得行列といいます）。囚人のジレンマ・ゲームは二人のプレイヤーによってプレイされるゲームなので、プレイヤーＡとプレイヤーＢという二人のプレイヤーが表の行と列に割り振られています。プレイヤーＡ、プレイヤーＢのいずれも協力と非協力という二つの行動の選択肢をもっています。この表の左上、協力・協力が交わるマス目にはプレイヤーＡにも一点、プレイヤーＢにも一点と書かれています。これは、二人が協力し合うと両者ともに一点もらえるという意味です。一方、右上のマス目は、プレイヤーＡが協力したのにプレイヤーＢは非協力を選んだ場合です。このときには、プレイヤーＡはマイナス一点と損をしているのに、プレイヤーＢは二点もらえて得しています。左下のプレイヤーＡの非協力とプレイヤーＢの協力が交わるマス目は、その反対です。プレイヤーＡが得をしてプレイヤーＢは損しています。二人ともが非協力を選んだ場合の右下のマス目では、

両者ともに〇点です。

これが囚人のジレンマ・ゲームと呼ばれるのは、この利得行列の特徴を説明するために、二人の共犯関係にある囚人が、黙秘を貫くか、仲間を裏切って自白するかというストーリーが用いられるからです。そのストーリーは囚人の裏切りを題材にとった具体的なものですが、囚人のジレンマ・ゲームの抽象的な利得構造はさまざまな場面で見出すことができます（囚人のジレンマのカバーストーリーについてはコラム2を参照してください）。そのため、囚人のジレンマ・ゲームは多くの学問分野で熱心に研究されている、ゲーム理論で最も有名なゲームの一つです。

囚人のジレンマ・ゲームの利得構造についてもう少しよく考えてみましょう。プレイヤーA・B両者が協力していると二人とも一点もらえて、両者とも非協力であれば二人とも〇点になってしまいます。そのため、お互いに協力する方が得になるのですが、一方的に相手を裏切ると二点もらえて、その方がさらに得です。また、自分は協力しているのに一方的に裏切られるとマイナス一点で、〇点よりも悪くなってしまいます。そのため、相互協力の方がよい結果であることはわかっていても、相手を出し抜いて二点獲得するため、または相手に出し抜かれてマイナス一点になることを回避するためにも非協力を選びたくなってしまう状況です。このように、両者に非協力をとる誘因があるため、相互協力がよいとはわかっていてもなかなか相互協力を達成できない状況なので、ジレンマ状況と呼ばれます。

ゲーム理論は、どのような行動をとるのが合理的かを考える理論だと言いましたが、ここでは相手と話し合って結果を決めることができず、それぞれが相手の行動を知らされずに自分の行動を決めると考えます。このとき、ゲーム理論が囚人のジレンマ・ゲームに対して下す答えは簡単です。非協力です。なぜなら、相手が協力してくれていようがいまいが、協力を選ぶよりも非協力を選ぶ方が得だからです。相手が協力してくれているとします。このとき、協力すれば一点ですが、非協力を選ぶことで二点をもらうことができます。一方、相手が非協力を選んでいるとしたら、協力すると一方的に裏切られてマイナス一点と損してしまいますが、自分も非協力を選ぶことでそれを回避することができます。つまり、相手が協力を選んでいても非協力を選んでいても、自分は非協力を選ぶ方が得なのです。

もしこの囚人のジレンマ・ゲームで得る点数が適応度に直結しているなら、どのような行動が進化するでしょうか？　天敵に食べられるリスクを少しでも低くできた臆病なリスが適応的で数を増やしたように、少しでも点数が高くなる非協力を選ぶプレイヤーが適応的で数を増やすはずです。囚人のジレンマ・ゲームは、協力の進化について考える簡便化されたモデルですが、残念ながらここまでのところでは協力は進化しないという結論になってしまいます。

◆繰り返しのある囚人のジレンマ

囚人のジレンマでは協力は進化しないという結論にがっかりしたでしょうか。少し待ってください。その結論はあくまで囚人のジレンマ・ゲームを二人のプレイヤーが一回だけプレイするときの話です。

同じプレイヤーが繰り返し囚人のジレンマをプレイするときには、協力的な相互作用の可能性が広がります。

先ほど、囚人のジレンマは分野を超えて研究されていると書きましたが、政治学も囚人のジレンマに関心を寄せている分野の一つです。囚人のジレンマ・ゲームのような二人のプレイヤーが行動を自由に決めることができる状況で相互協力が達成できるとしたら、それは国家によるコントロールがなくても秩序のある状態（相互協力）が達成・維持できるということを意味しています。つまり、囚人のジレンマ・ゲームは、人間社会に秩序が自生するかどうかを考えるための、枝葉末節が取り払われた便利なモデルにもなっているのです。

政治学者のロバート・アクセルロッドは、囚人のジレンマを同じプレイヤーが繰り返しプレイするとしたら、自発的に相互協力が達成できるのかどうかに興味をもちました[8]。そこで、世界中の囚人のジレンマに関心をもっている研究者に手紙を書き、繰り返しのある囚人のジレンマ・ゲームで有効な戦略を決めるトーナメントへ参加するように招待しました。具体的には、応募された他のすべての戦略と囚人のジレンマ・ゲームをプレイして、平均して最も高い得点を上げることができると思う戦略を考えて、アクセルロッドに送るように依頼したのです。

ここでいう戦略とは、繰り返し囚人のジレンマ・ゲームをプレイするときに、どのような場合は協力を選び、どのような場合には非協力を選ぶかという行動の規則のことです。行動の規則ですから、どのような行動傾向でも「戦略」として表現することができます。たとえば、臆病なリスの戦略は、少しでも物音がしたらいまやっていることをやめて物陰に隠れると言ったらよいでしょう。大胆なリスの戦略は、本当に捕食者がいる確率が物音などの状況証拠から××パーセントまで高くなったら物陰に隠れるという規則かもしれませんし、何回か続けて物音がしたら隠れるという規則かもしれません（もちろん、他にも大胆さを表現する規則はありえます）。繰り返しのある囚人のジレンマでの戦略には、何回協力を選び何回非協力を選ぶといった相手の行動によらずに一方的に自分の行動を決めるというものもありますが、相手の行動を見ながら自分の行動を決めた方がうまくいくでしょう。

実際、アクセルロッドのトーナメントへの応募戦略の中にも相手の様子を見ながら協力か非協力かを選ぶ戦略が含まれていました。たとえば、自分が協力を選んだときに相手が協力してくれた確率、自分が非協力を選んだときに相手が協力してくれた確率、これら二つを計算して、協力を選ぶ方が長期的に得なのか、非協力を選ぶ方が長期的に得になるのかを計算するような複雑な戦略です。一四人のゲーム理論や囚人のジレンマ・ゲームの専門家が考案した戦略（それに加えて、まったくランダムに協力と非協力を選ぶ戦略）を総当たりでプレイさせた結果、優勝したのはなんと最も単純な戦略でした（単純というのは、これらの戦略をコンピュータ上でプレイさせるときに、プログラムが最も短くてすむという意味です）。

その戦略はしっぺ返し戦略（応報戦略とも訳されます）という戦略でした。英語ではＴＩＴ ＦＯＲ ＴＡＴといい、直訳するとまさに「しっぺ返し」という意味ですが、ＴＦＴとも略されます。この本ではＴＦＴと表記します。さて、ＴＦＴはどのような戦略だったかというと、初回は協力を選び、二回目以降は相手が前回にとった行動をそのままねするというものです。相手が前回協力を選んでいればTFTは協力を選びます。相手が前回非協力を選んでいればTFTは非協力を選びます。相手が自分の行動に応じて協力や非協力を選ぶ確率を計算するような戦略と比べるとはるかに単純です。ですが、総当たりで他の戦略とプレイした得点の平均をとると、TFTが他のどの戦略よりもよい成績を残したのです。

アクセルロッドは、TFTの勝利の秘訣を分析しています。アクセルロッドによれば、大事なのは次の四つの特徴です。自分から先に非協力を選んだりしない**善良さ**。相手が非協力を選んだら躊躇(ちゅうちょ)なく自分も非協力を選ぶ**報復性**。過去に非協力を選んだことがある相手であっても、協力を選んでくればすぐにこちらも協力を返す**赦し**。相手にとって自分がどのような規則で協力、非協力を選んでいるのかがわかりやすい**明瞭さ**[9]。

なんとTFTの強さの裏には相手を赦しやすい特性も含まれていました！　囚人のジレンマ・ゲームで表されるような利害が一部一致して（お互いに協力し合う方が良い）、一部一致しない（個人的には相手を出し抜く方が得になる）状況で相手とうまくつき合っていくためには、相手を赦す傾向も大事だということです。

◇TFTの進化的安定性

社会行動の進化ということで、TFTと進化の関係を説明して第2章を終えたいと思います。先ほどの臆病なリスの進化のように、それが増えていくのかどうかを考えることもできますが、ここではゲーム理論を生物進化に応用した進化ゲーム理論で用いられる進化的安定性という考え方を簡単に説明しておきます。

臆病なリスが増えたのは、天敵によって大胆なリスの方が捕食されやすいという環境では、臆病なリスの適応度の方が大胆なリスの適応度より高いからでした。反対に、TFTばかりの集団に非協力的な戦略が突然変異で登場したり、違う集団から入ってきたとしても、TFTの適応度（囚人のジレンマ・ゲームでの得点）が高ければ非協力的な戦略は増えることができません。つまり、一時的に非協力的な戦略が侵入してきたとしても、すぐにTFTばかりの集団に戻ってしまうということです。このようにある戦略（X）だけの集団に、他の戦略（Y）が入ってくることができないときに、XはYに対して進化的に安定だといいます。

それでは、TFTだけの集団は非協力的な戦略に対して進化的に安定なのでしょうか？　ある集団がTFTだけの集団で、つき合いは一〇回続くとします。TFT同士が図2-5の囚人のジレンマ・ゲームをプレイすると、一点を一〇回続けて得ることになるので、合計一〇点です。ここに、突然変異または別の集団からの移動で一切協力しない非協力的戦略（全面非協力戦略と呼ぶことにします）が侵入しました。この集団はTFTだけの集団と仮定していたので、全面非協力戦略がつき合う相手は必ずTFTです。初回はTFTが協力してくれるので二点を獲得しますが、それ以降はTFTは協力してくれません。それというのも全面非協力戦略が一切協力しないからです。ですから、囚人のジレンマを一〇回繰り返しても、結局、初回の二点だけで終わってしまいます。つまり、この集団のTFTは（不幸にして全面非協力戦略とつき合った一人を除き）すべて一〇点を得ています。集団が一〇〇人、一〇〇〇人といった多くのプレイヤーからなる集団であれば、そのうち一人がマイナス一点で終わっていても、TFT全体の平均得点はほぼ一〇点です。全面非協力戦略の得点は二点なので、全面非協力戦略はTFTの集団の中で増えることができません。

TFTの集団は非協力的な戦略に対して進化的に安定であることがわかりました。ただし、TFTは協力的な戦略（相手の行動によらず協力を続ける）に対しては進化的に安定ではありません。TFTは協力的な戦略とはずっと協力し続けるので得点に差がつかないからです。差がつかないので、突然変異か他所からの移動で入り込んできた協力的な戦略は積極的に増えることもありませんが、淘汰されていなくなることもありません。この場合は、囚人のジレンマ・ゲームの得点以外の偶然の要因（たまたまTFTが病気になったとか雷に打たれて死んでしまったとか）で協力的戦略が集団の中で増えることもあるかもしれません。

このようにTFTはあらゆる戦略に対して進化的に安定というわけではありませんが、アクセルロッドの総当たり戦で優勝していることから予測できるように、多くの戦略（とくに非協力的な側面をもつ戦略）に対しては進化的に安定です。こうしてTFTが優れた戦略であることを知ると、一つの疑問が湧いてきます。私たち人間はTFTを使うのでしょうか？　日常的な経験から考えてみましょう。私たちは他者からひどいことをされたら怒るし、その相手が反省すれば赦してあげます。これはおおまかにTFTの行動規則に対応しているように思えます。そうすると答えはイエスということになります。実際、TFTをアクセルロッドのトーナメントに応募したのはアナトール・ラパポートという心理学者でした。[10] 彼は、実際の人間が囚人のジレンマ・ゲームをプレイしたときにはTFTを使うとうまくいくことを知っていたのです。[11]

まとめ

自然淘汰による進化とは、遺伝により親から子に伝わる個人差に自然淘汰がかかる場合、有利な形質を作る遺伝子の頻度が増えることでした。たとえば、ガラパゴスフィンチのくちばしの大きさの変化は、自然淘汰による進化の実例です。進化はくちばしの大きさのような体の作りだけに起こるものではありません。特定のやり方で行動する方が、そうでないやり方で行動するよりも適応的なのであれば、適応的な行動規則（そして、そのような行動をとらせる心の働き）も進化します。

社会行動（とくに相互依存性のある状況での行動）の進化は複雑なものになってしまいそうですが、本当は連続的に分布する特徴も白か黒かの二者択一の選択にしてしまって、その選択の仕方だけで適応度が決まるとすれば考えやすくなります。私たちの（本来は複雑な）社会的相互作用も、プレイヤーを二人に絞って二×二の利得行列にそれぞれのプレイヤーの利得を入れて状況を簡便化してしまうことで分析しやすくなりました。このような分析でとくに大事なものが囚人のジレンマというゲームでした。

囚人のジレンマは一回だけプレイするのであれば非協力を選ぶのが合理的です。ですが、繰り返し囚人のジレンマをプレイするのであれば、ＴＦＴによって相互協力を達成することが可能で、ＴＦＴが非協力的な戦略に対して進化的に安定になることがわかりました。ＴＦＴの特徴の一つはやられたらやり返すという報復性でした。つまり、対人葛藤を避けないということです。しかし、対人葛藤があるなら仲直りも必要でしょう。実際、相手が協力に転じればすぐに相手を赦してあげるのもＴＦＴの重要な特徴でした。つまり、ＴＦＴの進化を考えただけで、すでに仲直りの進化の一端に触れたことになります。

第1章で、動物たちの仲直りを考えたとき、魚類の仲直りはホンソメワケベラで例外的に見られることを確認しました。ホンソメワケベラは特定の相手と繰り返しつき合うという他の魚類にはない社会関係をもっていました。ＴＦＴの進化の大前提は、同じ相手と繰り返し囚人のジレンマをプレイすることでした。どちらも同じ結論を示しています。つまり、利害が一部一致して一部一致しない相手と繰り返しつき合っていくときには、相手と仲直りする傾向が大事だということです。第3章では、ＴＦＴよりももっと寛容に相手を赦してあげる方がよい状況を考えて、赦しの進化についてよりくわしく考えてみたいと思います。

コラム2　囚人のジレンマのカバーストーリー

囚人のジレンマという名称は次のようなストーリーに由来します。二人の共犯関係にある容疑者が警察に逮捕されました。取り調べのために二人は別々の部屋に連れていかれます。取調官はそれぞれの容疑者に取引をもちかけます。「自白すればお前の罪は軽くしてやる」というのです。二人ともが黙秘していれば、二人が真犯人であるという確実な証拠はないので、二人は軽微な罪（こういう犯人は大抵たたけば埃が出るという前提です）にしか問われないでしょう。しかし、相手が自白して自分が黙秘していると、相手は罪を軽減してもらえるのに自分は重い罪に問われることになります。相手が自白していないとしても、自分だけ自白して罪を軽くしてもらった方が得です。しかし、こうして二人ともが自白してしまうと、一人だけが自白した場合ほどは罪を軽減してもらうことはできません（二人ともが黙秘して軽微な罪ですむときより刑期は長くなってしまいます）。

ここでは、黙秘しておくことが協力、自白することが非協力です。二人ともが協力（黙秘）した方が両者にとって望ましい結果になるという意味で、このストーリーで描かれる状況は図2－5に示された囚人のジレンマ・ゲームの利得構造をもっています。というのは、相手が協力（黙秘）してくれているときには、自分は自白して裏切る方が刑期が短くなって得です。それだけでなく、相手が裏切って自白してしまったときにも、自分だけ黙秘しているよりも自白している方がましな結果です。このように、囚人のジレンマ・ゲームの特徴である、相手の行動によらず自分は協力しない（自白してしまう）方がよいという特徴があることがわかります。囚人のジレンマ・ゲームについては、第3章のコラム3－1も参照してください。

第3章　赦すことの理

第2章では繰り返し同じ相手と囚人のジレンマをプレイするときには相手が前回協力していれば自分も協力し、相手が前回裏切っていれば自分も裏切り返すTFTが有効であることを説明しました。TFTの特徴は、非協力的な相手には毅然とした態度で搾取を認めないことだけでなく、相手が反省の色を示せば（つまり、これまでどれだけ裏切っていたとしても一度でも協力をしてくれれば）すぐに相手を赦してやる（つまり、自分も再び協力をとり始める）ことでした。利害が一部一致して一部対立するような難しい状況では、改心した相手を赦してやることは理にかなっているのです。ですが、私たちは相手が裏切ったときに、TFTのようにすぐに腹を立てて協力をやめてしまうのではなく、自分は協力したまま様子をうかがったり、寛容な心でもって相手を赦してあげることもあります。とくに現実の人間関係では、相手があなたの気に障ることをしたり言ったりすることはままあることです。そのとき、いちいちそれらすべてに目くじらを立てていたら、友人関係はすぐに崩壊してしまうでしょう。そのため、現実には私たちは一方的に相手を赦してあげることも珍しくありません。そうすると気になるのは、このように一方的に相手を赦すことははたして進化できるのだろうかということです。さすがにお人好しすぎて進化できないのではないでしょうか。第3章では、一方的な赦しが進化できるかどうかを検討した進化シミュレーション研究を紹介し、一方的な赦しが進化可能な条件を探ります。その後、霊長類の仲直り研究をあらためて確認し、現実の赦しの促進因を探ります。最後に、霊長類研究の知見がヒトにも当てはまるのかどうかを心理学の研究から考えます。

1　赦しの進化

◇エラーと相互協力の破綻

進化ゲーム理論のモデルを用いた研究では、前回裏切った相手を一方的に赦してあげるような寛容さが進化する場合があることが知られています。それはエラーがある状況です。具体的には、戦略の実行や相手のとった戦略の理解に間違いが起こる可能性がある状況です。

たとえば、あなたが友人と二人で新しいビジネスを始めようとしていると考えてください。そのため、あなたたちは個別に情報収集をして、定期的にミーティングをしては情報を共有しています。もちろん、二人が個別によく準備をしてミーティングにのぞむ方がよいに決まっています。せっかく集まったのに共有する情報がなければ時間の無駄です。ところが、世の中には誘惑も多いので、十分な情報収集をしないままミーティングに参加することもあるでしょう。これは、第2章でも見た囚人のジレンマでの非協力と同じです。しかし、情報収集に多くの時間を費やしたのに（協力的な意図をもって、実際に協力しようとしたのに）十分な情報が得られないこともありえます。協力的な意図が実際の協力行動に結びつかないことは、戦略通りに意図を実行できなかったという意味で実行のエラーといいます。

　間違いの可能性は他にもあります。相手は十分な準備をして、二人のビジネスにとって役に立つ情報をもってミーティングにのぞみます。ところが、その情報は斬新すぎて、あなたはその情報がどうして二人のビジネスにとって大事なのかを理解できないかもしれません。そのため、あなたは相手が情報収集を怠って、役に立たない適当な情報をミーティングにもってきたと思うかもしれません。このとき、相手はビジネスに役に立つ情報を収集してミーティングにのぞんでいるので、実行のエラーはありません。ここでの間違いはあなたが相手の行動の意味を勘違いしたことにあります。このように、相手の協力的な意図と行動を正しく認識し損なうという間違いは、知覚のエラーといいます。

　エラーがある状況というのは、実行のエラーであれ知覚のエラーであれ、戦略通りにことが運ばないことがある状況です。過つは人の常ともいいますから、私たちの社会的やりとりでは多かれ少なかれエラーが起こることがあると言ってもよいでしょう。そして、より大事なことは、エラーがあるとＴＦＴではうまくいかなくなるということです。新しいビジネスを立ち上げるための定期的ミーティ

表 3-1　2人のTFTプレイヤーが囚人のジレンマを繰り返しプレイしている場面でのエラーの影響

	1回目	2回目	3回目	4回目	5回目	6回目	7回目	
プレイヤーA	協力	協力	**非協力**	協力	**非協力**	協力	**非協力**	…
プレイヤーB	協力	協力	協力	**非協力**	協力	**非協力**	協力	…

ングで、二人が杓子定規にＴＦＴを使うとどうなるでしょうか？　たとえば、あるミーティングで相手の情報収集が足りていなかったとします。実際には相手の情報収集不足（非協力）はエラーのせいかもしれません。つまり、相手の情報収集不足は、相手が十分な時間を費やしたのにうまくいかなかっただけかもしれませんし、相手がちゃんと準備をしていないとあなたが誤解しているだけなのかもしれません。いずれにしても、杓子定規にＴＦＴを使うあなたは、相手に思い知らせてやろうと考えて、次回のミーティングのための情報収集をしないでしょう。すると、それを見た相手は次の次のミーティングに向けて情報収集をしないでしょう。こんなことが起きたら、情報共有のミーティングはうまくいかなくなってしまいます。

このような状況を囚人のジレンマ・ゲームの枠組みで示すと表３－１のようになります。二人のＴＦＴプレイヤーが繰り返しのある囚人のジレンマ・ゲームをプレイしているとき、三回目にエラーが起き、プレイヤーＡが非協力的な選択をしてしまったという状況です（エラーを網掛けで示しています）。相手が情報収集不足だと思ったあなたが情報収集をしなかったのと同じように、プレイヤーＡの三回目の非協力を見てプレイヤーＢは次の回（四回目）に非協力を選びます。一方、プレイヤーＢは三回目に協力を選んでいますから、プレイヤーＡは四回目に協力を選びます。五回目はプレイヤーAが前回のプレイヤーBの非協力に対して非協力を選ぶことになります。このように、どこかで間違いが起こると、杓子定規にTFTを使うプレイヤーたちは、その後、お互いに協力と非協力を交互に選んでいくことになります。表3－1では、三回目のエラー以降、一方が協力を選び他方が非協力を選ぶということが交互に繰り返されています。先ほどの情報共有ミーティングが不毛なものになってしまったのと同じです。

◆寛容なTFT

エラーによって交互に非協力を選び合うような状況では、相手の前回の非協力的選択を一方的に赦してやる寛容さがあるとうまくいきます。[1]たとえば、プレイヤーBが寛容で、プレイヤーAの三回目の非協力を赦してあげれば（四回目に協力を選べば）、四回目以降、プレイヤーAもプレイヤーBもまた協力を選び続けることになります。寛容さがあることで、二人のプレイヤーが交互に協力と非協力を選び続ける負の連鎖を断ち切ることができるのです。ちなみに、このような寛容さをそなえたTFTは、「寛容な」という意味の英単語（generous）の頭文字をつけてGTFTといいます。

進化生物学者のマーティン・ノヴァクとカール・シグムンドは、エラーが起こりえる状況では寛容さをもつTFTが有効であることを踏まえて、はたしてGTFTが進化できるのかどうかをコンピュータ・シミュレーションで調べました。[2]彼らのシミュレーションは、厳密に考えるとなかなか難しいのですが、概要は次のようなものです。協力傾向と赦し傾向の程度がさまざまに異なる一〇〇の戦略をごちゃまぜにした集団を作ります。そして、アクセルロッドのトーナメントと同じように、各戦略はすべての戦略と一対一で繰り返し囚人のジレンマ・ゲームをプレイします。ペアのそれぞれの戦略さえ決まってしまえば、二つの戦略がエラーのある囚人のジレンマを無限にプレイしたときの得点は計算で求めることができます。そこで、計算して求めた得点を各プレイヤーに割り振ります。そうして、得点の低い戦略はしだいに頻度を減らしていき、得点の高い戦略は頻度を増やすという淘汰をかけます。これで一世代です。これを何世代も繰り返します。

それでは、このシミュレーションで検討された戦略とはどのような戦略だったでしょうか？　第2章の臆病なリスと大胆なリスの例で見たように、このようなシミュレーションを行うときには関心のある特徴にだけ絞って検討します。ノヴァクとシグムンドも赦しの進化という問題設定にとって大事な点だけに注目しました。ただし、臆病か大胆かというただ一つの性質だけを考えたリスの例とは違って、赦しの進化を考えるにあたっては二つの性質を考える必要がありました。それは、前回協力してくれた相手に協力するかどうか、前回協力してくれなかった相手に協力するかどうかの二つです。また、リスの例ではこれを○か一（臆病か大胆か）という二者択一の特徴にしていましたが、ノヴァクとシグムンドは程度問題まで考えることにしました。具体的には、前回協力を選んだ相手に協力する確率をp、前回非協力を選んだ相手に協力する確率をqとしたのです（確率ですからpもqも○から一の間のあらゆる値をとります）。このqの値（相手が前回協力していないのに自分は協力する確率）こそ赦し傾向を反映するものです。リスの例では、程度問題まで考えると問題設定が複雑になると書きましたが、このシミュレーションでは程度まで考えることに意味があります。

　結果を見る前に、pとqで特徴づけられる**さまざまな戦略**がこれまでに見てきたＴＦＴや全面非協力戦略などとどのような関係にあるのかを確認しておきましょう。ＴＦＴは、協力してくれた相手には必ず協力を返す戦略です。これは、pが一だということです。一方、ＴＦＴは相手が非協力を選んだ後に協力を選ぶことはありません。つまり、ＴＦＴのqは〇です。このqが〇という特徴が、非協力的な相手には協力しないという報復性となります。また、どんな相手にも一切協力しないという全面非協力戦略であればpとqの両方が〇です。反対に何をされても協力するという全面協力戦略はpとqの両方が一になります。それでは、ＧＴＦＴはどうでしょうか？　相手が非協力を選んだ後でも一定の確率で相手を赦すのがＧＴＦＴです。相手が協力してくれた後は自分も協力するのでpは一、そして相手が非協力を選んだ後でも協力する可能性があるのでqが〇より大きな値をとるということです。たとえば、qが〇・五なら相手が非協力を選んだ後、二回に一回は協力するということですし、〇・一であれば相手の一〇回の非協力に対して一回だけ協力するということです。寛容さの程度がqの値でうまく表されています。情報共有ミーティングの例で考えましょう。相手がまったく情報収集してこないのを毎回赦していたら、相手は調子に乗ってあなたに情報収集をすべて任せてしまおうとするかもしれません。仏の顔も三度ということわざもあるように、寛容さにも限度があります。このことが、qを〇か一かに簡略化せずに程度まで考えることで表現できるのです。

　図３－１は、ノヴァクとシグムンドの論文を参考に、筆者が彼らのシミュレーションを再現した結

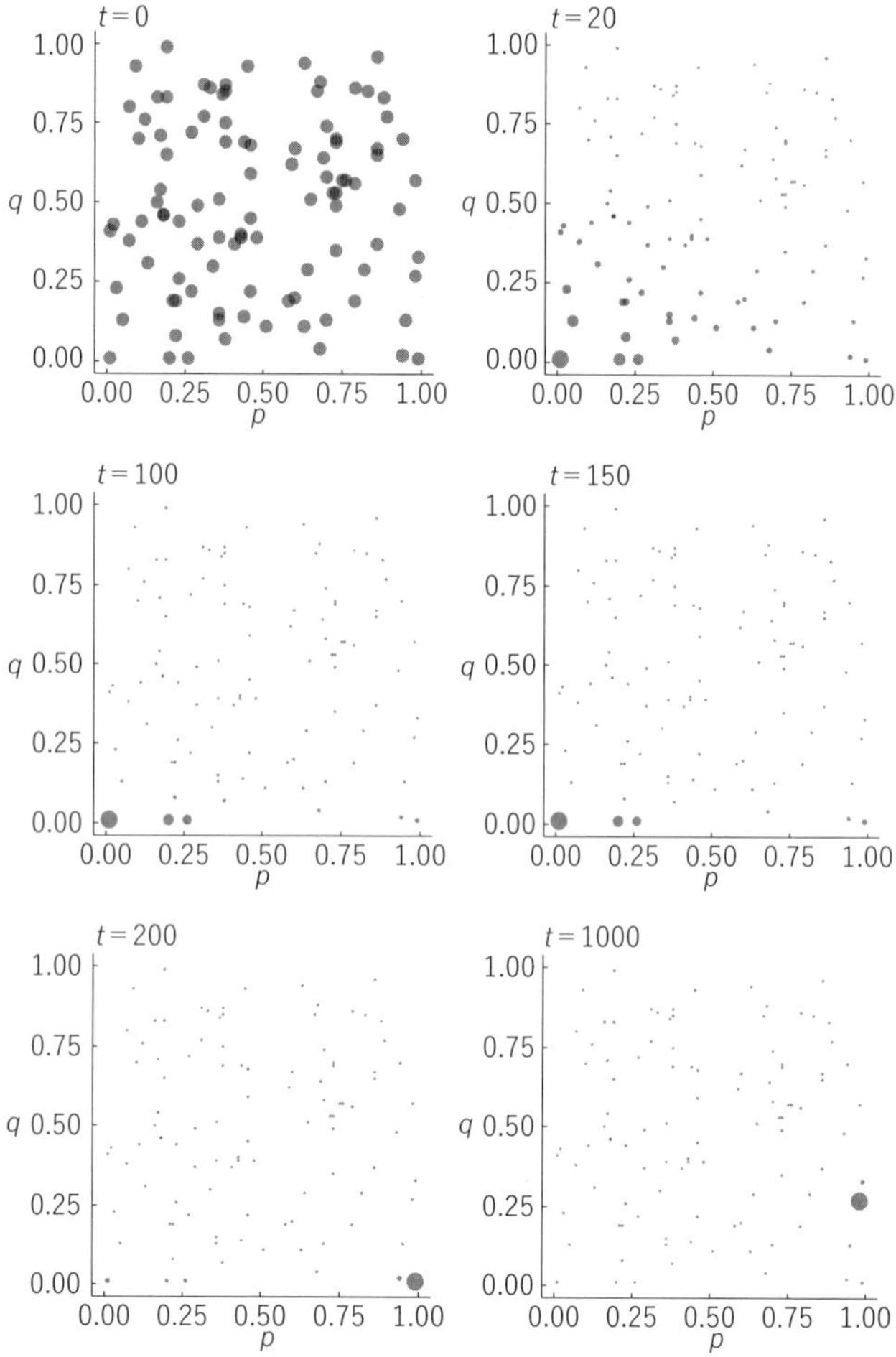

図 3-1　ノヴァクとシグムンドのシミュレーションの結果の一例

（出典） Nowak & Sigmund（1992）を参考に筆者作成。

果の一例です。このシミュレーションの世代はtとして各グラフの左上に表示されています。左上のグラフ（tが〇となっているグラフ）は、シミュレーションの開始時点にどのような戦略が含まれていたのかを示しています。各グラフの横軸はpの値、縦軸はqの値を示していて、それぞれが〇・〇一から〇・九九の値をとるように設定されていました。左上のグラフでドットが一面に散らばっているのは、pとqについてさまざまな値をもつ戦略がいたということを意味します。

六枚のいずれのグラフでも、左下の原点に近い戦略はpもqも〇に近い全面非協力に近い戦略ということになります。ただし、このシミュレーションではpもqも最小値は〇・〇一でした。これは全面非協力戦略でも一パーセントの確率で間違って協力することがあるということです。一方、グラフの右下でpが一でqが〇という戦略はＴＦＴになります。ただし、ここでもpの値はどんなに大きくても〇・九九、qはどんなに小さくても〇・〇一なので、ＴＦＴも協力すべきときに間違って非協力を選んだり、非協力を選ぶべきときに間違って協力を選ぶ確率が少なくとも一パーセントはありました。右上のpもqもほぼ一になる戦略は全面協力に近い戦略ということになります。

ノヴァクとシグムンドのシミュレーションでは、必ずＴＦＴ（pが〇・九九でqが〇・〇一）を含めるようにして、それ以外の九九種類の戦略については、pとqの値をランダムに発生させて決めました[3]。ドットの大きさは、各世代でそれぞれの戦略がどれくらいいるかを表しています（ただし、各グラフごとにその世代の中で相対的な大きさを決めています。そのため、グラフ間でドットの大きさを比べても意味がないので注意してください）。左上のtが〇となっているグラフでは、同じ大きさのドットがどこか特定の場所に集まることなく散らばっています。つまり、pとqのさまざまな値をもつ戦略がどれも同じ数ずついたということを意味します。一〇〇種類の戦略があるので、最初はどの戦略も集団全体の一パーセントを占めているにすぎませんでした。

こうして一〇〇種類の戦略に繰り返しのある囚人のジレンマをプレイさせ、得点が高かった戦略の頻度を増やし、得点の低かった戦略の頻度を減らします。これは第2章で確認した進化の考え方に沿ったものです。これを一世代として、同じことを何世代も繰り返します。すると、二〇世代を経た（tが二〇となった）右上のグラフでは、pとqの両方の値が小さい方（グラフの左下）に大きなドットができて、他のドットが小さくなっています。これは、pとqの値が高い協力的な戦略（pが高いということは協力してくれた相手には協力すること、qが高いということは協力してくれない相手にさえ協力するということでした）が淘汰され、非協力的な戦略が増えてきたということです（この段階で左下の戦略が集団全体の二五パーセント程度を占めるようになっています）。一〇〇世代目（中段左のグラフ）や一五〇世代目（中段右のグラフ）になるとこの傾向はますます顕著になって、最も非協力的な戦略の一人勝ちのような状態になっています（左下の戦略が集団全体の六五パーセント弱まで増えています）。

全面非協力の一人勝ち状態だった一〇〇世代、一五〇世代では、TFTは集団全体の一～二パーセント程度にすぎませんでした。グラフでも右下に小さな点がかろうじて確認できるくらいです。それが、二〇〇世代のグラフ（下段左）を見ると、どうでしょう。TFTに対応する戦略（pがほぼ一でqはほぼ〇）がグラフの右下で数を増やしています。このときにTFTは集団のなんと九五パーセントを占めています。いったん全面非協力に近い戦略が集団全体に広がった後に、TFTが息を吹き返したことがわかります。非協力的な戦略ばかりになると、ほとんどのペアが非協力者同士のペアになってしまうため、協力的な相手をカモにして高い得点をあげることができなくなります。新しいビジネスのための情報収集ミーティングの例を使えば、全面非協力戦略というのは、そもそも情報収集をしようという気がない人に相当します。こういう人たちばかりが集まってはビジネスがうまくいくわけはありません。このとき、ごく少数生き残ったTFT同士が偶然ペアになってプレイしたら、彼らの得点は圧倒的です。両者ともに情報共有のために一所懸命準備をするので、ライバルが少ない状況で大成功するのです。[4]

さてこのようにして二〇〇世代目で、TFTは非協力的戦略を駆逐することに成功しました。しかし、話はまだ続きます。一〇〇〇世代目のグラフ（右下のグラフ）を見ると、TFTの少し上のqが〇ではない戦略（ここでは〇・二七でした）が集団全体の九八パーセント占めるまでに増えています。協力的（pは〇・九八とほぼ一）だけど寛容さも備えた戦略はなぜTFTの集団に侵入できるのでしょうか？　これこそ、この章の冒頭で見たエラーの効果です。TFT同士は無限に囚人のジレンマを繰り返していると、どこかでエラーによる非協力のせいで、協力と非協力を交互に繰り返す負の連鎖に陥ります（少なくとも一〇〇回に一回は間違うようになっていました）。それに対して、qが〇でないGTFT戦略はこのTFTの弱点を克服して、みずからの寛容さによって非協力の連鎖を断ち切ることができます。ただし、この寛容さは諸刃の剣で、非協力的戦略からはつけ込まれることになります。そのため、最初にＴＦＴが非協力的戦略を駆逐してくれる必要がありました。そして、ＴＦＴが非協力的戦略を駆逐してくれた状況のもとでは、ＧＴＦＴが有利になるのです！

再び情報収集ミーティングの例で考えましょう。あなたは相手が情報収集を怠ったと思って次回のミーティングのための情報収集をやめてしまいます。そうすると、表３－１に示された不毛な状態に陥ります。このとき、あなたが三回に一回程度相手を赦したらどうでしょうか？　相手も根っからの非協力者ではなくあなたの出方次第で協力したり協力しなかったりという戦略をとっていたら、あなたの寛容さで再び二人のミーティングは実りあるものになります。もちろん、相手があなたを赦してくれるとしても同様です。

ノヴァクとシグムンドのシミュレーションは、アクセルロッドが検討した状況にエラーが起こる可能性を入れるとＴＦＴよりも寛容な戦略が進化するということを示していました。赦しの進化をおおづかみに理解するという意味では、ここはとても大事です。赦しの進化にとって決定的に大事なことが何かを教えてくれるからです。エラーのない状況とは誰もが協力すると決めたら間違いなく協力する状況です。現実には私たちは相手に協力してあげようと思っても意図せず協力し損なうことがあります。そのような状況では、相手の間違いを逐一咎めたてるのではなく、少なくとも何回かに一回は相手を一方的に赦してあげることが適応的で進化可能なのです。

2　誰を赦すのか？——価値ある関係仮説

◇再び、霊長類の仲直り

図3-1の右下のグラフに示されている結果によれば、最適な寛容さの程度は三割（一〇回に三回程度相手の非協力を赦してやる）くらいです。ただし、この値は囚人のジレンマ・ゲームの得点をどのように設定するかで変わってしまいます（囚人のジレンマ・ゲームの得点の設定についてはコラム3-1を参照してください）。たとえば、第2章で使った図2-5の点数（利得）を使って計算すると、五割を赦す（つまり、相手が非協力的な選択をしたときに二回に一回はそれを赦す）ことが最適となります。ここで大事なことは、この寛容さの値が計算の結果どうなるかということではなく、全面的に赦す必要はないということです。むしろ全面的に赦すような戦略では非協力的戦略にカモにされて、非協力的戦略が増えることを助けてしまうのでした。

このqの値が一にならないという結果は、PC-MC比較法を使った研究結果とも一致しているように思えます。というのは、第1章の図1-2を見直すとわかりますが、アカゲザルを対象にした研究では、二〇分が経過したところで仲直りしたペアが三〇パーセントくらいにしかなっていないからです。仲直り傾向があるといっても、すべてのケンカで即座に仲直りが成立するわけではないことがわかります。これはアカゲザルに限ったことではありません。第1章の表1-1の右列には、さまざまな霊長類のPC－MC比較法で観察された仲直り率がまとめられています。この表を見ると、アカゲザルの仲直り傾向はマカク属の中では低めではありますが、仲直り率が一〇〇パーセントに近い極端に寛容な種というのもないことがわかります。

一見するとノヴァクとシグムンドのシミュレーション結果と一貫性のあるパターン（すべてのケンカで即座に仲直りができるわけではない）ですが、じつはここにはシミュレーションには含まれないもう少し微妙な要因も関係しているようです。シミュレーションが正しければ、アカゲザルが今回の相手と仲直りするかどうかをデタラメに（たとえば、サイコロを振って出た目が一か二であれば仲直りするというふうに）決めていることになります。しかし、これは少し現実離れした仮定です。ヒトの場合、「はじめに」のコラム0で説明したような（少なくとも）二五種類の要因が被害者が相手を赦すかどうかに影響します。霊長類についても、こういう場合には仲直りしやすく、こういう場合には仲直りしにくいという規則性のようなものがあるのではないでしょうか。

実際、霊長類研究でも仲直りを促進する要因について多くの知見が蓄積されています。比較心理学者のケイト・アーノルドらが主要な知見をまとめているので、彼女たちの論文をもとに、これまで検討されてきた霊長類の仲直りを促進する（阻害する）要因について見ていきたいと思います[5]。たとえば、ケンカの深刻さ[6]、仕返しがあったかどうか[7]といったケンカの特徴は仲直りが起こるかどうかに影響します。ケンカをした個体の特徴と仲直りの関係も検討されています。個体の特徴としては、ケンカした個体の性別や年齢がすぐに思いつきます。これについては、種によって仲直りに対してどのように影響するかが違っているようですし、検討された霊長類の種もさほど多くありません。

このような要因は、それぞれに興味深くはあるのですが、種によって影響の仕方が違うというのは、仲直りの理をおおづかみで理解したいという本書の目的からは少し外れます。それよりも、ほとんどの種に一貫して見られるパターンこそ仲直りの本質の理解を助けてくれるはずです。このように考えると、割と一貫して見られるパターンは、血縁関係にある者同士は仲直りしやすいというものです。しかし、私たちはきょうだいゲンカのようなものにだけ関心があるわけではありません。[8]そこで、ここでは、アーノルドらの論文で取り上げられているもう一つ別の「種を超えて共通に仲直りを促進する要因」を取り上げたいと思います。それは、ケンカした個体同士が普段から友好的な関係にあるかどうかです。たとえば、普段からよくお互いに毛づくろいをしたり・してもらったりしているペアは友好的な関係にあると言えます。いかんせん多くの霊長類では血縁関係にある個体同士が友好的な関係を築きやすいので、特定のペアが仲直りしやすいのは友好的な関係のお陰なのか、血縁関係のお陰なのかわかりにくいという問題があります。ですが、この問題は、血縁関係にあるかどうかと友好的な関係にあるかどうかでペアを四つのタイプに分けて研究すれば解決できます。実際の分析はもう少し複雑ですが、このようなアイデアに基づいて血縁関係はなくても友好的な関係を保っているペアは仲直りしやすいかどうかを調べたところ、友好的関係はたしかに仲直りを促進するということが多くの種で明らかになっています。

◇価値ある関係仮説

友好的な関係のパートナーとは、普段から毛づくろいをしてくれたり、他の個体とケンカをしているときには援助してくれたりする相手のことです。このことから、霊長類学者のドゥ・ヴァールは、仲直りの機能は自分にとって有益な関係、つまり価値のある関係をささいなことに端を発するケンカで失わないことであると考えて、**価値ある関係仮説**を提唱しています[9]。この仮説によれば、仲直りが起こりやすいのは、修復することでこれまで通り毛づくろいをしてくれたり、ケンカのときに援助してくれる相手、つまり関係を修復すれば自分自身の適応度が高くなるような相手とケンカをしたときだということになります。そんな相手なら最初からケンカしなければいいじゃないかと思われるかもしれませんが、目の前の餌に目がくらんでしまうとか、過つは人の常であるだけでなく、サルの常でもあるでしょう。

ドゥ・ヴァールは友好的関係を価値ある関係と言い換えていますが、筆者はこの言い換えにはたんなる言葉の好み以上の意味があると思っています。というのは、価値ある関係を維持するために仲直りがあるのだというのは、仲良し同士はケンカしても仲直りができるのだというのとは仮説の検証可能性という点でまったく違うと思うからです。仲良し同士だったら仲直りできるというのは、もっともらしく聞こえるかもしれませんが、同じことを繰り返すだけの同義反復になっています。「ケンカしても仲直りできる者同士」という表現を聞いた人が、「つまり仲良しってことですよね」と聞き返したとしても違和感がないでしょう。ところが、「ケンカしても仲直りできる者同士」のことを「お互いに毛づくろいやケンカのときの援助をする関係で、それを維持することで適応度が上昇する関係のことですね」と言われると、そこにはたんなる言い換え以上のものがあると感じられます。また、価値ある関係と言い換えることで、適応上のメリット、デメリットがはっきりわかることも大事です。

では、価値ある関係仮説はどのようにして検証されるのでしょうか。たとえば、自然に起こるケンカを観察して、普段から毛づくろいやケンカの援助をしてくれる価値のあるパートナーとは仲直りをしやすいことがわかったとしたらどうでしょうか。これは価値ある関係仮説と矛盾しない結果ですが、残念ながら、因果関係を厳密に検証したことにはなりません。なぜでしょうか？　ここで、AとBという二個体がケンカをした後、仲直りをせずに、お互いに避け合うようになったとします。AとBがお互いに毛づくろいをすることはないでしょう。また、Aが他の個体とケンカをしていてもBは助けに行かないでしょうし、BのケンカをAが助けることもないでしょう。この二頭が再びケンカをしてもまた仲直りはしないかもしれません。この場合の因果関係をよく考えてみてください。「仲直りをしなかった」ことが原因で、「毛づくろいをしない（＝関係価値が低い）」ことが結果になっています。これは価値ある関係仮説が想定する因果関係（関係価値が低いことが原因で、仲直りをしないという結果が生じる）とは正反対です。もちろん、これは架空の例ですが、関係価値が高いペアほど仲直りしていて、関係価値が低いペアほど仲直りしていないということを観察するだけでは、関係価値が高いと仲直りするのか仲直りしないと関係価値が下がるのか、どちらが正しいのかがわからないのです。専門的な言い方をすると、相関関係があるということがわかっただけでは、どのような因果関係があるのかまではわからないということです。

因果関係を厳密に検証する研究方法は実験です。因果関係の「(原)因」を研究者が実験的に作り出して、それが「(結)果」を生じさせるかどうかを調べる研究方法です。たとえば、二頭のサルを選んで、その相手と協力すれば栄養価の高いおいしい餌がもらえるという訓練をするとどうでしょうか。この訓練は必ず同じパートナーと行うこととします。そうすると、そのペアの相手は実験者が適当に選んだにもかかわらず、自分にとって適応度を上げる(おいしい餌を手に入れる)ために不可欠なパートナーになります。このようにして実験者が特定のペアの関係価値を高めることで、そのペアが仲直りをしやすくなれば、関係の価値を高めたことが原因で仲直りするという結果が生じたことになります[10]。

図 3-2　カニクイザルの親子
(出典) 2015年1月，バリ島にて筆者撮影。

実は特定のペアが協力し合えばおいしい餌をもらえるという実験は、筆者が考えたものではなく、実際にカニクイザルを対象に行われた実験で、元ネタがあります[11]。カニクイザルは、ニホンザルや第1章で紹介したアカゲザルと同じくマカク属に含まれる種です(図3-2)。この実験では、訓練をする前と後にPC-MC比較法を用いて特定のペアの仲直り率が調べられていました。この実験の対象になったカニクイザルは、動物園の中に設けられた広いスペースで自然の環境と同じように何年も

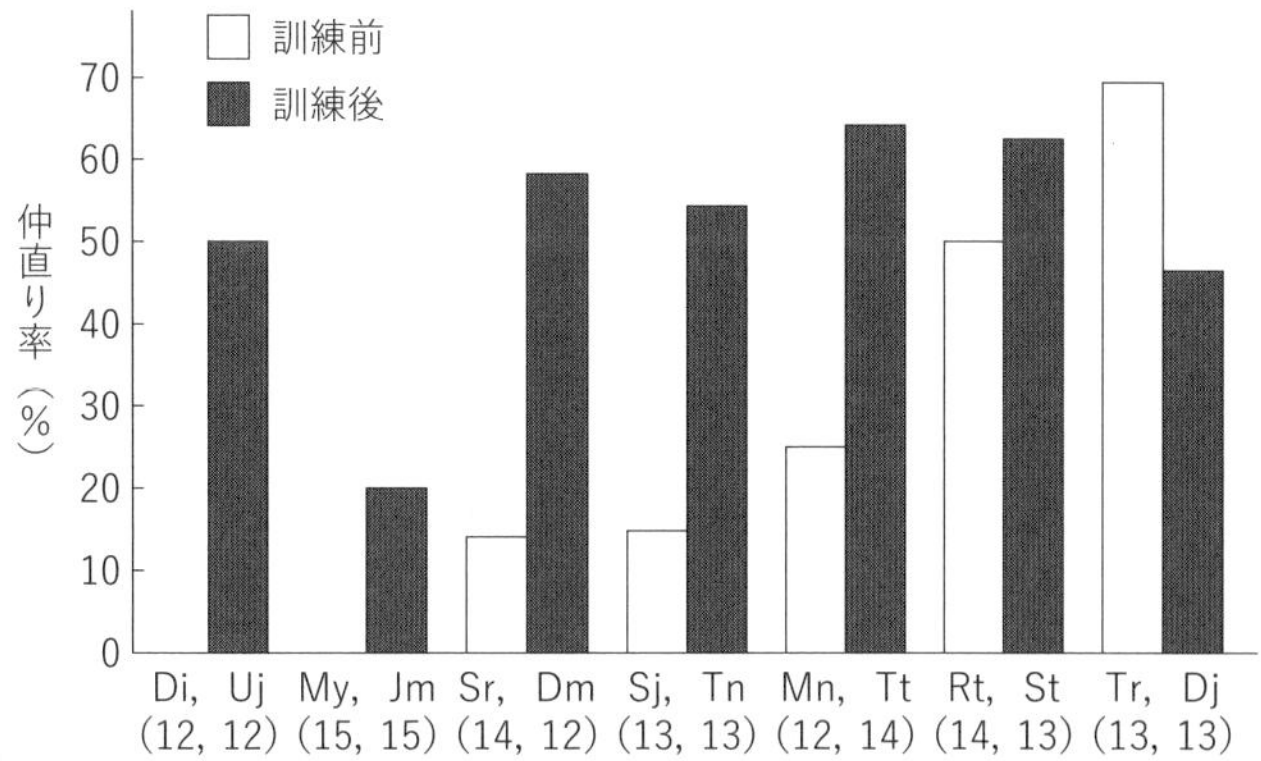

図 3-3　関係価値を上げる訓練が仲直り率に与える影響

（出典）　Cords & Thurnheer（1993）より作成。

生活してきた群れのメンバーだったので、それぞれのペアの仲直り率はすでに安定した値になっていたと考えられます。そのような安定した仲直り率が、協力しておいしい餌をもらうという訓練によって変化したのでしょうか？

この実験の結果は、図3－3に示されています。図の横軸にDi、Ujのように書かれているのは、カニクイザルの二個体のイニシャルです（その下の数字は各個体の年齢です）。図の左端はDiとUjというイニシャルの二頭のペアに対応する結果だということです。図の横軸から七ペアのサルが実験対象になったことがわかります。グラフの縦軸は仲直り率です。白いバーは訓練前、網掛けされたバーは訓練後の仲直り率です。DiとUjのペア、MyとJmのペアには白いバーがありませんが、これは訓練前にはケンカをしてもまったく仲直りをしなかったということです。グラフを見ると、右端のTrとDjのペア以外は訓練後に仲直り率が上がっていることがわかります[12]。このように例外はありましたが、関係価値を上げると仲直り率が上がること、つまり関係価値が高いことが原因で仲直りが結果であることがわかりました。

ただし、この実験結果はあくまでカニクイザルのものです。ですから、他のサルで観察されている普段から友好的な関係にあるペアほどケンカの後に仲直りしやすいというパターンが、必ず価値ある関係仮説で説明できるとは限りません。ですが、関係価値が「原因」で仲直りが「結果」として生じやすくなるという価値ある関係仮説の予測が少なくともカニクイザルでは支持されたという事実は重要です。価値ある関係仮説がまったく根拠のない荒唐無稽な仮説ではないということが示されたことになるからです。

◇特定の相手だけ赦すことの進化

価値ある関係仮説がカニクイザルには当てはまることがわかりました。ですが、それはどれくらい一般性をもつのでしょうか。この問いに答える一つの方法は、カニクイザルで行われた実験をさまざまな種で行うことです。ですが、もう一つ一般性がありそうかどうかを調べる方法があります。個別の種に特有の事情（仲直りの進化をおおづかみに理解する際には枝葉末節となる部分）を取り除いたシミュレーションを行い、自分の適応度を上げてくれる相手は赦すという傾向が進化するのかどうかを調べればよいのです。このようなシミュレーションにも価値ある関係仮説と一致する行動傾向が進化するということであれば、価値ある関係仮説はカニクイザル以外にも当てはまるだろうと推論することができます。

このようなシミュレーション研究は、進化人類学者のダニエル・フルシュカとジョセフ・ヘンリックによって行われています[13]。彼ら自身は、自分たちのシミュレーションを価値ある関係仮説と結びつけて考察していませんが、その結果が示しているのは、特定の限られた相手とだけつき合う、その相手が多少自分を裏切っても赦してあげる、けれども特定の相手以外とは協力し合うこともしない（当然、赦さない）という二種類の行動傾向がセットで進化するというものです。ただし、このシミュレーションは、ノヴァクとシグムンドのそれと比べてもかなり複雑で、細かい設定まですべて説明する必要もないので、ここではその概要だけ紹介します。

ノヴァクとシグムンドのシミュレーションは、集団の中にランダムに囚人のジレンマ・ゲームをプレイするペアができるという設定で行われており、赦す相手は偶然にペアになった相手でした。また、偶然ペアになった相手が気に入らなかったとしても、相手を変えることもできませんでした。それに対して、フルシュカとヘンリックのシミュレーションでは、各プレイヤーは囚人のジレンマ・ゲームをプレイする相手を選ぶことができるし、気に入らなければ相手を変えることもできました。ただし、相手を選ぶといっても、シミュレーションに含まれるすべてのプレイヤーが自分にとって望ましい相手かどうかを把握することはできないという記憶の制約がありました。フルシュカとヘンリックは、これを記憶の制約といっていますが、これは普段から親しくつき合っている相手の数と言い換えてもかまいません。実際、人類学者のダンバーによれば、霊長類は毛づくろいによって関係のメンテナンスをし、毛づくろいにはそれなりの時間がかかるので、時間の制約が親しくつき合う相手の数を制限するのだと言っています[14]。

このようにノヴァクとシグムンドのシミュレーションとフルシュカとヘンリックのシミュレーションでは、その状況設定が大きく違っていましたが、もちろんフルシュカとヘンリックのシミュレーションでもエラーはあるものと仮定されていました。つまり、お互いに選び合ったパートナー同士でも間違って非協力を選んでしまうことがあったのです。このような状況設定でシミュレーションを行った結果、進化した戦略は「仲間作り」と呼んでもよい戦略でした[15]。仲間作り戦略は、限られた数の相手をパートナー・リストに入れて、その相手の関係価値を覚えています（人数を限定するのは記憶の制約のためです）。具体的には、それぞれの相手について、これまでのつき合いの履歴（相手がこれまでにどれくらい協力してくれたか）と直近の行動（相手が前回協力してくれたか）の両方を勘案して関係価値を計算して、それを覚えているのです。たとえば、過去に何度も協力してくれていたとしても、直近に非協力を選んだ相手の関係価値は低くなります。パートナーを選ぶときには、関係価値の高い相手を優先する設定になっていたので、特定の相手の関係価値を下げるということは、パートナーとして選びにくくなるということを意味しました。

ですが、ここで大事なことは、この関係価値の下がった相手もまだ自分がつき合う可能性のあるパートナー・リストに入っているということです。そして、パートナー・リストに入っている「仲間」であれば、仲間作り戦略は常に協力するのです。ということは、その「仲間」が前回非協力を選んでいたとしても協力するということです。ただし、同じ相手が何度も非協力を選ぶと、つき合うに値しない相手としてパートナー・リストから外してしまいます。そういう細かい設定はさておき、仲間作り戦略は、相手が非協力を選んだとしても一定以上の関係価値の相手（パートナー・リストに入っている相手）であれば、それを赦し自分は協力する戦略なのです。つまり、価値ある関係仮説が想定する、関係価値の高い相手は赦すという行動パターンが進化可能だということです。

フルシュカとヘンリックのシミュレーションは、ノヴァクとシグムンドのシミュレーションよりも多くの前提を入れていましたが、記憶に制約がある、パートナーを選ぶことができるが一度に多くの相手とつき合うことはできないといった内容で、複雑な現実の社会関係と比べれば単純なものでした。そして、このような前提は多くの種に当てはまりそうです。その状況で、価値ある関係仮説が想定する行動パターンが進化可能であるということから、この仮説が当てはまる種はカニクイザルに限られないだろうと期待することができます。

3　ヒトの赦し——関係価値と搾取リスク

◇関係価値の高い相手を赦す

霊長類学で提唱された価値ある関係仮説が私たちヒトにも当てはまるのかどうかを最初に検討してみたのは社会心理学者のマイケル・マッカローでした。マッカローは、一九九〇年代に先駆的な赦し研究を始めた人で、赦し研究の草分け的な研究者の一人です。ですが、本人の弁によれば、しだいに社会心理学的な赦し研究には飽きてきたそうです。そんなときに進化心理学の考え方に出会い、赦しを進化の枠組みから理解しようとする *Beyond Revenge* という本を出版しています[16]。この著書の中で、彼はドゥ・ヴァールの価値ある関係仮説を紹介し、ヒトの赦し研究にも価値ある関係仮説の枠組みで理解できる研究結果があることを説得的に論じています[17]。

しかし、マッカローが著書の中で紹介している研究結果は、価値ある関係仮説と一貫する結果ではあっても、関係価値の高い相手を赦しやすいという直接的な証拠ではありませんでした。そこで、マッカローは自分自身で価値ある関係仮説の直接的な検証を行うことにしました。つまり、関係価値の高い相手から傷つけられたら、関係価値の低い相手から傷つけられたときよりも相手を赦しやすいということを示そうと考えました。霊長類を対象にしたPC－MC比較法研究では、仲直りするまでの時間を測っていました。マッカロー自身がそれを意識したかどうかわかりませんが、ヒトにおける最初の価値ある関係仮説の検証研究も、相手を赦すまでの時間を調べるという研究でした[18]。

霊長類の研究では、二個体がケンカするまでじっと観察をしていました。さすがに公共の場でヒトの友人同士がケンカするのをじっと待っていても研究になりません。そこで、彼は心理学の授業をしている教室に何度も足を運び、最近、親しい誰かから傷つけられた経験のある人がいれば、ぜひ彼の調査に協力してほしいと呼びかけました。これに応募してきた一二五人の大学生は、彼の心理学実験室に来て、自分を傷つけた相手との関係や、相手にどれくらい責任があるか、相手はわざと自分を傷つけたのかといったことに回答しました。その中に、相手は自分にとってどれくらい価値があると思うかという質問も含まれていました。その後、参加者は二一日間、インターネットを通じて、その時点でまだ相手に仕返しをしたいと思っていたり、相手を避けたいと思っていたりする程度（まだ根にもっている程度とも言えます）を回答しました。さらに、その三カ月後にもう一度、まだ根にもっているかどうかを報告するように依頼されました。

このようにして、各参加者からまだ根にもっている程度の報告を繰り返し得ました。このデータはいったいどのようなパターンを示していたでしょうか。根にもっている程度の時間変化がどのようなものだったかを例示したのが図3－4です。[19] 横軸は相手から傷つけられてからの日数です。時間変化のスタート時点が人によって違っているのは、傷つけられた日から何日後に調査に参加したかが人によって違うためです。なんだかグチャグチャな図に見えると思いますが、統計的に分析すると傷つけられてからわりとすぐに相手を赦していて（図の縦軸の上の方ほどまだ根にもっている、つまり相手を赦していないことを意味しているので、グラフの左側で折れ線が急な右下がりのパターンを示すということです）、時間が経つにつれて赦すペースは緩やかになっていくことがわかりました。完全に赦してしまったらそれ以上赦す余地がない、つまりグラフが下がる余地がないので、時間が経つと右下がりの傾斜が平坦になっていくというのは理にかなっています。価値ある関係仮説にとって重要なことは、調査の開始時点で、相手がまだ自分にとって価値があると回答した人ほど、根にもっているという回答が早いタイミングで減衰する傾向があったということです。つまり、関係価値が高い相手のことはすぐに赦

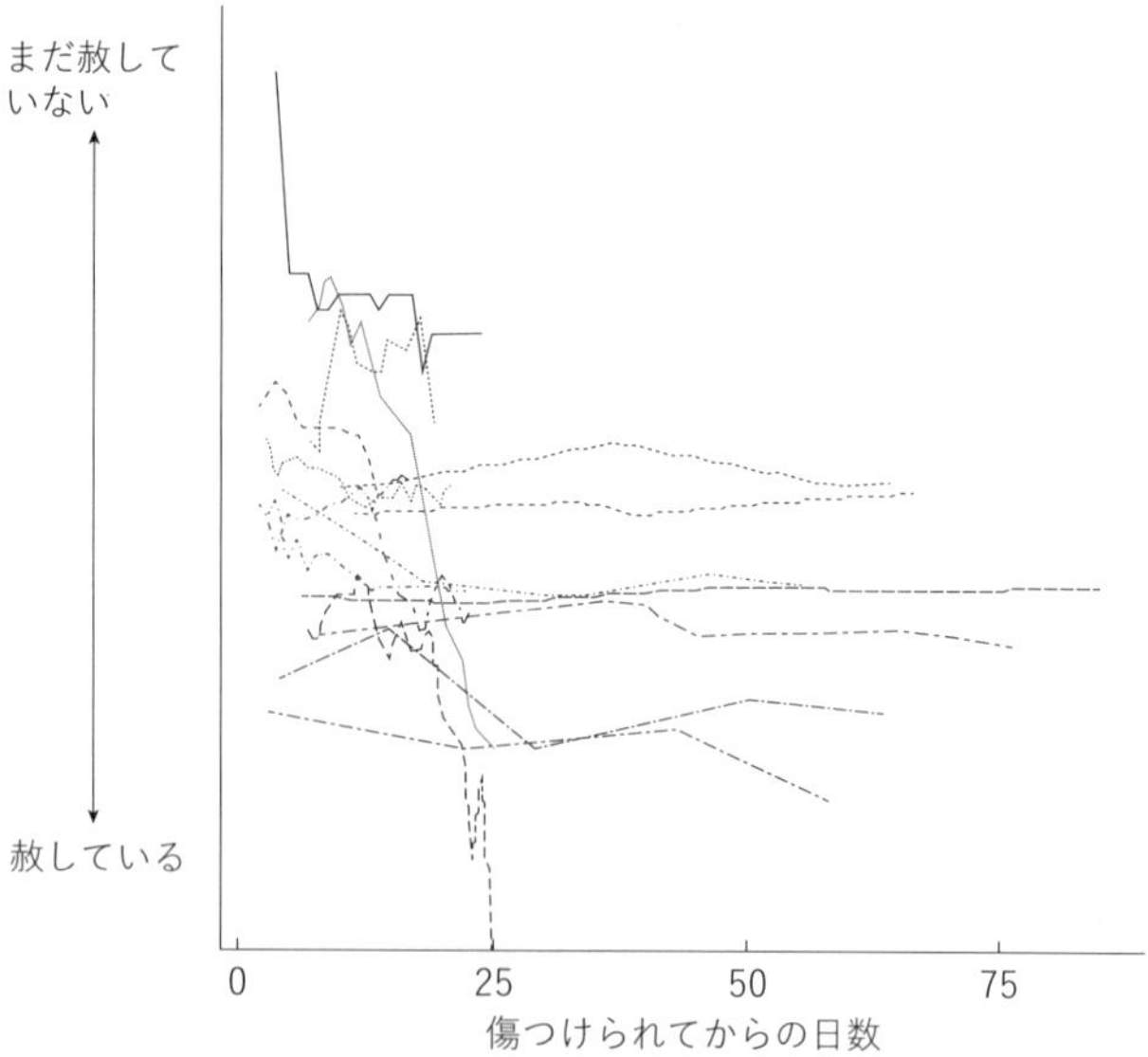

図 3-4　赦しの時間変化

（出典）　McCullough et al.（2010）より作成。

していたのです。

◆またひどいことをしそうな相手は赦さない

ここまで赦しのことを中心に考えてきましたが、そもそもＴＦＴは非協力的な相手に対しては協力しないという戦略であったため、赦しは報復性とセットになっているからこそ適応的な行動特性でした。これについてはＧＴＦＴも同じです。もし、誰から何をされても怒らないという人がいたら、赦しなんてそもそも必要ありません。ですが、ヒトに報復性があることは自明なことで、わざわざそのことを確認する必要はないように思われます。有名なハンムラビ法典の「目には目を、歯には歯を」は、報復を推奨するものではなく、行き過ぎた報復を禁じるものだと考えられています。逆に言えば、放っておけば報復が行き過ぎたものになるということです。本書の冒頭でもふれた『ロミオとジュリエット』も、報復の応酬が行き過ぎた例と言えます。日本でも江戸時代には家族を殺された者が敵討(かたき)ちをすることが制度として認められていましたし、反社会的勢力同士の抗争にもやられたらやり返すという報復性が見て取れます。また、近年の脳画像解析による研究は、人々が自分を不当に扱った相手に罰を与えることから喜びを感じているらしいことを明らかにしています[20]。具体的には、相手に罰を与えると脳の報酬系というおいしい物を食べたりしたときに反応する部位が活動していたのです。報酬系の働きは、まさに馬の鼻先にニンジンをぶらさげて馬を走らせるイメージです。私たちは自分にひどいことをした相手に仕返しをすることで、主観的にごほうびのニンジンを得るわけです。つまり、私たちには自分にひどいことをした相手に仕返しをしたいという動機づけがあるということです。

このような報復性の適応的な機能はＴＦＴについての考察から明らかです。それは、同じ相手から何度も繰り返し搾取されないようにすることです。エラーがある状況で赦しが適応的になるのはこの裏返しとも言えます。仕返しする必要がない相手（エラーで非協力を選んでしまった相手）に無用な仕返しをすることは、せっかくの価値ある関係を台なしにしてしまうのです。ＧＴＦＴの進化を検討したシミュレーションは、赦しの本質を理解するためにきわめて簡略化された状況設定をしていました。つまり、相手の非協力がエラーによるものかどうかわからない状況でした。そのため、ＧＴＦＴは数回に一回ランダムに相手の非協力を赦すという戦略になっていました。しかし、相手の非協力がエラーによるものかどうかわかるのであれば、もっと単純にエラーによる非協力（つまり一回こっきりであることがわかっている非協力）を赦すようにしておけばよいはずです。

相手の非協力がエラーによるものであることがわかるというのは、現実には珍しくないと思います。相手がコーヒーカップをひっくり返してあなたの服にコーヒーをかけてしまったとします。もちろん、服を汚されて腹立たしい気持ちにはなるでしょうが、相手がわざとそうしたとは考えないでしょう。そうであれば、「いいよ、気にしないで」と言って、その場を収めておくのではないでしょうか。逆に、ここできちんと対処しておかないと相手はまたわざと同じことを繰り返すと疑うとしたら、それはよほどこじれた関係でしょう。

このように考えると、私たちの赦しの心理メカニズムは、相手から繰り返し搾取されそうかどうかという認識（これ以降、「搾取リスクの知覚」と呼びます）に応じて、相手を赦しやすくなったり赦しにくくなったりするのではないかと予測されます。この予測をヒトで検証したのは、マッカローとその共同研究者であるジェニ・バーネットらの研究グループでした（わざわざ「ヒトで」と書いたのは、コラム3－2で紹介するように、これと似た予測をマダラヒタキという鳥で検討した研究があるからです）。彼らは現在つき合っている相手がいる学生を対象に、相手の関係価値と搾取リスクの知覚を回答してもらいました。そして、それに加えて、ここ三カ月間で相手がした最もひどいことを思い出してもらい、それをどれくらい赦しているかを尋ねました。[21]

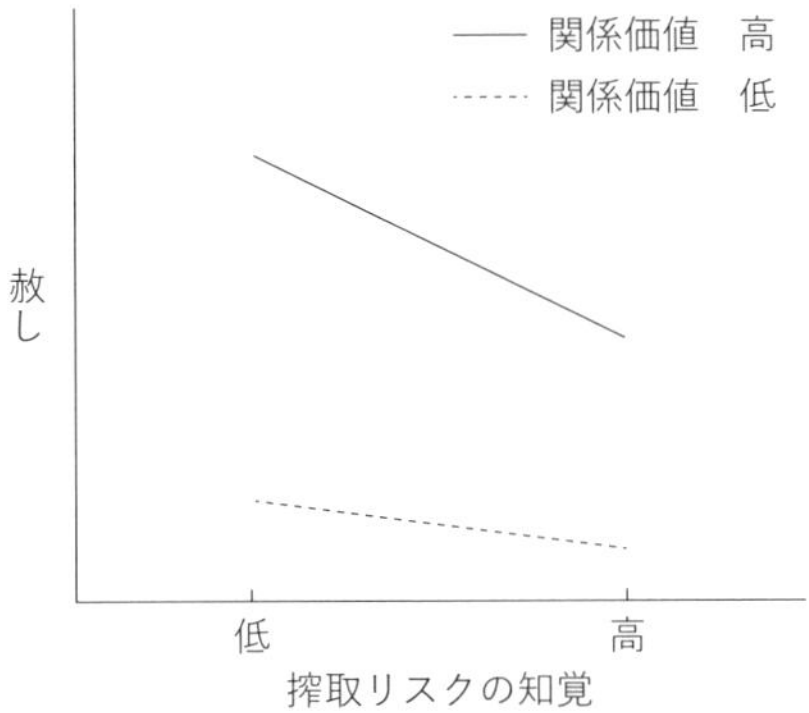

図 3-5　関係価値・搾取リスクの知覚の高低ごとの赦しの程度

（出典）　Burnette et al.（2012）より作成。

図３－５の横軸は、左側が相手はもうひどいことをしなさそうだと答えた参加者（搾取リスクの知覚が低い人たち）、右側が相手がまたひどいことをしそうだと答えた参加者（搾取リスクの知覚が高い人たち）の結果に対応しています。また、二本のラインが示されていますが、実線は相手の関係価値が高いと答えた人たち、破線は相手の関係価値が低いと答えた人たちに対応しています。搾取リスクの知覚によらず実線の方が破線よりも上にあることから、関係価値が高いほど相手を赦していることがわかります（赦しの程度の測定には、先ほどの二一日間の継続調査のときとほぼ同じ質問項目が使われましたが、図３－４に示している結果とは点数の高低の意味を逆転させせて、縦軸の上の方ほど赦していることを意味するように調整されています）。また、実線も破線も右下がりになっていることから、搾取リスクの知覚が高いと赦しにくくなることもわかります。さらに、バーネットらの分析は、実線の右下がりの傾斜の方が破線の右下がりの傾斜よりも急であることを示していました。つまり、搾取リス

クの知覚が高くなると相手を赦しにくくなりますが、この搾取リスクの知覚が赦しを阻害する効果は関係価値が高い相手のときほど顕著だということです。関係価値が低い相手はそもそも赦さないので、関係価値が高い相手を赦すかどうかを搾取リスクの知覚で調整するというのは理にかなっているように見えます。

このバーネットらの研究は、関係価値だけでなく搾取リスクの知覚も赦しに関係していることを示していますが、カニクイザルの実験のように関係価値を実験者が自由に操作したわけではないので、相手を赦しているから関係価値が高いという逆の因果関係が排除できていません。この問題を回避するために、バーネットらは参加者をランダムに二つのグループに分け、一方には関係価値の高い相手を思い浮かべてもらい、もう一方には関係価値の低い相手を思い浮かべてもらうという実験を行いました[22]。次に関係価値高・低それぞれのグループの参加者の約半分には「相手があなたの都合より自分の都合を優先した場面を二つ思い出して書いてください」と依頼しました。このような場面を思い出すことで、相手が将来も自分勝手に振る舞うかもしれないという気分になるからです。相手が自分の都合のためにあなたの都合を無視するとしたら、あなたを搾取していると言えます。残り半分の参加者には、「相手があなたの都合を優先して自己犠牲をした場面を二つ思い出して書いてください」と依頼しました。このようにして、関係価値の高い（または低い）相手を思い浮かべているグループの中に搾取リスクの知覚を高く（低く）見積もるグループを作りました。その後、この相手が参加者との約束を破って秘密を他人にばらしてしまったとしたらどれくらい赦せるかを尋ねました。この実験の結果も図3－5に示されているものとほぼ同じパターンでした。つまり、関係価値が高い方が赦せて、搾取リスクの知覚が高いと赦せず、搾取リスクの知覚が高いために赦せなくなる程度は関係価値が高いときほど顕著でした。関係価値は事前にどちらのタイプの知り合いを思い浮かべてもらうかを実験者が指定していますし、架空の裏切りをどれくらい赦せるかを聞いていますから、赦したから関係価値が高くなるという逆の因果関係は成り立ちません。

◇「友好的な関係⇕赦せる関係」問題再び

このように価値ある関係仮説はヒトにも当てはまりそうなことがわかりました。ただし、少し気になることがあります。ここまで紹介したマッカローらの研究グループは、関係価値を測定するときに「相手と私の関係にはまだまだよい点がたくさんあると思う」「私たちの関係は、私にとって実りあるものである」といった質問項目を使っていました。相手との関係をこういうふうに表現できるのであれば、相手のちょっとした過失は赦せてしまうのではないかという気がします。また、相手との関係によい点があったり、実りがあったりするというのは本当に適応度を左右するようなことを想定して回答してくれているのかどうかも不明です。

そこで筆者らは、関係価値の測定として、将来の自分自身の適応度に関係するかもしれない内容についてより具体的に尋ねてみることにしました。[23] 相手との親しさを聞いているのではないと明記したうえで、たとえば、相手とつき合っていると学校の成績をよくするという意味で役に立つかどうかを評定してもらいました。このとき、その相手とはついつい遊んでしまうので学校の成績という意味ではマイナスだというのであれば、むしろ役に立たないと評定するように依頼しました。大学の成績がふるわずに留年したら就職するのが一年遅れるので、生涯賃金にも影響します。もちろん、回答する人はそこまで考えないと思いますが、学校の成績の維持に役に立つ友人は、客観的に見て適応度に関係する相手だと言えるでしょう。同じように、相手とつき合っていることで就職活動で有利になるか、恋人探しに役に立つかといった具体的な内容を示して、マイナス得点もありで相手の関係価値を評定してもらいました。このような関係価値の測定を行ったのは、友好的な関係だと赦すという同義反復になることをできるだけ避けたかったからです。また、バーネットらはアメリカ人だけを対象としていましたが、筆者らは日本とアメリカの一般人を対象に、特定の相手からひどいことをされたことをどれくらい赦しているかを調べました。

その結果を、図3－6に示しています。まず、関係価値が高いほど赦している（実線の方が破線の上にある）のは日米に共通です。搾取リスクが高くなると赦さなくなる（実線も破線も右下がりになっている）のも日米共通でした。ところが、搾取リスクが高くなると赦さなくなる傾向は関係価値が高いほど顕著というパターンはアメリカでのみ見られ、日本では見られませんでした（日本では実線と破線がほぼ平行になっています）。図3－6に示している研究以外にも日本人の大学生を対象にした研究を行いましたが、やはり実線と破線はほぼ平行でした。なぜ日本では関係価値が高い場合に搾取リスクの効果が顕著になるというパターンが見られないのか、いまのところ筆者らにもその理由はわかりませ

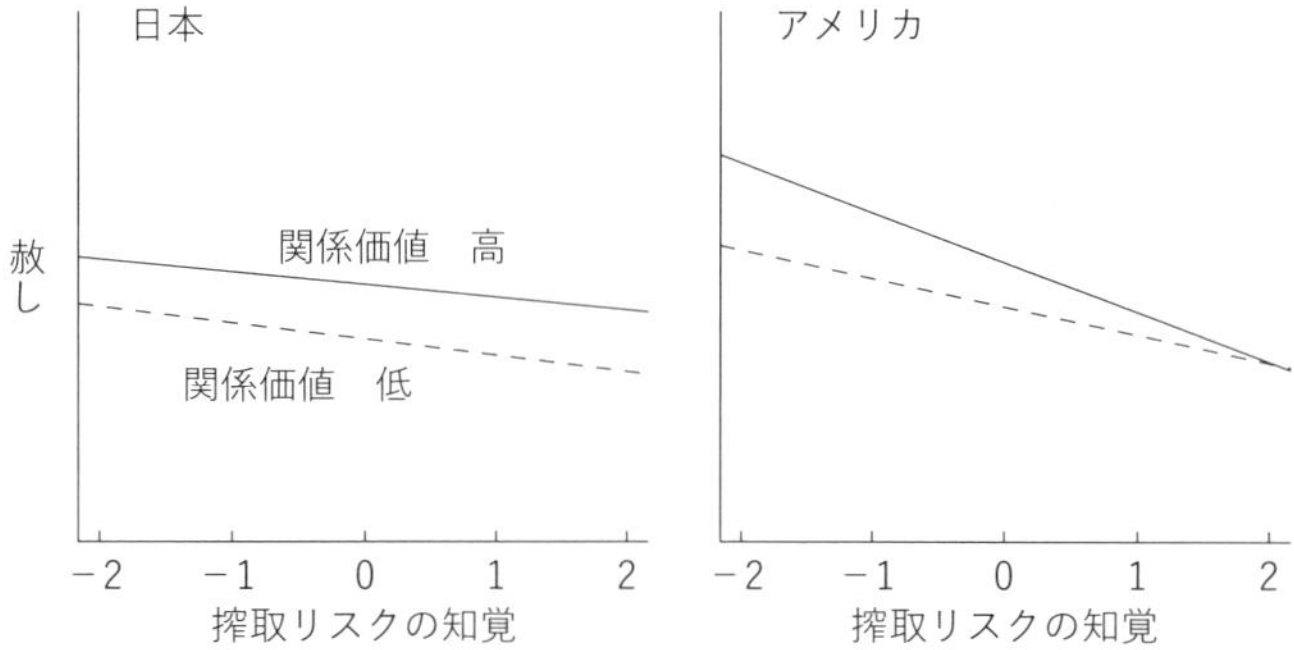

図 3-6　日本・アメリカにおいて関係価値と搾取リスクの知覚が赦しに及ぼす影響

（出典）　Smith et al.（2020）より作成。

ん。ですが、ここで着目してほしいことは、関係価値が高い方が赦せること、搾取リスクが高いと思うと赦せなくなること、これら二つは日米共通だということです。また、関係価値の測定方法を同義反復の問題が小さくなるように工夫してもやはり関係価値の効果が見られたということです。

まとめ

第3章のタイトルは「赦すことの理」でした。ここまでわかった赦すことの理をまとめておきたいと思います。第2章の内容に戻りますが、繰り返しのある囚人のジレンマ状況ではＴＦＴが適応的な戦略です。つまり、赦しは善良さや報復性とセットになって進化しますが、それは特定の相手と繰り返しつき合うときに限られます。ここに最初の赦すことの理を見出すことができます。**同じ相手と長い**

期間つき合い続けるときには、いくら過去に自分を裏切った相手であっても、改心したことがわかれば赦してあげた方がよいのです。

第3章では、相手が改心したかどうかを考えずに赦すということが進化できるのかについて考えました。これは協力しようと思ったのに協力し損なうことがある状況（エラーがある状況）で進化することがわかりました。過つは人の常ですし、他の霊長類や動物も間違いはするでしょう。ノヴァクとシグムンドのシミュレーション研究では、このような状況で、一方的に相手の非協力を赦す寛容さをもった戦略（ＧＴＦＴ）が進化することが示されました。ＧＴＦＴの特徴は相手の非協力の一部だけを赦すという点です。ことわざにも「仏の顔も三度」と言います。相手の裏切りを赦す傾向が進化するといっても、何度も繰り返しひどいことをする相手を毎回赦すようなお人好しすぎる戦略が進化するわけではないのです。このＧＴＦＴの進化からわかる赦すことの理の二番目は、**相手の非協力がエラーのせいかもしれない状況では、相手の非協力的な行動の一部は見逃して赦してあげた方がよい**ということです。

毎回は赦さないというＧＴＦＴの特徴は、一見すると霊長類の仲直りが毎回観察されるわけではないという研究結果と一貫しています。ところが、ＧＴＦＴは相手の非協力のうち一部をランダムに選んで赦しますが、霊長類の仲直りにはむしろ規則性が見られました。霊長類の多くは友好的な関係のパートナーとケンカした後に仲直りしやすいのです。そして、この友好的関係のパートナーというのは、自分の適応度を上げてくれる相手（つまり関係価値の高い相手）である可能性が示されました。フルシュカとヘンリックのシミュレーション研究も、つき合う相手の数が制限されるような状況では、少数のパートナーと親密な関係を作り、この関係の中であれば相手が少し裏切ったとしても、絶交することなく相手を赦すという戦略が進化可能だということを示していました。つまり、協力的相互作用を続けることができる関係価値の高い相手のことは赦してあげることが適応的であるということです。先に挙げた二つの赦すことの理は、進化ゲーム理論による理論的な考察から得られたものです。実証研究（霊長類研究、ヒトの赦し研究）の知見を踏まえて、長期的な協力関係の大切さを説く一番目の赦すことの理を言い換えるなら、次のようになるでしょう。**関係を続けていく価値がある相手の裏切りは赦してあげる方がよい**。

これは価値ある関係仮説そのものです。マッカローらの研究によれば、私たちは関係価値が高い相手から傷つけられたときには、関係価値が低い相手から傷つけられたときよりも早いタイミングで相手を赦します。ですが、そもそも相手の裏切りが意図したものではなく、一回こっきりのことだとわかっているなら、最初から怒る必要もないのではないでしょうか。現実場面では、相手の裏切りが意図したものかどうかがわかることもあるのです。この現実に即して二番目の赦すことの理を言い換えると次のようになります。**相手の裏切りが意図しない（エラーによる）ものであることが自明であれば赦しておいた方がよい**。逆に言えば、いくら関係価値が高くても、何度も繰り返しひどいことをするような相手であれば、赦しても割に合わないということです。そのため、搾取リスクの知覚が高いと（相手がまた自分を裏切りそうだと思うと）、私たちはなかなか相手を赦そうとしないのです。

これを加害者視点から考えてみましょう。ひどく怒らせてしまった相手に赦してほしいと思ったら、自分は二度とひどいことをするつもりがないということを相手に伝えなければならないということです。こういうとき、私たちはどうすればよいかを知っています。相手に誠意をもって謝って赦してもらうのです。ですが、「誠意をもって謝る」というのはどういうことなのでしょうか。続く二つの章（第4章・第5章）では、謝罪の理について考えていきたいと思います。

コラム3－1　囚人のジレンマ・ゲームの得点

第2章の図2－5に囚人のジレンマ・ゲームの利得行列を示しました。ですが、じつはその行列の中に示した点数は一つの例で、ここで説明する条件を満たしさえすれば、点数が違っても囚人のジレンマ・ゲームになります。

ここで、二人ともが協力をしたとき（相互協力）の得点をR（報酬を意味するrewardの頭文字）、二人ともが非協力を選択したとき（相互非協力）の得点をP（罰を意味するpunishmentの頭文字）、協力してくれた相手を一方的に裏切ったときの得点をT（誘惑を意味するtemptationの頭文字）、自分は協力したのに相手から一方的に裏切られたときの得点をS（カモにされた人を意味するsuckerの頭文字）と表すことにします。このとき、T > R > P > Sと2R > T + Sという二つの大小関係が成り立つのであれば、R、P、T、Sにどんな点数が入っていても囚人のジレンマ・ゲームと呼びます。

このことの意味をよく考えてみましょう。相手が協力を選んでいるときに協力するとRを得ますが、裏切るとTを得ます。相手が非協力を選んでいるときに協力するとSになりますが、自分も非協力を選べばPになります。相手の選択によらず非協力を選ぶ方がよいというのが囚人のジレンマ・ゲームの特徴でした。つまり、T > RかつP > Sとなっていなければならないということです。また、お互いに協力した方が相互非協力よりも点数が高くなくてはなりません。つまり、R > Pです。これらの関係を一つの不等式としてつなげるとT > R > P > Sになります。

上記の条件に加えて、お互いに協力と非協力を交互に繰り返すよりも（TとSを交互に得るよりも）毎回相互協力のRを得る方がよい（2R > T + S）という条件が加わっています。もしTとSを交互に得る方がRを二回得るよりもよいということになると、GTFTの説明でエラーによって協力と非協力の連鎖に陥ることがTFTの問題だと言ったのが、まったく問題ではなくなってしまいます。

進化ゲームのモデルでは、このR、P、T、Sを使わずに、自分が協力したときに相手が受け取る利益（benefitのb）と、協力するために自分が支払うコスト（c）の二つを用いて表すことが多いようです。お互いに協力しているとき、どちらもcを支払い相手からbを受け取ることになります。つまり、Rは$b-c$と表すことができます。両者ともに協力しなかったときにはどちらもコストを支払わず、相手からも何も受け取りません。ですからPは0です。自分は協力せず相手から一方的に利益bを受け取る場合の得点はT、自分だけがコストcを払って一方的に協力する場合の得点はマイナスcとなり、これはSに対応します。これで本当に囚人のジレンマになるのでしょうか？ 確認しておきましょう。ここで、協力された相手が受け取る利益、協力のためにかかるコストは正の値をとり、相手が受け取る利益の方が自分が支払うコストよりも大きいと仮定します（不等式で表せば$b>c>0$です）。このとき、必ず$b>b-c>0>-c$となりますから$T>R>P>S$が満たされます。また$2R>T+S$が満たされるためには、$2\times(b-c)>b-c$でなければなりません。ここでは$b>c>0$（利益もコストも正の値をとり、相手が受け取る利益の方が自分が支払うコストよりも大きい）と仮定しているので、$b-c$は正の値をとりますから、それを二倍にした$2\times(b-c)$は常に$b-c$より大きくなるはずです。ですから、bがcより大きくなることと、二つとも正の数であるというルールさえ守れば、bとcにどんな値を入れたとしても囚人のジレンマになることがわかります。

コラム3－2　マダラヒタキは意図的非協力と非意図的非協力を区別する

相手の非協力が意図的なものでないことがわかっているときは（エラーのせいであることがわかっているときには）、意図せぬ非協力を赦しておけばよいと書きました。ですが、相手の非協力が意図的かどうかを理解することができるのはヒトくらいのもので、そうなるとこういう戦略は熟慮の末に編み出されるものということになってしまわないでしょうか。つまり、この部分は進化シミュレーションのロジックの延長線上にはあるけれど、他の動物の進化とは一線を画すヒトの合理的な推論に基づく赦しの意思決定の話だということです。本当にそうでしょうか？

ビックリするかもしれませんが、答えはノーです。じつは相手の非協力が意図的なものかどうかを区別して、意図的な非協力は赦さないけれど、意図しない非協力は赦しておくという戦略はヒト以外の動物でも見られるという研究結果があるのです。[1] 研究対象になったのはマダラヒタキというスズメより少し小ぶりな鳥で、研究者が設置した巣箱で営巣していた個体が研究対象になりました。

マダラヒタキには、フクロウのような捕食者が巣に近づいてきたときに、数羽が協力して相手を攻撃するような行動をとる習性があります。この行動はモビングと呼ばれます。巣箱は五〇メートル間隔でたくさん置かれていたのですが、お隣さん同士が協力してモビングを行います。お隣さんがピンチのときに一緒にモビングすれば協力していることになりますが、モビングに参加しなければ裏切ったことになります。もちろん、フクロウ相手に飛びかかっていくわけですから、協力にはなかなかのコストがかかっていると言ってよいでしょう。そのため、自分は相手を助けなくても相手は自分を助けてくれるのであればありがたい（自分は協力せずに相手だけが協力してくれるのが最も望ましい）という利得構造をしており、典型的な囚人のジレンマ状況と言えます。

お隣さん同士は長期的なつき合いになることから、ＴＦＴが有効な戦略になりそうなものです。ところが、お互いに子育てに忙しく、餌を探してどこかに行っていることもありますから、お隣さんが狙われたときに必ず近くにいて助けに来られるとは限りません。つまり、（その場にいなかったという理由で）意図せずにお隣さんを裏切ってしまうことがあるわけです。こうなると、マダラヒタキのモビングでの協力関係はほどなく壊れてしまうのではないでしょうか。どうやら、マダラヒタキたちは、お隣さんが留守にしていて助けに来ないのは意図せぬ非協力で、それについてはおとがめなしという戦略を使っているようなのです。

このことを示す実験は次のようにして行われました。まず、研究者はターゲットにするつがいを決めると、そのお隣さんのつがいを一時的に捕獲してしまいました。そのうえで、ターゲットのつがいの巣のすぐそばにフクロウのはく製を置きました。ターゲットのつがいは慌ててはく製に対してモビングをしかけます。このとき、お隣さんは捕獲されて鳥かごに入れられているので当然ながら助けにきてくれません。その後、お隣さんをかごから出して、一時間後くらいに今度はお隣さんの巣の近くにフクロウのはく製を置きます。お隣さんのつがいはモビングを始めますが、ターゲットのつがいははたして助けに来るでしょうか？　もしＴＦＴを使っていれば、一時間前に助けてもらえなかったので、助けに行かないでしょう。その場にいなかったのでおとがめなしというふうに赦しているのであれば、助けに行くはずです。なんと、ターゲットのつがいはお隣さんをほぼ確実に助けに行きました。つまり、マダラヒタキはＴＦＴ的には振る舞わないのです。

ただし、これだけではマダラヒタキは単なるお人好しの鳥で、お隣さんがピンチのときには常に助けるという戦略をとっていないとは言い切れません。そこで、ターゲットの巣の近くにフクロウのはく製を置くとき、事前に録音しておいたお隣さんがフクロウを警戒するときの鳴き声を再生するという条件が実験に加えられました。つまり、お隣さんの声はするのに助けには来てくれないという状況です。お隣さんがフクロウに気づいていながら出てこないとしたら、意図的な裏切りと言ってよいでしょう。なんとこの条件では、一時間後にお隣さんがモビングを始めたとしても、ターゲットのつがいはほとんど助けに行きませんでした。明らかにお隣さんが意図的に裏切った（近くで声がするのに来てくれなかった）ことと意図せず裏切った（その場にお隣さんの気配がなく助けに来てくれなかった）ことを区別していることがわかります。

第4章　和解シグナルの進化

第3章では非協力的な相手を一方的に赦すような寛容さが進化可能だということを確認しました。相手の非協力が意図せぬエラーのせいであれば、数回に一回、相手の非協力を赦して相互協力を回復するのはむしろ適応的な戦略なのです。数回に一回という勘所は、何でもかんでも赦しておけばよいというわけではないという意味で、私たちの日常的な感覚とも合致しています。ただし、進化ゲームのシミュレーションはランダムにペアになったパートナーを赦すかどうかを扱っていましたが、実際の霊長類のつき合い、ひいては私たち人間のつき合いはランダムに決まったペアとのつき合いではありません。サルたちがどのような相手と仲直りをしているかを調べると、普段からグルーミングやケンカの加勢をし合っている価値のあるパートナーと仲直りしやすいことがわかりました。そして、この価値ある関係仮説はヒトにも当てはまること、つまり私たち人間も関係価値の高い相手を赦しやすいことが示されました。ところが、いくら相手の関係価値が高いとしても、またひどいことをしそうだと思っていると、その相手を赦そうという気にはなりにくいようです。逆に赦してもらう立場から考えると、自分は二度とひどいことをしないと相手に信じてもらえるかどうかが大事だということになります。私たちが誰かに謝るとき、「ごめんなさい」に加えて、悔恨の情をにじませつつ「二度とこんなことはしません」と述べたりします。心理学者としては、それではこういった謝罪は本当に効果的なのかと問いたくなります。ですが、進化論から仲直りを考える本書としては、謝罪に効果があるのかどうかを考える前に、そもそも謝罪による和解というものが進化可能なのかを考えてみたいと思います。ただし、言葉で「ごめんなさい」と謝ることをいきなり考えようとすると、これまでのように進化ゲーム理論のモデルで検討したり、霊長類での証拠を探すのが難しくなります。そこで、第4章では、言葉ではなく悔恨の情を行動で示すことの進化について最初に考えます。そして、そのような仲直りのための行動を（和解のための）シグナルという観点から理解することを目指します。

1　悔恨の情を示すことの進化

◇悔恨の情を示すTFT

ここまで赦しの進化を理解するために、繰り返しのある囚人のジレンマ状況で協力・非協力をどのように選ぶか、相手が非協力をとった後に自分自身はどのような行動を選択するかといった問題について考えてきました。これらの問題は、行動を選ぶ方針という意味でゲームにおける戦略として考えやすいものでした。ところが、悔恨の情というのは、行動よりも心の内側に踏み込んでいて、ゲーム理論で扱う問題としては適切ではないように思われます。しかし、「悔恨の情」それ自体は内的な経験かもしれませんが、「悔恨の情を示す」というのは行動ですから、ゲーム理論でも扱うことができます。

進化人類学者のボイドは、**悔恨の情を示すという特徴をもったTFTは、実行のエラーがありえるゲーム状況で他のいかなる戦略に対しても進化的に安定**であることを示しました。[1] さらっと書いてしまいましたが、ゴシック体で強調した一文にはかなり多くの情報が盛り込まれています。前の章の復習になる部分も含めて少し説明したいと思いますが、その前にこの戦略の呼称を確認しておきましょう。悔恨の情を示すTFTは、「悔恨の情を示している」という意味の英単語（contrite）の頭文字をとってCTFTと呼ばれます。これ以降、「悔恨の情を示すという特徴をもったTFT」のことをCTFTと表記します。[2]

「実行のエラー」は、第3章で見たように、協力しようと意図していたのに協力しそこなうこと（または非協力を選ぶつもりで協力を選んでしまうこと）です。[3] 実行のエラーがありえる状況で適応的ということは、CTFTは協力しようと意図していたのに間違って非協力を選んでしまった後、不毛な非協力の連鎖（第3章の表3－1に示されている状況）に陥ることなく、すみやかに相互協力に復帰することができるということです。これについては、CTFTがどういう戦略かを具体的に説明してから、あらためて考えます。

次に「進化的安定性」です。ある戦略が進化的に安定というのは、その戦略だけの集団の中に突然変異で他の戦略が生まれたときに、その変異戦略が集団の中で増えることができないということでした。第2章ではTFTの集団に非協力的な戦略が入ってくる場合について考えました。エラーのない状況で図2－5に示した囚人のジレンマ・ゲームを繰り返しプレイするとすれば、TFTのペアは相互協力を繰り返すことで、相互協力の一点を繰り返し得ることができます。たとえば、ゲームが一〇回繰り返されるのであれば二人のTFTプレイヤーはどちらも一〇点を得ます。一方、一切協力しない全面非協力戦略は初回こそ二点を得ることができますが、相手のTFTはそれ以降一切協力してくれなくなります。そのため、全面非協力戦略は二点で終わってしまいます。不幸にして全面非協力戦略とペアになったTFTプレイヤーは初回の一方的協力のせいでマイナス一点で終わってしまいますが、集団を構成する他のTFTプレイヤーたちは全員が一〇点を得ているので、平均すればTFTプレイヤーの方が全面非協力よりも得点が高くなります。そのため、突然変異で登場した全面非協力戦略はTFTだけの集団に侵入することができません。このとき、TFTは全面非協力戦略に対して進化的に安定といいます。CTFTだけの集団が進化的に安定というのは、突然変異で生まれた他の戦略、あるいは他の集団から入ってきた戦略がCTFTだけの集団の中で増えることができないということです。

さて、それでは実行のエラーがある状況で進化的に安定になるCTFTとはどのような戦略でしょうか。CTFTは、これまでに見てきたTFTやGTFTのようにたんに相手の前回の行動だけを考慮するのではなく、自分自身と相手の「評判」も考慮する戦略です。ただし、ここでは評判をやや特別な意味で使っています。通常、評判というときには二者の間だけで使われるものではなく、多くの人に知れ渡っているものと考えます。ですが、ここでいう評判は自分と相手だけが共有しているものです（二者の囚人のジレンマを考えているので、第三者は出てこないのです）。また、お互いについての細かな情報は含まれず、「良い」か「悪い」かのどちらかでしかありません。

プレイヤーAとプレイヤーBがどちらもCTFT戦略を採用としているとすると、最初はお互いに相手のことを「良い」プレイヤーだと考えています。CTFTは、TFTやGTFTとは違って相手の前回の行動で今回の自分の行動を決めたりしません。その代わりに、相手の評判（「良い」プレイヤーか「悪い」プレイヤーか）によって行動を決めます。具体的には、「良い」相手には協力し、「悪い」相手には協力しません。お互いに協力し合っていれば、お互いに「良い」プレイヤーのままで相互協力が維持されることになります。ところが、「良い」相手に対して非協力を選んでしまうと評判が「悪く」なります。評判は自分と相手で共有していますから、相手から「悪い」と思われるだけでなく、自分でも自身のことを「悪い」やつだと思います。自分自身を「悪い」と見なすからこそ、悔恨の情を示すことができるのです。

さて、ここでみなさんはこんな抽象的なゲームで悔恨の情を示すなんてどうするのだろうと思われるでしょう。CTFTのやり方はこうです。相手が評判の「悪い」自分に協力してくれなくても、それを当然の報いと考えて、相手の非協力を受け入れるのです。具体的には、自分自身の評判が「悪い」ときには、非協力を選んだ相手を「悪い」プレイヤーと見なさないのです。そのため、相手は「良い」プレイヤーのままですから、相手が非協力を選んだ後にもＣＴＦＴは協力を続けます。ここで何が起きているのでしょうか？　ＣＴＦＴは自分が「悪い」プレイヤーに転落すると、相手に自分を罰する機会を提供することで（自分は協力を選びつつ、相手には非協力を選ばせることで）悔恨の情を示しているわけです。

◇具体例で考えるＣＴＦＴ

このＣＴＦＴという戦略は、ＴＦＴやＧＴＦＴよりも自他の「評判」を考慮するという意味で複雑な戦略です。少し整理するために、第3章でも使った情報共有ミーティングの例を使って考えましょう。この例では、あなたはパートナーと二人で新しいビジネスを立ち上げるために、お互いに独自に情報収集をして、それを定期的なミーティングにもち寄り情報共有をするのでした。手間をかけてきちんと情報収集をしてミーティングにのぞむことを協力、情報収集を怠って手ぶらでミーティングにのぞむことを非協力と考えていました。ここでは、実行のエラーだけを考えますから、協力的な意図をもって一所懸命情報収集をしたけれど、運悪く役に立つ情報が手に入らないままミーティングにのぞんだという場面を考えることにします。

ＣＴＦＴが最初は自他ともに「良い」プレイヤーと見なしているというのは、あなたも相手もお互いを協力的なパートナーだと思っているということです。CTFTは基本的に協力的な戦略です。このことは、二人とも協力的な意図をもっていて、しっかり情報収集をして定期ミーティングにのぞむということを意味します。こうしてミーティングがうまく進んでいる限り、お互いに相手はやっぱり信頼に足る「良い」パートナーだと思います。それだけでなく、自分自身のことも「良い」プレイヤーだと思っています。

ここで、あなたは一所懸命情報収集したのに役に立つ情報が何も見つからなかったとします（実行のエラーです）。相手はあなたが情報収集を怠ったのではないかと思い、あなたを「悪い」パートナーだと見なし、あなたに思い知らせてやることにします。つまり、相手は次回のミーティングに向けた情報収集をしません。あなたはと言えば、自分が有益な情報をミーティングにもっていけなかったことを深く反省します。自分自身を「悪い」プレイヤーだと見なしさえします。ちゃんと情報収集に時間を費やしたのに運悪く有益な情報が見つからなかっただけ（＝たんなる実行のエラー）だから、自分は悪くないと開き直ったりはしないということです。そして、自分のエラーを挽回すべく、次のミーティングに向けてあなたは情報収集を頑張るでしょう。

ところが、相手は「悪い」パートナーであるあなたに思い知らせるために情報収集をせずにミーティングにやってきます。あなたはどうするでしょうか？　ここがCTFTが「評判」を気にするというポイントです。あなたは前回の失敗のために、自分自身の「評判」が「悪い」ことを知っています（自分でも自身のことを「悪い」と思っています）。そのため、評判の「悪い」自分に相手が協力してくれなくても当然のことだと考え、相手のことをこれまで通り「良い」パートナーと考え続けます。一方、相手は今回のあなたの協力を見て、あなたはやっぱり「良い」パートナーだったのだと考えを変えます。また、あなた自身も「禊（みそぎ）を済ませた」ではないですが、自分はやっぱり「良い」プレイヤーだと考えるようになります。

次のミーティングでは何が起こるでしょうか？　お互いに相手を「良い」パートナーだと見なしているので、二人ともしっかり情報収集をして次のミーティングにのぞむでしょう。こうして、あなたが情報収集に失敗したことで破綻しかけた相互協力が無事に修復されました。この例では、あなたは相手の非協力を「悪い」自分に対する当然の対応と考えて、それを甘受することにしたわけです。つまり、相手が自分にひどい態度をとったのはもともと自分に原因があるんだ、少しくらい我慢しなきゃいけないんだと考えていること（つまり、悔恨の情）を行動で示したことになります。

CTFT同士はエラーから回復できる

さて、CTFTという戦略が具体的にどういう戦略か理解していただけたと思います。ここで念のために、実行のエラーの後にCTFTがどのようにして相互協力に復帰するかを表にして理解しておきましょう。表4－1には、二人のCTFTプレイヤー（プレイヤーAとプレイヤーB）が繰り返しのある囚人のジレンマ・ゲームをプレイしているとき、三回目でプレイヤーAが非協力を選んでしまった（エラーが起きた）場合を示しています。プレイヤーAのエラーを薄い網掛けで示していますが、こ

表 4-1　2人のCTFTプレイヤーが囚人のジレンマを繰り返しプレイしている場面でのエラーの影響

	1回目	2回目	3回目	4回目	5回目	6回目	
プレイヤーA	協力	協力	非協力	協力	協力	協力	…
（評判）	良い	良い	悪い	良い	良い	良い	
プレイヤーB	協力	協力	協力	非協力	協力	協力	…
（評判）	良い	良い	良い	良い	良い	良い	

のエラーのためにプレイヤーAの三回目の評判は「悪い」になっています。それに対して、プレイヤーBは四回目で非協力を選びます。これを濃い網掛けに白文字で示しています。CTFTは「良い」プレイヤーに対しては協力を選び、「悪い」プレイヤーに対しては非協力を選ぶ戦略でした。それに加えて、「悪い」プレイヤーに対する非協力は正当化されます。ですから、プレイヤーBは四回目で非協力を選んでいるにもかかわらず、「良い」プレイヤーのままです（これも濃い網掛けに白文字で示しています）。四回目でプレイヤーAも「良い」プレイヤーに戻るため、五回目以降、再び相互協力が復活します。

ちなみに、非協力的な戦略（全面非協力戦略）がCTFTと対戦すると、すぐに「悪い」プレイヤーと見なされて、その後もずっと評判を回復することがありません。そのため、全面非協力戦略がCTFTと対戦すると、初回以降はずっと相互非協力を繰り返すだけになり、相互協力を繰り返すCTFT同士のペアよりも高い得点を稼ぐことはできません。つまり、全面非協力戦略がCTFTだけの集団に入ってきたとしても、集団の中に広がることができません。CTFTは全面非協力戦略に対して進化的に安定なのです。ですが、これは相互協力を長期的に維持できるTFTが全面非協力戦略に対して進化的に安定であったことと同じです。エラーがあればエラーの後に相互協力に復帰できる戦略がよいというのであれば、第3章で見たGTFTと同じです。CTFTには、何かそれ以上の意味があるのでしょうか。

◇CTFTの進化的安定性・再考

この節の冒頭でボイドの知見を「悔恨の情を示すという特徴をもったTFTは、実行のエラーがありえるゲーム状況で他のいかなる戦略に対しても進化的に安定」とまとめていました。しかし、ここで傍点をつけて強調した部分をまだきちんと説明していません。じつはこの部分がCTFTという戦略の特別なところです。ただ、この部分の説明は少し専門的になりますし、仲直りの進化というより協力の進化についての話になってしまいます。もし難しいと感じたら、この部分は飛ばして第2節「改悛のシグナル」に進んでください。飛ばして読んでもよいように、この節のまとめをここで書いておきます。仲直りの進化についてCTFTの分析からわかることは、**エラーが起こりえる状況では、自分の過ちを反省して、それを行動で示すことは適応的**だということです。

それでは、CTFTの特別さについて考えるために、一度、TFTに話を戻します。TFTはエラーがない状況で全面非協力戦略に対して進化的に安定でしたが、どんな場合にも常に協力する全面協力戦略はTFTの集団に侵入できるのでした。このことをもう一度、確認しておきましょう。全面協力戦略とTFTが繰り返し囚人のジレンマをプレイすると、両者ともに最後まで協力を続けます。他のＴＦＴ同士のペアも最後まで協力するので、図２－５の利得構造のゲームを一〇回繰り返すと仮定した場合には、全面協力戦略も含めたこの集団の全員が一〇点を得ます。全面協力戦略はＴＦＴと同点なので淘汰されていなくなることがありません。したがって、全面協力戦略はＴＦＴの集団に存在し続けます。このような意味で、ＴＦＴは全面協力戦略には進化的に安定ではありません。

ですが、全面協力戦略がいたとしてもＴＦＴの集団が協力を維持できることには変わりありません。そう考えると、全面協力戦略が侵入してきてもとくに問題はないように思われます。ところが、全面協力戦略が何か偶発的な理由[4]でたくさんの子孫をもって集団の中で増えるとどうなるでしょうか？集団の中に全面協力戦略がいることで、彼らを食い物にする全面非協力戦略が侵入してくるかもしれません。ＴＦＴだけであったら全面非協力戦略は侵入できなかったわけですが、全面協力戦略がいて彼らのお人好しさにつけこんで高い点数（図２－５の二点を一〇回取り続けると二〇点になり、ＴＦＴ同士のペアの二倍になります）をとることができれば、全面非協力戦略にも分があるわけです。第３章で紹介したノヴァクとシグムンドのシミュレーションでも、お人好しの戦略がたくさんいるうちはＴＦＴは進化できませんでした。全面非協力戦略によってお人好しな戦略が駆逐されてはじめてＴＦＴが数を増していきました。これと同じで、ＴＦＴの中に存在する全面協力戦略は、全面非協力戦略が侵入するための呼び水になってしまうかもしれないのです。

ボイドが示したのは、実行のエラーがある状況ではＣＴＦＴが他のいかなる戦略に対しても進化的に安定ということですから、当然、ＣＴＦＴは全面協力戦略に対しても進化的に安定です。表４－２

表 4-2　CTFT プレイヤーと全面協力戦略が囚人のジレンマを繰り返しプレイしている場面でのエラーの影響

	1 回目	2 回目	3 回目	4 回目	5 回目	6 回目	
CTFT	協力	協力	非協力	協力	協力	協力	…
（評判）	良い	良い	悪い	良い	良い	良い	
全面協力戦略	協力	協力	協力	協力	協力	協力	…
（評判）	良い	良い	良い	良い	良い	良い	

に、先ほどのＣＴＦＴ同士のゲームの経過（表４－１）と同じように、ＣＴＦＴと全面協力戦略が繰り返し囚人のジレンマをプレイしているときに、三回目にＣＴＦＴがエラーで非協力を選んだ場合を示しています。全面協力戦略は相手の行動にも「評判」にも影響されず協力を選び続けます。そのため、濃い網掛けに白文字で示しているように、四回目にも協力を選びます。パッと見ると相互協力を維持することができていて、ＣＴＦＴと得点は違わない（つまり、適応度が違わない）ように見えます。あえて言えば、表４－１では五回目にやっと相互協力に復帰しているのが、表４－２では四回目で相互協力に復帰できていて、ＣＴＦＴ同士のペアよりも効果的に相互協力に復帰できているようにさえ見えます。

ところが、全面協力戦略の得点についてよく考えると、三回目で相手に搾取されっぱなしになっています。相手は悔恨の情を示すので、四回目は相手を搾取して前回の損を取り返すことができるのにそうしないのです。この、相手の悔恨の情を利用して自分の損を取り返すことをしないという特徴は美徳のように見えるかもしれませんが、適応度の高低によってのみ集団の中に広がることができるかどうかが決まる進化のロジックの前では望ましい特徴とは言えません。全面協力戦略はＣＴＦＴよりも得点が低くなってしまうからです。そのため、実行のエラーさえあれば、ＣＴＦＴだけの集団は全面協力戦略に対しても進化的に安定なので、たまたま集団の中で増えた全面協力戦略が呼び水になって全面非協力戦略が増えることもありません（エラーと進化的安定性についてはコラム４も参照してください）。

2　改悛のシグナル

◇シグナルとは

ＣＴＦＴに関する知見を、第３章の最後で紹介した搾取リスクの知覚という文脈で考えてみましょう。あなたがエラーで非協力を選ぶとあなたの評判は「悪く」なります。相手があなたを「悪い」と見なしているというのは、相手はあなたから再び搾取されるかもしれないと思っているといってもよいでしょう。ここで、あなたの一方的な協力（悔恨の情の表明）によりあなたの評判が回復するというのは、相手はあなたから再び搾取されることはなさそうだと思ったということに対応します。つまり、ＣＴＦＴが評判を回復するという話は、被害者の搾取リスクの知覚をどのようにして下げることができるかという問題につながっているのです。

しかし、ＣＴＦＴという戦略が進化的に安定だとしても、それが進化するというのは都合がよすぎるように感じられるかもしれません。というのは、ＣＴＦＴは自分の行動をどうするかという行動方針（相手が「良い」プレイヤーなら協力するが、相手が「悪い」プレイヤーなら協力しない）に加えて、相手の行動をどう解釈するかについての方針（「良い」プレイヤーを裏切ったら「悪い」プレイヤーと見なす）を含んだ戦略だからです。このような二つの方針が同時に進化するということはありえるのでしょうか。

このような特定の行動とそれを解釈する仕方がセットで進化しないと意味がない状況は、シグナルの進化として考えることができます。**シグナルとは、非共有情報の共有を可能にする行動**のことを指します。仲直りの場面に即して言えば、心から改悛した加害者は、被害者にそのことを伝えたいと思うでしょう。しかし、被害者は加害者の意図を疑っているかもしれません。そのため、加害者が心から改悛しているということは加害者と被害者の間で共有されていない非共有情報ということになります。ですから、加害者が改悛しているという情報を被害者に伝える行動があれば、それは定義によりシグナルということになります。

◇シグナルの進化

進化という観点から考えると、加害者にも被害者にもシグナルを使って情報を共有するメリットがないとシグナルを使ったコミュニケーションは進化しません。加害者にとっては被害者と仲直りできることがメリットです。被害者にとっても相手が二度とひどいことをしないのであれば仲直りした方が関係を解消するよりもよいということです。ここでは、「相手が二度とひどいことをしないのであれば」という条件つきであることが重要です。この条件があるために、加害者は自分の悔恨の情を積極的に伝える行動（シグナル）をとりやすくなるはずです。そして、被害者の側でもこのシグナルに反応して、相手はすでに改悛しているのだと見なせる場合には前向きに仲直りしようとする傾向が進化するはずです。つまり謝罪を仲直りのためのシグナルと考えるならば、たんに謝罪する側の行動傾向だけを考えればよいのではなく、謝罪を受ける側のシグナルへの対応の仕方との共進化を考える必要があるのです[5]。

しかし、実際にこのように都合よくシグナルの送り手の行動と受け手の対応が進化したという実例はあるのでしょうか。少し意外に思われるかもしれませんが、動物行動学の教科書にはこのような実例がたくさん載っています。たとえば、行動生態学者のジョン・オルコックによる *Animal Behavior* という教科書（第一〇版）の第四章は動物におけるコミュニケーションの進化にあてられていて、動物界のさまざまなシグナルを紹介し、それがどのようにして進化したのかが説明されています[6]。ここでは、動物界のシグナルについて一つだけ例を挙げておきます。図４‐１の写真はスプリングボックというウシ科の動物が垂直に高く跳びはねている様子です。この行動はストッティングといって、やはりウシ科のトムソンガゼルでも見られます[7]。

このストッティングという行動は、ハイエナなどの捕食者が近くにいるときに見られて、捕食者に対するシグナルだと考えられています。直感的には、捕食者が近くにいるのならば、その場で垂直に跳びはねている場合ではなく、少しでも捕食者から遠くに逃げた方がよさそうです。その場でピョン跳びはねているなんて体力の無駄遣いもいいところです。ところが、捕食者が目の前にいるの

図 4-1　ストッティングをするスプリングボックの子ども

にその場で跳びはねていられるというのは、よほど体力が充実している余裕の表れというふうにも解釈できます。この元気なガゼルをハイエナが追いかけるとどうなるでしょうか？　ハイエナはガゼルと比べて足が速いわけではありませんが、しつこく追っていき相手が力尽きたところで獲物に襲いかかります。元気な相手を追えば、長い追跡でハイエナ自身も体力を使い果たして、あげくに相手には逃げられるという最悪のシナリオにもなりかねません。ハイエナは相手がスタミナのある元気な個体かどうかを直接知ることはできません（相手のスタミナは非共有情報です）が、相手がスタミナのある個体と知っていれば、わざわざそんな相手を追いかけるという無駄なことはしたくないわけです[8]。

追われる方にも情報共有のメリットがあります。最終的には逃げ切れるとしても、逃げるためにはスタミナを使います。最初から相手が追跡をあきらめてくれるのであればその方が望ましいのです。つまり、追われる側にスタミナがあって追跡が無駄に終わることが目に見えているときに、自分のスタミナを見せつけて追跡をあきらめさせることができれば、それはシグナル（ストッティング）の送り手であるガゼルにとって適応的であると同時に、その受け手（ハイエナ）にとっても適応的なのです。

◇シグナルの進化と感覚利用

第2章で進化について学んだとき、さまざまな新しい特性、つまり変異はコピーミスに由来すると述べました。シグナルとはシグナルの送り手にシグナルを送る行動傾向、受け手にはそれを適切に解釈する傾向が共進化しなければならないと述べました。CTFTの場合にも、相手に対して協力するかどうかの傾向と相手の行動に応じて相手を「良い」・「悪い」プレイヤーと見なす傾向がセットになっていました。このとき、相手が協力してくれたら協力するという遺伝子が偶然生じるということは想像できなくはありません。また、特定の行動を悪いと見なすという変異もなくはないでしょう。しかし、CTFTという戦略が生まれるためにはこの二つの変異が同時に起きなければならないのではないでしょうか？

起こる確率の低いことが一緒に起こる確率はとても小さくなります。確率の計算について思い出してください。ある出来事が起こる確率が一パーセント（一〇〇回に一回）、別の出来事が起こる確率がやはり一パーセントであれば、二つの出来事が共に起こる確率は〇・〇一（百分の一）×〇・〇一（百分の一）で〇・〇〇〇一（一万回に一回）になります。都合のよい突然変異が起こる確率は一パーセントよりも小さいでしょうから、シグナルの送り手と受け手の間にうまく対応する突然変異が同時に起こることを期待するのは、いくらなんでも虫がよすぎるのではないでしょうか。つまり、第2章の適応的なコピーミスがきわめて小さな確率でしか起きないということに納得していればいるほど、シグナルの送り手と受け手に二つのめったに起こりそうにない変異が都合よく同時に起こるという話に納得できないかもしれません。

ですが、この二つの偶然が同時に起こることはシグナルの進化には必要がありません。たとえば、水面に落ちてきた赤い木の実を餌にする魚がいるとしましょう。この魚には餌を求めて赤いものに近づくという傾向があっても不思議はありません。もし、この魚のオスの体表に赤い模様を作る突然変異が生じたらどうでしょうか。このオスにはメスが近づいてくるので繁殖に有利になるのではないでしょうか？　多くの種では赤い模様はカロテノイドのような餌から摂取する天然の色素に由来しています。そのため、良い餌をたくさん食べることができる健康で強いオスほど発色の良い赤い模様をもつはずです。このようなオスを配偶相手に選ぶことはメスにとっても有利です。そのため、当初は餌と間違って近づいていただけのメスは、配偶相手を選ぶための選別眼を進化させるかもしれません。するとオスの方はますます発色の良い赤い模様をつけるように進化するでしょう。この状態になるとオスとメスの間で赤い模様によりオスの健康状態・強さという非共有情報が共有可能になっています。

この魚の例で、赤色に近づくというメスの行動傾向と赤い模様をつけるというオスの形質は同時に出現していないことに注意してください。メスが赤い色に惹かれるという傾向は、そもそも餌を食べるために進化していたもので、はじめからそこにあったということになります。メスの赤に反応する傾向がはじめからそこにあれば、オスの側にそのメスの傾向を利用するような模様が突然変異で出てくるのを待てばよいわけです。そして、オスの赤い模様にメスが近づくという勘違いがお互いにとってウィン・ウィンの関係になっていれば、いつの間にか非共有情報の共有に役立つシグナルへと進化するというわけです。このように、シグナルとは無関係に存在していた感覚の偏り（赤いものに近づく）を利用する形でシグナルが進化することは感覚利用と呼ばれます[9]。

ＣＴＦＴについても、同じようなことが言えるかもしれません。たとえば、あなたが誰かに裏切られて相手の意図を疑っているとします。すると、その後のつき合いでは、あなたは相手が協力してくれているかどうかをいちいち気にして見るようになるかもしれません。これは、シグナルがまだ存在しない状態です。あなたは相手のささいな行動にも、再び裏切られるのではないかと警戒して注意を向けているだけです。しかし、あなたが相手の行動に注意を払って見ているために、相手は協力行動を増やしたり、おおげさに協力することであなたからの信頼を回復しやすくなるかもしれません。つまり、被害者が加害者の意図を疑って注意深く相手を見ていれば、加害者からの改悛のシグナルが進化しやすい状況になるかもしれないのです。悔恨の情を行動で示すことと魚の求愛の模様はまったく違う話のように思われますが、シグナルということでは共通する点（非共有情報の共有に役立つ）があるだけでなく、同じ理屈で進化する可能性もあるのです。

3　霊長類の和解シグナル

◇仲直りの発声

第4章は、ここまでやや抽象的な話になってしまいました。CTFTという戦略は悔恨の情を行動で示すという戦略でした。これは、改悛シグナルを発信し、それを受け取る傾向がセットになった戦略と言えます。進化ゲーム理論の分析ではCTFTは進化的に安定でした。また、動物の世界にはガゼルのストッティングのような相手に情報を伝えることを主たる機能とする（それ以外には機能が見つからない）行動があり、実際にシグナルが進化することがあるということも確認しました。この二つを組み合わせると、仲直りのためのシグナルが進化していてもよさそうだと考えられるのですが、そのような証拠はあるのでしょうか？

本書では定番になりましたが、ここでも霊長類の研究が参考になります。しかも、CTFTのように行動で示すのではなく、仲直りのための発声によるシグナルについての証拠があるのです。これは霊長類研究になじみがないと驚くべきことです。というのも、ヒトが「ごめん、ごめん、悪かった」と言って謝って仲直りするのと似たようなことが、ヒト以外の霊長類にもあるということになるからです[10]。

霊長類に仲直りのための発声があるという発見は、霊長類学者のドロシー・チェニー、ロバート・

セイファース（この二人は夫婦です）とジョーン・シルクによってもたらされました。[11] 彼らはグラント（grunt）という発声に注目しました。この grunt という単語を辞書で引くと「（豚が）ぶうぶういう」といった意味が出てきます。霊長類のグラントも同じで、「ぶぅぶぅ」という発声です。チェニーらは、ヒヒの優位のメスが劣位のメスに対してグラントの発声をした後は、優位メスが劣位メスを攻撃しない傾向があることを確認しました。つまり、ヒヒのメスの間では、グラントという発声は平和的な意図のシグナルになっているようなのです。

では、ケンカの後にもこのグラントによって仲直りが促進されるのでしょうか。そのことを確かめるために、チェニーらは、ケンカの後に優位メスから劣位メスにグラントがあったかどうかによって、劣位メスが優位メスから再び攻撃されることをどれくらい心配しているかを調べてみることにしました。もし、グラントがケンカの後の平和的な意図のシグナル、つまり和解シグナルとしても機能するのであれば、グラントをされた劣位メスはさらなる攻撃をさほど心配しないはずです。ところで、ヒヒが再び攻撃されるのではないかと心配しているかどうかなんて、どのようにして調べるのでしょうか？　ヒトであれば「心配ですか？」と尋ねれば答えてくれるでしょう。けれど、ヒヒにインタビューすることはできません。

そこでチェニーらは、次のようなヒヒの特性を利用した実験を行いました。ヒヒのメスは、優位個体から攻撃されたときに叫び声をあげます。それだけでなく、優位個体から攻撃されたメスはときに自分より劣位のメスを攻撃することがあります。つまり、上位のケンカがより下位のメスに飛び火す

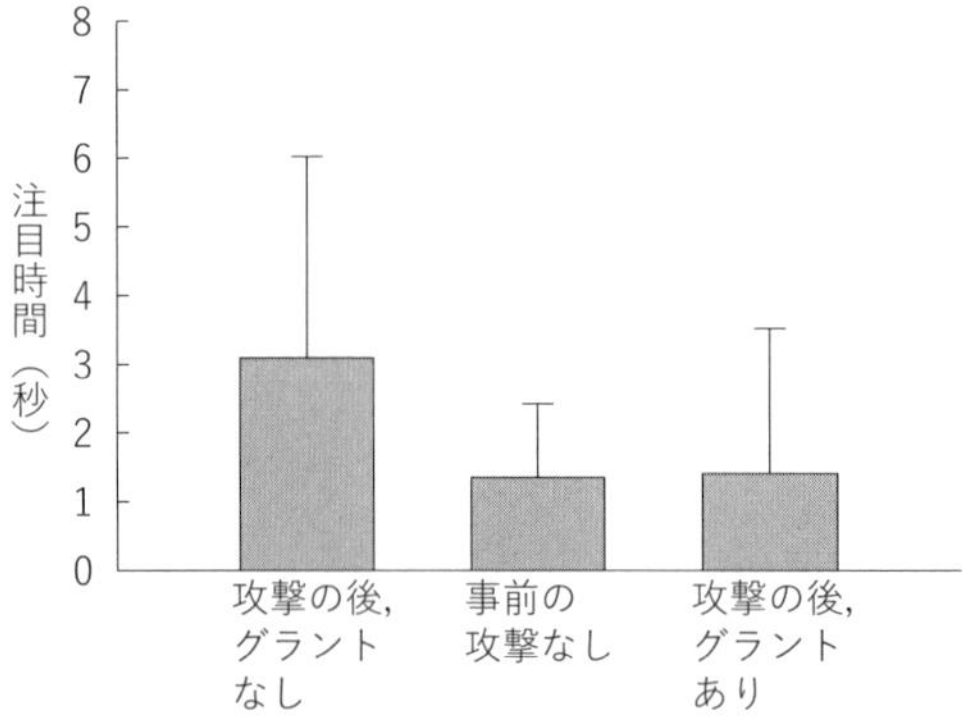

図 4-2　ヒヒのメスに優位個体の叫び声を聞かせたときの，叫び声の方向を見ていた時間（秒）

（注）グラフの各バーから上に出ている線はデータのばらつき具合（標準偏差）。
（出典）Cheney et al.（1995）より作成。

ることがあるわけです。チェニーらは，優位メスが攻撃されたときの叫び声を録音しておき，その優位メスから直前に攻撃された劣位メスの近くで優位メスの叫び声を再生して聞かせたのです。[12] みなさんがこのときの劣位メスの立場だったらどうするでしょうか。

このときの劣位メスの状態は，ジャイアンがお母さんに怒られて機嫌が悪いところに居合わせたのび太君のようなものかもしれません。むしゃくしゃしたジャイアンが言いがかりをつけて自分を攻撃してくるのではないかと心配なので，ジャイアンの様子を注意深くうかがうでしょう。ヒヒのメスも同じです。優位メスの姿は近くに見えないので（録音したものを再生しているだけなので当たり前です），いったい何が起こっているのかと思って，音のするスピーカーの方をジロジロ見るはずです。

この実験の結果は，図 4-2 にまとめられています。グラフの中央のバーは，叫び声の再生前の少なくとも九〇分間、優位メスが劣位メスを攻撃していないことを確認した統制条件です。縦軸はスピーカーの方を見ていた時間（秒）を表しています。つまり、直前に攻撃されていないのであればスピーカーの方を見るのは一秒程度であったということです。一方、グラフの左右両側のバーは、劣位メスが直前に優位メスから攻撃されていた場合の結果です。この二つを分けるのは、優位メスが攻撃の後にグラントをしていたかどうかです。左側のバーは、劣位メスが攻撃を受けっぱなしになっている場合の結果です。このときにスピーカーから優位メスの叫び声が聞こえると、統制条件よりも長く（平均して三秒くらい）スピーカーの方を見ています。また攻撃されるのではないかという心配を反映していると考えられます。それでは、優位メスが攻撃の後にグラントをしていた場合はどうでしょうか。この場合、スピーカーから優位メスの叫び声がしても、劣位メスは一秒くらいしかスピーカーの方を見ていません。これは直前に攻撃を受けていない統制条件の場合と同じくらいの時間ですから、劣位メスはさほど心配していないと解釈できます。

チェニーとセイファースは、優位個体から攻撃された後の劣位個体に、自分を攻撃した相手のグラントを再生して聞かせるという実験も行いました。すると、自分を攻撃した相手が自分にグラントをしたと思い込んだメスは、自分を攻撃した相手に平気で近づいていくようになり、相手が近くに来ても逃げ出さないようになりました。[13] これらの実験結果から、ヒヒではグラントという発声が、ケンカの後の平和的な意図を伝える和解シグナルとなっていることがわかります。つまり、「自分にはもうあなたを攻撃する気はないんだ」という情報が、グラントを通じて相手に伝わるのです。

◇平和的意図シグナル仮説

本章の第2節「改悛のシグナル」では、シグナルが進化するのは非共有情報を共有することがシグナルの送り手、受け手の両者にとって適応的なときだと説明しました。それでは、ヒヒの和解シグナルは両者の適応度を上げるのでしょうか。先ほどのチェニーとセイファースと共同でヒヒの和解シグナル研究をしたシルクは、霊長類の仲直りにとって平和的意図のシグナルが決定的に重要だと考え、平和的意図シグナル仮説を提唱しています[14]。

シルクの平和的意図シグナル仮説によれば、優位個体にも劣位個体にもケンカの後にすぐに仲直りする理由があります[15]。霊長類研究では、自分を掻く、自分自身の毛づくろいをする、あくびをする、体を震わせるといった行動がストレスの指標になることが知られています。さまざまな種の観察で、ケンカの後のサルたちでは、優位個体であろうと劣位個体であろうとこういった行動が増えることが知られています。つまり、ケンカの後はストレスを感じるのです。優位個体について言えば、ケンカ別れ状態の劣位個体から毛づくろいしてもらえなくなったり、自分が他のもっと優位な個体から攻撃されたときに加勢してもらえなくなる等、仲直りしていないことが心配の種になるのです。一方、劣位個体は優位個体から再び攻撃されるのではないかと心配です。そんなふうにビクビクしていると餌をとる効率も落ちるでしょうし、捕食者の発見も遅れてしまうかもしれません。

このように優位個体にも劣位個体にも仲直りはするに越したことはないのです。ただし、劣位個体の方からうかつに相手に近づいてまた攻撃されると困ります。ヒトの場合でも、搾取リスクの知覚があると相手を赦して関係を修復するということがなかなかできなかったのと似ています。このとき、優位個体が平和的意図があるのだ（もう攻撃するつもりはないのだ）という情報を和解シグナルにより共有してくれたらどうでしょうか。このようなお互いにとってメリットのあるシグナルは進化しますから、それを使った情報伝達が行われるようになるでしょう。ただし、霊長類のすべての種で優位個体から平和的意図をシグナルして仲直りをするというわけではありません。第1章でも触れましたが、攻撃された側から仲直りのイニシアチブをとる種もあります。

まとめ

第4章では、仲直りのために加害者が悔恨の情を示す（改悛のシグナル）ということについて考えました。第3章で扱ったのはおもに赦しについての研究でした。しかし、ヒトの仲直りを理解したいと思ったら赦しだけでは不十分です。というのは、多くの仲直りプロセスは加害者の謝罪から始まると考えられるからです。ですが、言葉はヒトに特有のものなので、「ごめんなさい」という謝罪の進化に一足飛びに話を進めることはできないと考えて、まずは悔恨の情を**行動**で示すということから考えることにしました。こうすれば、このような行動を進化ゲーム理論の戦略に落とし込んで理解することができます。悔恨の情を行動で示す戦略はＣＴＦＴという戦略でした。この戦略は自分がエラーで意図せず非協力をしたときに、一方的に協力することで悔恨の情を示す戦略です。このＣＴＦＴはエラーがある状況では進化的に安定であることを確認しました。つまり、**意図せず協力し損なうことがある状況では、エラーの後に悔恨の情を行動で示し、仲直りすることは適応的**でした。

「仲直りをしたい」といった意図は相手からは直接わかりません。そのようなときに、自分の意図を行動で示すことは、進化論ではシグナルとして研究されています。悔恨の情のような直接相手から見ることができないもの（非共有情報）であっても、行動（シグナル）で示されれば相手から見ることができますし、それによって情報の共有が可能になります。進化論的にさらに重要なことは、多くの動物で情報共有のためのシグナルと解釈できる行動が見られ、それがどのようにして進化可能なのか説明できるということです。

それを踏まえて霊長類研究を見ると、平和的意図シグナル仮説というアイデアが提唱されています。霊長類が仲直りのために平和的意図のシグナルを使っているという仮説です。仲直りは集団を形成して生活する動物、そして時にはささいな理由でしなくてもよいケンカをしてしまう動物にはどうしても必要なことです。仲直りには被害者の赦しだけでなく加害者の謝罪も含まれるというのはヒトの場合ですが、他の動物でも仲直りしたいということを伝える和解シグナルは存在しているのです。そうすると、ヒトの謝罪も仲直りのための和解シグナルとして理解できるのではないでしょうか。第５章ではヒトの謝罪の理について考えてみたいと思います。

コラム4　エラーと進化的安定性

第4章の注1で引用しているボイドの論文では、エラーがない状況では、他のいかなる戦略に対しても進化的に安定な戦略というものは存在しないことが指摘されています。たとえば、TFTと全面協力戦略はエラーがなければずっとお互いに協力をとり合うために差がつかないからです。同じように全面非協力戦略ばかりの集団に初回は非協力して二回目以降は前回の相手の選択をそのままねするというTFTに似た戦略が侵入するとします。すると、この戦略は全面非協力戦略を相手に最後まで非協力を選び続けることになります。したがって、この戦略は全面非協力戦略の集団に侵入可能です（すべてのプレイヤーが〇点でゲームを終えるので差がつかないからです）。また、逆もしかりです。最初は非協力を選び、それ以降は相手の前回の選択をまねるという戦略だけの集団では、潜在的に相互協力を達成できる可能性をもっているのに、初回の非協力が災いして、最後まで相互非協力で終わってしまいます。そのため、その集団に全面非協力戦略が入ってきても適応度に差がつかず、全面非協力戦略が侵入可能ということになります。

ボイドが示したことは、エラーがあると、本来違いがある二つの戦略の区別がつかないという状況がなくなるということです。全面協力戦略もエラーで非協力してしまうことがあり、エラーなしの状況では発生しなかった局面が生じ、そのときにどうするかという戦略の違いが見えてくるのです。全面協力戦略であれば相手がエラーをした後にも協力をし続けるでしょうが、TFTであれば相手の前回のエラーに非協力で応じるからです。同じことは非協力的な戦略についてもいえます。エラーで協力してしまうことがあるからです。全面非協力戦略は相手のエラー（間違って選んだ協力です）があっても非協力を選び続けますが、初回非協力のTFT的な戦略であれば相手のエラーに協力で応じるのです。エラーによって戦略の隠れた一面が垣間見えるようになると、本来違うはずの二つの戦略の区別がつかないということはなくなります。そしてより重要なことは、そのおかげで他のいかなる戦略に対しても進化的に安定な戦略というものを考えることができるようになるのです。

第4章で扱ったCTFTに話を戻すと、ボイドは起こりうるすべての状況でCTFTが自分自身（CTFT）に対する最適な反応であることを示しました。逆に言えば、CTFT以外のあらゆる戦略はCTFTに対する最適な反応にはならないのです。つまり、CTFTばかりの集団で繰り返しのある囚人のジレンマをプレイするという状況を考えれば、CTFTよりもうまくやれる戦略はないのです。したがって、CTFTはエラーのある状況で他のいかなる戦略に対しても進化的に安定ということになります。ちなみに、全面非協力戦略もエラーがある状況で他のあらゆる戦略に対して進化的に安定になります。

第5章　謝罪の理

第4章では進化ゲーム理論で扱いやすく、霊長類でも検討しやすいものとして謝罪そのものではなく、悔恨の情を行動で示す戦略、仲直りのための平和的意図のシグナルといった謝罪的なものを扱いました。第5章ではヒトの謝罪について考えます。謝罪の最も単純なものは「ごめんなさい」と口に出して言うことでしょう。ですが、社会心理学を中心とした謝罪の研究では、謝罪にはそれ以外のいくつかの要素が入っていることが多いとされています。たとえば、日本における紛争解決の心理学の第一人者で東北大学名誉教授の大渕憲一の著書には、謝罪の要素として「負事象の認知（自分の行為によって被害など負事象が発生したことを認める）」「責任受容（負事象の発生に対して自分に責任があることを認める）」「改悛表明」「被害者へのいたわり」「更生の誓い」「赦しを請う」という六つが挙げられています。[1] 改悛表明は、第4章で見た「悔恨の情の表明」に対応しています。これらに加えて「補償や被害回復支援の申し出」が謝罪の要素とされることもあります[2]。もちろん、友人との待ち合わせに数分遅れたといった場合には「ごめん」ですむでしょうから、常にこんな多くの要素が入ったしっかりとした謝罪が必要とされるわけではありません。ですが、「ごめんですむなら警察はいらない」という言い回しがあるように、「ごめん」だけでは赦してもらえない場面も多々あります。この章では「ごめん」だけではすまないときの謝り方はどのようなものになっているのか（あるいは、なっているべきなのか）を考えていきます。

1　謝罪の心理学

◇謝罪の効果を調べる方法

謝罪について考えていく前に、そもそも謝罪には効果があるのか、つまり、謝れば赦してもらえるのかどうかを確認しておきましょう。謝罪の研究は赦しの研究ほど多くはありませんが、少なくとも二つの研究の流れがあります。一つは、謝罪を何か問題を起こしたときの釈明方略の一つと考えるものです。この研究の流れでは、謝罪、弁解、正当化、否認という四つの釈明方略の有効性が比較検討されています[3]。もう一つの研究の流れは、赦し研究です。赦し研究の中では、謝罪は赦しを促す要因の一つとして検討されてきました。そのため、謝罪の効果については、「はじめに」で紹介した赦しのメタ分析研究でも検討されていました（コラム0も参照）。

メタ分析というのは、これまでに同じテーマで行われた研究のデータをひとまとめにして、過去の研究が全体として何を示しているのかを明らかにしようという研究方法だと述べました。謝罪が赦しを促すかどうかを調べるといってもいろいろな調べ方がありますから、個別の研究で推測される謝罪の効果の大きさは、そこで使われた研究方法に特有のものになってしまうかもしれません。メタ分析は、そういう個別の研究に特有の部分を均（なら）してしまう分析方法です。そのため、一般的に言って謝罪にはどれくらいの効果があるのかを推測することができるのです。

しかし、そもそも謝罪の効果を調べるやり方がそんなにいろいろあるのかと思われるかもしれないので、メタ分析の結果を紹介する前に、代表的な研究方法を三つ挙げておきます。第一の調べ方は、実験に参加してくれた参加者に、それとわからないように実験者（または実験者があらかじめ仕込んでおいたサクラ）が迷惑をかけた後、実験者（あるいはサクラ）が謝罪して、参加者がそれをどれくらい赦しているかを調べる方法です。[4] 迷惑のかけ方、謝り方は実験によってさまざまですが、この方法の大事なことは、テレビのどっきり番組のように、参加者は迷惑行為や謝罪は本当に起きていることだと思っているという点です。ただし、どっきり番組と違って実験なので、実験者（あるいはサクラ）が謝罪しない条件もあります。そして、謝罪した条件と謝罪しない条件での赦しの程度の差が謝罪の効果ということになります。

第二の調べ方として、架空の迷惑行為を用いる方法があります。具体的には迷惑場面のシナリオ、相手が謝った・謝っていないという続きのシナリオを作り、それらを読んでもらって相手を赦せる程度を評定してもらうことになります。第二の調べ方には、参加者が実際に迷惑を受けるわけではないので第一の方法ほどの現実感がないというデメリットがある一方、迷惑場面をシナリオとして記述するだけなので、迷惑行為の特徴について少しずつ変化させて調べやすいというメリットがあります[5]。実験室実験（第一の調べ方）でさまざまな要因を調べようとすると、規模が大きくなりすぎて現実的に実施不可能になることがあります。たとえば、大学の実験室に来て一時間程度の実験につき合ってくれる人を五〇〇人探そうとしても小さな大学ではなかなか見つからないかもしれません。一方、シナリオ実験であれば、インターネットを通じてシナリオを読んで回答してもらうというやり方でもデータを集めることができます。

第三の調べ方は、過去に誰かに迷惑をかけられたことを思い出してもらい、その相手が謝罪したかどうか、その相手をいまどれくらい赦せているかを尋ねるというものです[6]。現実の迷惑場面について調べるので、第一、第二の調べ方と比べて実験状況やシナリオにありがちなわざとらしさがありません。その一方、この調べ方では検討できることが参加者の報告内容に左右されがちです。さらに、この調べ方では、謝罪が赦しを促すという因果関係があるかどうかを厳密には調べることができません。たとえば、被害の程度が小さいときほど加害者は気軽に謝ることができて、被害者も相手をすぐに赦す（逆に被害の程度が大きいときには、加害者は責任をとらされることを警戒してなかなか謝罪しないし、被害者もなかなか赦してくれない）という場合にも、謝罪と赦しが相関するという結果が得られます。これは架空の例ですが、これが正しければ、被害の大きさが謝罪の有無、赦しの有無に共通して影響しているだけで、謝罪が赦しを促すという因果関係はありません。第三の調べ方では、このような本当は謝罪が赦しを促すという因果関係がない場合にも因果関係がある場合と同じような結果（相関関係）が得られることがあります。したがって、第一、第二の調べ方と違って因果関係を厳密に検証できないという問題があります。

このように、謝罪の効果の検討方法はさまざまであり、目的や現実的な制約に応じて使い分けられています。もちろん、それぞれ一長一短なので、複数の調べ方を使うことで足りない部分を補い合うことも必要です[7]。

◇謝罪の効果

さて、メタ分析では、このようにさまざまな調べ方で明らかにされた謝罪の効果をひとまとめにして、その効果の大きさを評価します（メタ分析で評価されている効果の大きさについてはコラム5－1を参照してください）。「はじめに」でも紹介したメタ分析によれば、謝罪と赦しの間には相関係数にして〇・四くらいの関係があります[8]。ただし、この〇・四という値は謝罪の効果を少し過剰に見積もっているのではないかという気もします。もう一つ別のメタ分析によれば、謝罪の効果は〇・三三と推定されていますし[9]、筆者自身の研究でも謝罪の効果が相関係数にして〇・四のような大きな値になったことはないからです[10]。

そうはいっても、謝罪の効果にはばかにできないものがあります。図5－1は、筆者自身のデータ

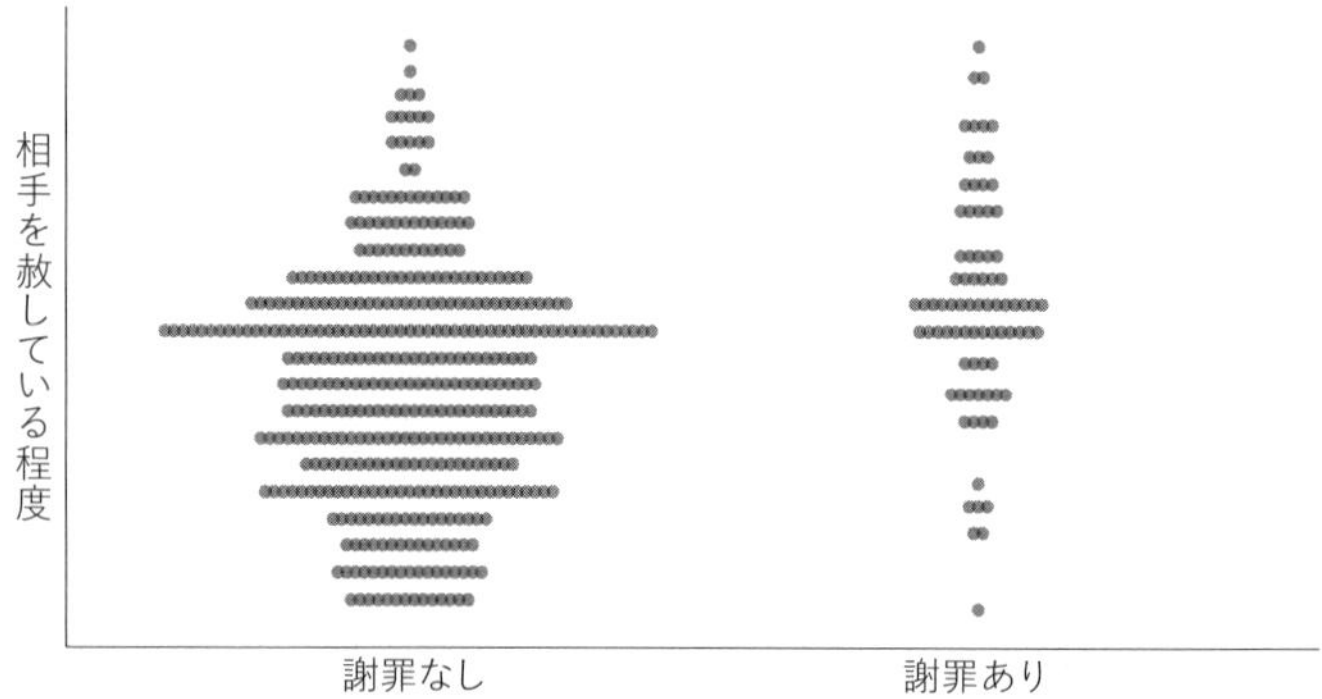

図 5-1　謝罪がなかった場合（左），あった場合（右）の赦しの程度の分布

を使って、謝罪の有無と赦しの程度の関係についての具体的なイメージをもってもらうために作成したものです。この図を作るために使った日本人データは第三の調べ方を使って集めたもので、図示されている謝罪と赦しの関係の強さは相関係数にすると〇・二四です[11]。縦軸は赦しの程度です（縦軸の上の方がより赦していて、下の方が赦していないことを示しています）。横軸は謝罪の有無を示しています。左側は謝罪がなかったときに相手を赦している程度、右側は謝罪があったときに相手を赦している程度です。グラフの中のドットは、それぞれが一人分のデータを表しています。ドットの集まりが横に広がっているほどその赦しの程度を回答した人がたくさんいたということになります。図の左側（謝罪なし）に多くのデータがあり、右側（謝罪あり）にデータが少ないのは、この調査では謝罪を受けたという回答者が謝罪はなかったという回答者よりも少なかったためです[12]。

　この図からわかっていただきたいことは、相関が〇・二四と〇・四よりも小さくても、謝罪の効果はなかなかのものだということです。この図からは、謝罪があると図の下の方からデータがほとんどなくなる（赦しの程度がいちじるしく低い人がいなくなる）ことがわかります。心理学の研究では、このように素データを可視化しただけでは違いがあるかどうかをすぐには判断しかねることはままあります。したがって、可視化しただけで違いがわかるということは、謝罪の効果はばかにできないということです。

少し脇道にそれますが、もう一つ興味深いパターンが見て取れます。それは、赦しの程度の上限は謝罪があった場合もなかった場合も違わないということです。他の研究者のデータをこのようにくわしく見たことはありませんが、似たようなパターンになるのではないかと思います。というのは、謝罪がなくても相手を赦してしまうということはままあるからです。そもそもそんなにひどいことをされたわけではないかもしれないし、被害者が寛容な人ということもあるでしょう。それに対して、謝罪があると赦しが促されるので、先に述べたようにデータの下の方（赦していない方）については謝罪の有無で違いが出るのです。

このようなパターンは、従来の心理学の論文でよく見かける棒グラフにするとわからなくなってしまいます。図5-2の棒の高さは謝罪があったとき、なかったときの謝罪得点の平均値を示していますす。このグラフからは、謝罪がないと赦せない（平均値が低い）のが、謝罪があると一律に赦せるようになる（平均値が上がる）という印象を受けます。ですが、それは正しくないのです。図5-1からわかるように、赦せる程度の上限は謝罪があったときもなかったときも同じだからです。謝罪があると、相手を赦せないという人が減るので平均値が上がるのです。何百人分ものデータをとると、つい

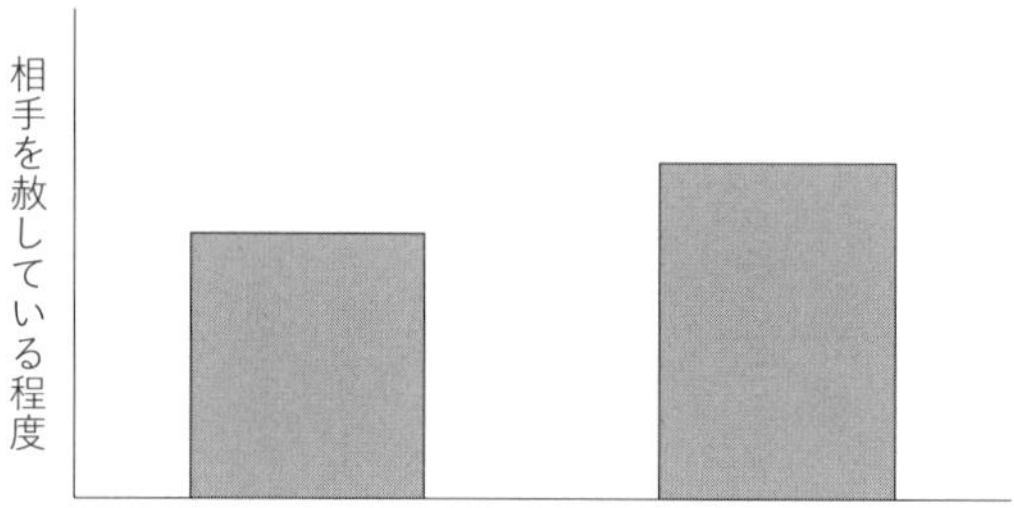

図 5-2　謝罪がなかった場合（左），あった場合（右）の赦し得点の平均値
（注）図 5-1 と同じデータを用いて作成。

平均値を計算して、それだけを見て考えがちですが、この例は個々のデータそのものを可視化して眺めてみることの大事さを示しています。

◇ごめんですめば……

メタ分析の結果は、多くの研究を総合したものなので、謝罪すれば赦してもらえるという一般的な傾向があることは間違いありません。この章の冒頭では「ごめんですむなら警察はいらない」という言い回しがあると書きましたが、メタ分析研究の結果だけ見ると「ごめん」だけですんでしまうように思えるかもしれません。ヒト以外の霊長類でも静かに「ぶぅぶぅ」とグラントを発声するだけで仲直りができていたのと同じなのかもしれません。

しかし、「ごめんですむなら警察はいらない」という表現をするときには、実質的な被害があるときに口頭で謝られるだけではすませられないというニュアンスがあるように思います。謝罪の要素の一つとして「補償や被害回復の援助を申し出ること」を含める研究者もいます。実際、相手の被害を補償することは信頼回復や赦しにつながることが知られています。組織行動の研究者であるウィリアム・ボトムらの実験では、実際の実験参加者に得点に応じて謝礼をもらえる繰り返しのある囚人のジレンマ・ゲームを行ってもらっています。ただし、ゲームの「相手」は実験者が事前に仕込んでおいた実験プログラムで、相互協力が達成された後、参加者を一方的に裏切るように設定されていました[13]。もちろん、参加者は相手をコンピュータ・プログラムとは思っておらず、実際の人間の参加者だと思っています。ですが、わかりやすくするため、ここでは相手のことは「プログラム」と表記します。

プログラムが参加者を一方的に裏切ると、当然ながら参加者は怒って協力しなくなりました。そこで、プログラムは事前に準備された謝罪メッセージを参加者に送ります。一部の参加者は謝罪メッセージだけを受け取りますが、他の参加者は「損失を補償したい」という内容のメッセージも受け取ります。具体的には、プログラムは自分が一方的に協力するので参加者は非協力を選ぶように、そして損した分を取り戻すようにと促します（ＣＴＦＴと同じですね）。その結果、たんなる謝罪メッセージよりも損失補償を伴うときの方が、参加者はプログラムに対して再び協力を選ぶようになりました。つまり、一度裏切ったプログラムを赦したと解釈できます。

この結果から被害者の損失を補償することは赦しを促す効果があるように思われます。しかし、損失の補償は必ずしも赦しを得るために本質的ではないかもしれません。というのは、この実験では補償の大きさ（プログラムが一方的に協力を続ける回数）も操作されたのですが、補償の大きさによって赦しの程度（協力の回復程度）に違いがなかったからです。さらに、一部の参加者は、非協力を選ぶ回数を自分自身で決めることで自由に補償の大きさを設定するように促されました。この条件の参加者の多くは、損失を完全に取り返そうとはしませんでした。

「ごめんですむなら……」という表現の一つの解釈は被害がきちんと回復されないと赦せないというものでした。ですが、補償の大きさが赦しの必要条件ではないという結果から、被害の回復だけが大事というわけではなさそうです。[14] 被害の回復が大事であることは論を俟たないとしても、補償にはそれ以外にも意味があるのでしょうか。

2　コストのかかる謝罪

◇コストのかかるシグナルの正直さ

「ごめんですむなら警察はいらない」という言葉とセットで使われそうな言葉に「誠意を見せろ」というものがあります。「誠意を見せろ」は「補償せよ」のような露骨に金銭を要求する表現の遠回しな言い方の場合もあるでしょうが、文字通りに解釈すると「ごめん」という言葉が本当に誠実なものであることを証明しろという要求です。ですが、あなたが本当に心から反省して誠実に謝っているときに「誠意を見せろ」と言われても、心の内側を開いて見せるわけにはいきません。いったいどうしたらよいでしょうか。

ここで、相手が求めている「誠意」が、具体的に何を指しているのか考えてみましょう。第3章で紹介した関係価値の効果を調べた研究では、相手が再び同じひどいことを繰り返すかもしれないと思うこと（搾取リスクの知覚と呼んでいました）が赦しを抑制してしまうのでした。ここで被害者にとっての一番の関心事が加害者からまたひどいことをされるのではないかということだとしたら、「誠意を見せろ」は「二度とひどいことをする気がないことを証明して見せろ」と言い換えることができるかもしれません。もし、このように言い換えてもよいのであれば、じつは打つ手がなくはありません。

第4章でシグナルの進化について説明しましたが、ここでもシグナルが有効です。シグナルというのは、非共有情報を共有するための手段でした。自分が誠意をもって謝っているときに、それが相手にはわからないとしたら、「誠意」が非共有情報となります。しかし、霊長類の仲直りで見た静かに「ぶぅぶぅ」と声を出すグラントのような和解シグナルでは、「ごめん」と言っているのと同じようなものです。そこで、誠意を伝えるシグナルを理解するには、シグナルの進化についてもう少し踏み込んで理解する必要があります。

シグナルの進化にとって必要だったのは、シグナルの送り手と受け手の間に（ある程度の）利害の一致があることでした。ケンカした状態が続くのはお互いにとって望ましくありません。解決した方がいいけれど、お互いにそのタイミングを計りかねているだけというような状況は、両者の利害が完全に一致しています。そのときには、静かなグラントのようなシグナルでも十分です。ですが、ガゼルのストッティングは、ピョンピョンと跳びはねるもので、目立ちますし跳びはねるのにスタミナを消費してしまうようなものでした。ここで大事なことは、ガゼルとハイエナは無駄な追跡を避ける方が両者にとって望ましいという利害の一致がある反面、体力のないガゼル（追跡されたら逃げ切ることができないであろうガゼル）もハイエナを騙せば追いかけられずにすむという利害の不一致もあるということです。ハイエナにすれば体力のないガゼルがいれば、それを追いかける方がよいのですが、追いかけられるガゼルはハイエナがあきらめてくれればその方がよいわけです。体力のないガゼルとハイエナでは、利害はまったく一致していません。

この体力のないガゼルとハイエナの間の利害対立は、体力があるガゼルにも影響します。体力があるガゼルは、自分自身は体力のないガゼルとは違うということを示さなければならないからです。このために何ができるでしょうか？　体力のないガゼルにはできないことをやってみせることです。つまり、体力を無駄に消費するストッティングのようなことをして、体力のないガゼルにまねされないようにするわけです。体力のないガゼルは、ストッティングをした挙句に追いかけられたらひとたまりもありません。ですから、体力のないガゼルにはストッティングをまねするよりも体力を温存するか、ハイエナを見たら一目散に逃げだした方がよいのです。一方、体力が十分にあればストッティングで多少体力を浪費しても逃げ切れるでしょう。この体力の差がストッティングをして見せるかどうかの分かれ目です。ハイエナの立場から見れば、ストッティングをして見せるガゼルは体力に自信のある追いかけても無駄なガゼルです。一方、ストッティングをしないガゼルは追いかければお腹を満たすことができるかもしれない獲物候補なのです。

◇コストのかかる謝罪の正直さ

コストをかけて正直さを保証するという考えは、シグナルの進化ではよく知られています。ストッティングの例では、体力のあるガゼルとないガゼルでは、同じピョンピョン跳びはねるということにかかるコストの大きさが違いました。体力のないガゼルにはハイエナの前でピョンピョン跳びはねることは高くつきすぎるので、ピョンピョン跳びはねるストッティングが体力の正直なシグナルになるのです。

謝罪の正直さは体力を示すのとはまた違っています。謝罪の受け手が見極めたいのは、相手の謝罪に誠意がこもっているかどうかです。つまり、謝っている相手を赦してあげると、また自分にひどいことをする人なのか、そんなことはしない人なのかを見極めたいということです。では、どんな相手は二度とひどいことをしないのでしょうか？　謝罪の受け手との関係をとても大事に思っていて、相手との関係を失いたくない者は、二度とひどいことをしないのではないでしょうか。一方、謝罪の受け手との関係を大事だと思っていない加害者は、赦してもらえればこれ幸いとまたひどいことをするでしょう。それによって謝罪の受け手との関係が決定的にダメになっても惜しくないからです。

ここで謝罪にコストがかかると考えてみましょう。相手との関係を重視していない者はコストを払って謝罪したいとは思わないでしょう。そこまで相手との関係に価値を見出せないからです。一方、相手との関係を大事に思っている者は、コストをかけてでも相手との関係を修復しようとするでしょう。相手との関係が本当に価値があるものであれば、関係を修復するためにかけたコストは相手とのこれからのつき合いから得られる利益によって相殺されるからです。

こうなると話は体力のあるガゼルと体力のないガゼルのときと同じです。コストをかける者は謝罪の受け手との関係を重視していて、心から関係を修復したいと思っているけれど、コストをかけない者は相手との関係を重視していなくて、また相手を搾取できればよいと思っている可能性があります。つまり、心を開いて誠意を見せることはできなくても、コストをかけて謝罪することが誠意の正直なシグナルになるのです。

ここで、話が一回りして価値ある関係仮説に戻ってきたと思われたかもしれません。その通りです。なぜコストを払ってまで謝罪する意味があるのかを突き詰めて考えていくと、価値ある関係仮説に行きつくのです。被害者が加害者との関係を重視しているからこそ相手を赦して関係を修復したいという話は、裏返して加害者の立場から考えると、コストを支払って謝罪してでも関係を修復したいという話になるのです。また、相手の被害を補償するにもコストがかかりますから、補償にも相手の被害を回復するという意味以外に、シグナルとしての機能があるのではないでしょうか。

それでは、コストのかかる謝罪が正直なシグナルになっているという仮説はどのようにして検証することができるでしょうか。ガゼルのストッティングがハイエナに対するシグナルであるという場合、①体力のあるガゼルはストッティングをするのに体力のないガゼルはストッティングをしないことを示すとともに、②ハイエナはストッティングをするガゼルを追わないという、シグナルの送り手と受け手の両方について調べる必要があります。同じようにコストのかかる謝罪が正直な和解シグナルになっているかどうかは、①相手との関係を重視している加害者はコストをかけて謝罪するのに、相手との関係を重視していない加害者はコストをかけないこと、②謝罪の受け手は謝罪にコストがかかっているほど、それに誠意があると見なすことを示さなければなりません。これらをそれぞれ仮説①、仮説②と呼ぶことにします。次項から、仮説①と仮説②を検討した筆者自身の研究をご紹介します。

◇関係価値と謝罪コストの関係

まず謝罪をする側について検討した研究（つまり仮説①についての研究）を紹介します[15]。この研究では、参加者に実際の友人を一人思い浮かべてもらい、その友人がどれくらい大事な友人かを尋ねました。その後、その友人に迷惑をかけたというシナリオを読んでもらい、そのシナリオの出来事が本当に起こったとしたら、どうするかを尋ねました。

まず友人の関係価値ですが、第3章で紹介した筆者らのグループの赦し研究で用いたものと同じく、その友人とつき合っていることが将来の自分自身の適応度にどのように影響するかを尋ねました。相手とつき合っていることが学校の成績をよくするという意味で役に立つか、就職活動を有利にするという意味で役に立つか等を評定してもらったということです。このとき、第3章の研究と同じように、その友人とつき合っているとむしろ不利になるという場合にはマイナス評価をしてもらいました（マイナス三点からプラス三点で評価してもらいました）。全部で六種類の場面でその友人とのつき合いが役に立つ程度を尋ねて、六つの評定値を平均したものを友人の関係価値としました。

次にその友人に迷惑をかけた場面を想像してもらいます。具体的には、友人と待ち合わせしていたのに遅刻して友人を待ちぼうけさせた、友人から借りた本を汚してしまったというシナリオです。参加者はこのようなシナリオのうち一つを読み、想定している友人に対して実際にその迷惑行為をしたと考えてもらいました。異なるシナリオを研究に含めたのは、関係価値と謝罪コストの関係があったとして、それが特定の迷惑行為に限定されるものではないことを確認するためです。

その後、参加者がそのことにどれくらい罪悪感を感じるかを尋ね（罪悪感については第6章であらためて扱います）、自分だったらその後、どのように行動するかを尋ねました。具体的には、その友人にお詫びに何かおごるかどうか、その友人に何か謝罪のプレゼントを渡すかどうかを「絶対にそうしない」（一点）から「絶対にそうする」（四点）で評定してもらいました。これら二種類のコストのかかる謝罪をしてもよいという程度を平均して、各参加者のコストのかかる謝罪をする意志の強さと見なしました。

この調査の結果のうち、一方のシナリオ（借りた本を汚してしまったというシナリオ）のデータを抜き出し、横軸に友人の関係価値、縦軸にコストのかかる謝罪意志をとってデータをプロットしたのが図5-3です。[16] 各データの点は半透明にしているので、濃い点の場所にはたくさんのデータがあることになります。また、右上がりの直線はプロットしたデータに最も適合する直線です。図のプロットだけではわかりにくいのですが、関係価値が高くなるほどコストのかかる謝罪をしようとする意志が強くなることがわかります。この関係の強さは、相関係数にすると〇・二七です。

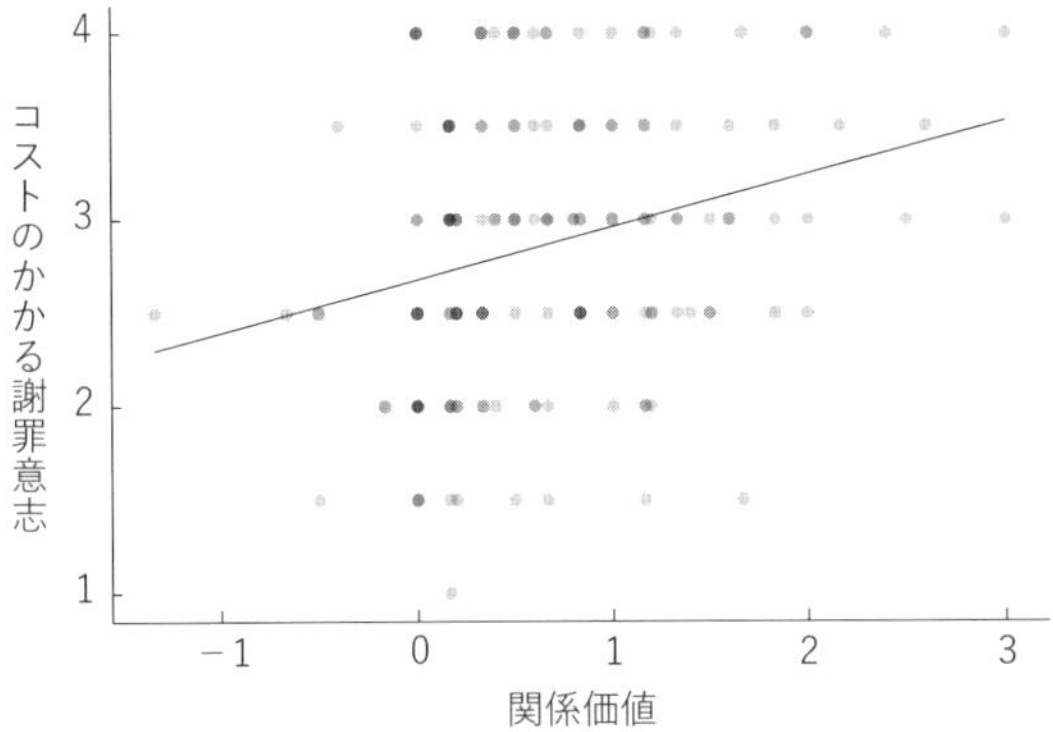

図 5-3　関係価値とコストのかかる謝罪意志の関係

同じ結果は異なるシナリオを用いた場合、コストのかかる謝罪意志を違うやり方で聞いた場合（自分が楽しみにしていた予定をキャンセルしてでも急いで謝罪に行くかどうかを聞いた場合）、実験課題に費やす労力で謝罪コストを測った場合[17]にも見られています。また、過去に実際に自分が友人に迷惑をかけたときにどうしたかを尋ねた調査でも関係価値が高いほどコストをかけて謝る傾向があったという結果が得られています。このことから、謝罪する側についての仮説①は支持されたと言ってよいでしょう。

◇コストのかかる謝罪と誠意の知覚

次に謝罪の受け手の反応についての仮説②を検証した研究を紹介します。仮説②は、謝罪の受け手は謝罪にコストがかかっているほど誠意があると見なすというものでした。はたしてコストのかかった謝罪は誠意があると見なされ、その結果、赦しを促すのでしょうか。

この仮説を検証するにあたって気をつけなければならない

ことがあります。ここまでコストのかかる謝罪の例として補償することやお詫びの贈り物をすることを挙げてきました。たしかにこれらは日常的によく用いられるコストのかかる謝罪ですが、補償やお詫びの品を受けると相手を赦しやすくなるかどうかを調べても物質的利益の効果で赦しているのか、それらに含まれているコストが誠意を伝えているのかわかりにくいという問題が生じます。

たとえば、あなたは誰かに待ちぼうけさせられて、相手があなたに謝罪して、お昼をおごってくれたとします。あなたが相手を赦したときに、それは相手がお昼代を支払ったこと（コストを払ったこと）に誠意を感じたから赦すのでしょうか。それともお昼をおごってもらった（物質的利益を得た）ことで満足して赦すのでしょうか。その区別を厳密につけることができません。もしかすると、あなたは「お昼でつられたりしない、相手がそこまでして謝るから誠意を感じたんだ」と言うかもしれません。しかし、人々の社会行動を調べる社会心理学では、いくら行為者が自分の行動の理由はこれこれだと言ったとしても、それが必ずしも正しいという保証はないと考えています（人々が自分自身の行為の本当の理由を知らないということについてはコラム5－2を参照してください）。そのため、ここでも謝罪者が一方的にコストを負って行う謝罪（謝罪の受け手に物質的利益を一切もたらさないけれどコストのかかった謝罪）に誠意があると見なされるかどうかを調べる必要があります。

そこで筆者らは次のような実験を行いました。[18] 実験の参加者は他の参加者とペアになって資源（一〇〇〇円）の分配ゲームを行います。実際には「他の参加者」はおらず、参加者は常に分配の受け手、「他の参加者」が分配者になりました。参加者が「他の参加者」がどのように一〇〇〇円を分けるのかを待っていると、実験者が分配結果を知らせにきます。なんと「他の参加者」は自分で一〇〇〇円のうちの八〇〇円をとって、参加者には二〇〇円しかくれませんでした。[19]あなたがこの実験の参加者だったらどう思うでしょうか。「他の参加者」は不公平な人だと思って、たった二〇〇円しかもらえなかったことにがっかりしたり、怒りさえ感じたりするかもしれません。

その後、参加者は実験の感想などを尋ねる質問紙に回答しました。そうすると、「他の参加者」から分配についての謝罪メッセージが送られてきました。実際には「他の参加者」はいないので、すべての参加者は実験者が事前に手書きで作成しておいた同一の謝罪メッセージを受け取りました。このとき、半分の参加者は「他の参加者」が謝罪メッセージをあなたに送るために送料五〇〇円を実験者に支払ったと思っていました。残り半分の参加者は、謝罪メッセージを送るために送料がかかっているとは思っていませんでした。[20]ここで大事なことは、相手が送料を支払っても参加者自身の分配額(二〇〇円)が増えたりしないということです。その意味で相手が一方的にコストを支払って損しているだけです。

この謝罪メッセージを受け取った後、参加者はその謝罪にどれくらい誠意が感じられるかを「まったく誠意を感じない」(一点)から「とても誠意を感じる」(五点)の五段階で評定しました。その結果を図5-4に示しています。受け取ったメッセージの内容はまったく同じであるにもかかわらず、相手がメッセージを送るために五〇〇円を支払ったと思っていると、誠意があると感じられる(データが図の上の方に集まっている)ことがわかります。このことから、自分自身の損失が補償されないと

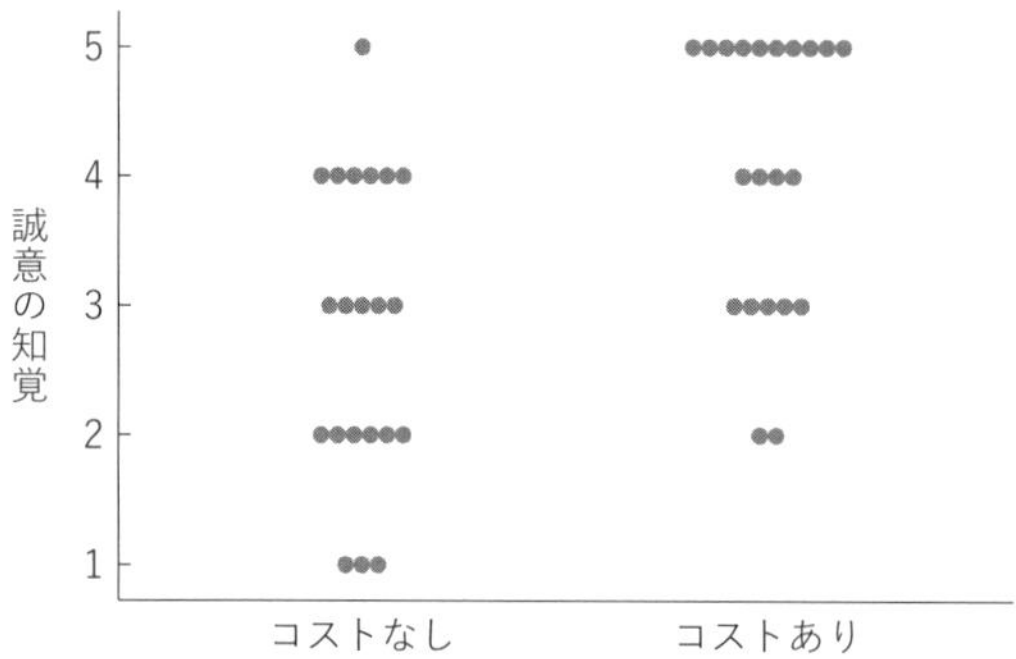

図 5-4　謝罪メッセージを送るために相手がコストをかけた・かけない場合の誠意の知覚

しても、相手が謝罪にコストをかけて一方的に損害を被るだけで謝罪に誠意が感じられるようになることがわかりました。

この実験の参加者は、最後に「他の参加者」に苦情メッセージを送る機会を与えられました。苦情メッセージを送るためにとくにコストはかからないと説明して、それを送りたいかどうかを尋ねました。すると、コストなし条件では二一人中七人の参加者は謝罪があったにもかかわらず苦情を相手に伝えたいと回答しました。一方、コストあり条件では、相手に苦情を伝えたいと答えた参加者は二一人中たった一人しかいませんでした。つまり、謝罪に誠意を感じることが赦しにもつながっていることがわかります。

ここで紹介した実験について、なんとも非現実的な状況だと感じられたかもしれません。一つの理由は、多くの場合、人々はこんなふうに一方的にコストをかけた謝罪はしないということです。ですが、これは謝罪を受け取る側に物質的な利益が一切発生しないという状況を作り出すための実験上の工夫です。ボトムらの実験のように補償という形をとる方が自然ですが、そうしてしまうとコストが大事なのか利益が大事なのかがわからなくなってしまうのです。

実験室実験ではあまりにも状況が非現実的になるという問題を補うために、筆者らは、シナリオを使った研究も行いました。たとえば、自分に迷惑をかけた相手が、あなたがアルバイトをしている間、冬の寒い夜にアルバイト先のお店の前であなたが出てくるのを長時間が待っていたという状況は、相手が一方的にコスト（ここでは寒さに耐えるという身体的なコスト）を負っています。[21] シナリオを使った実験で、こういう謝罪をされたら誠意を感じるかと尋ねると、相手が寒い中で長時間待っていない場合と比べて誠意が感じられるようになることがわかっています。また、これに似たシナリオ実験を日本以外の六カ国（アメリカ、インドネシア、オランダ、韓国、中国、チリ）でも行ってみましたが、どの国で行ってもコストのかかる謝罪には誠意が感じられるという結果になりました。[22]

◆誠意を知覚する脳

ここまで、コストのかかる謝罪が誠意を伝えることを調べた心理学実験をいくつかご紹介しました。これらの結果を踏まえて、筆者はこの知見をさらに強固なものにするために、脳活動という面からコストが誠意を伝えるかどうかを調べてみることにしました。[23] ここで用いたのは機能的磁気共鳴画像法（ｆＭＲＩ）という技術です。漢字の正式名称よりもアルファベットでｆＭＲＩと書いてある方が、ピンとくるかもしれません。簡単に言うと、脳活動に伴う血流量の増加を磁場の変化を利用して測定する方法です。

この研究では、謝罪の効果の三種類の調べ方のうち第二の方法をMRスキャナーの中で実施しました。実験参加者には、自分に迷惑をかけた友人がコストをかけて謝罪した、コストをかけずにただ「ごめん」と言った、謝罪しなかったという三種類の状況のうちいずれかを記述したさまざまなシナリオを読んでもらい、その状況をできるだけリアルに想像してくださいとお願いしました。もしコストのかかる謝罪が誠意（誠実な意図）を伝えるとしたら、社会的意図を読むときに活動する部位の活動が、受け手の脳で高まると考えられます。

脳科学者のアンジェラ・チャラミダロらは、社会的意図とは自分だけでは達成できない（その達成に他者の同意を必要とする）意図であると定義します。たとえば、筆者が目の前のコーヒーを飲もうと意図したら、自分自身でその意図を実行に移すことができます。ですが、誰かと一緒に買い物に行こうという意図は、相手の同意がなければ実行することができません。さらに、そのような意図は相手に伝達する必要があります。そのため、社会的意図は、その意図を他者に伝えるというコミュニケーションの意図と分かちがたいものになります。たとえば、週末に一緒に買い物に行こうという社会的意図を相手が伝えてくると、その受け手は相手の意図を読む必要があります。チャラミダロらはこのときに活動する部位を、内側前頭前皮質、両側の側頭頭頂接合部（ＴＰＪ）、楔前部であると報告しています[24]（これらがそれぞれ脳のどのあたりになるかは図５－５を見てください）。

コストのかかる謝罪というのは、仲直りしようという社会的意図（いくら自分だけ仲直りしたいと思

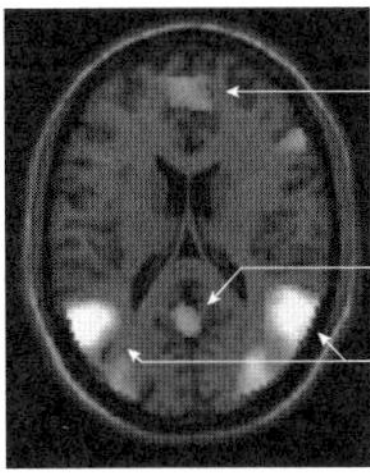

図 5-5　コストのかからない謝罪を受けたときと比較してコストのかかる謝罪を受けたときにとくに活動していた部位

っても、相手が仲直りしたくなければ仲直りはできません）を伝達するものです。ですから、コストのかかる謝罪が仲直りしたいという社会的意図を伝えるのであれば、受け手の脳ではチャラミダロらがいう社会的意図を処理する部位が活動するのではないでしょうか。

　筆者らのｆＭＲＩ研究の結果はこの予測を支持するものでした。コストのかかる謝罪を受けたときにとくに活動する脳部位を知りたいので、コストのかかる謝罪を受けたことを想像しているときの脳活動から、コストのかからない謝罪を受けたことを想像しているときの脳活動を引き算します。すると、シナリオの文章を読んでいるときに活動する部位、迷惑をかけられたことを想像することで活動する部位等、二つの条件で共通して活動する部位は差が〇になります。そして、コストをかけた謝罪を受けたと想像しているときにとくに強く活動する部位の活動が残ります。

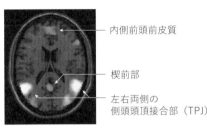

　この引き算の結果を図５－５に示しています。この図は脳を水平に切った断面を示しています。図の上は顔側、図の下は後頭側です。図の中で明るくなっている部分は、コストをかけた謝罪を受けたときにとくに活動していた部位を示しています。この明るくなっている部分

は、先ほど紹介した社会的意図・コミュニケーションの意図を読み取るときに活動する部位とよく対応していました。上の方で明るくなっている部分は内側前頭前皮質に対応しています。下の方で左右対称な位置で明るくなっているのが左右両側のＴＰＪになります。その間にある部分が楔前部です。脳の各部位の名称はさておき、この実験結果が示しているのは、コストのかかる謝罪を受けると謝罪している相手の社会的意図・コミュニケーションの意図を読み取っていそうだということです。

もちろん脳活動のパターンだけから、それが誠意を読み取っていると断言することはできません。ですが、コストのかかる謝罪を受けたときの脳活動から謝罪がなかったときの脳活動を引き算したときにもほぼ同じ結果になりました。その一方、コストのかからない謝罪を受けたときの脳活動から謝罪がなかったときの脳活動を引き算しても、こんな結果にはなりませんでした。つまり、内側前頭前皮質、両側のＴＰＪ、楔前部がまとめて活動しているのは謝罪の誠意を感じているときだけだということになります。また、チャラミダロらの研究から社会的意図・コミュニケーションの意図を読み取るときにこれらの部位が活動することが示されています。これらの状況証拠を併せて考えることで、コストのかかる謝罪から脳が誠意を読み取っていそうだと推測することができます。

まとめ

第5章では、謝罪には赦しを促す効果があることを確認し、その後、コストのかかる謝罪の方が誠意を伝える効果が高いことを説明しました。本章の冒頭でも書いたように、常に手の込んだ謝罪が求められるわけではありません。たとえば、夜遅くまで資格試験の勉強をしていて寝不足気味の友人が、あなたとの早朝の待ち合わせに少し遅刻してきたとしても、あなたはそれに対してコストのかかる謝罪を求めたりしないでしょう。その友人が申し訳なさそうにして「寝坊してごめん」と言えば、それだけであなたはその友人を赦してしまうのではないでしょうか。あるいは、相手の「ごめん」さえいらないかもしれません。もし、あなたにとっても相手にとっても良好な関係を維持していくことが望ましいのであれば（利害が一致しているのであれば）、そして相手が二度と同じ過ちを繰り返さなさそうだということがわかれば（搾取のリスクがないと思えば）、コストのかからないシグナル（ただ「ごめん」と言うだけ）で十分なのです。

ですが、常に「ごめん」ですむというわけではありません。本章の中盤以降で考えたのは、「ごめん」ですまない場合にどうしたらよいのかという問題でした。相手に損失を負わせたのであれば、その損失を補償するというのは一つの考え方です。補償を伴う謝罪は、ただ「ごめん」と言うだけより好意的に受け止められます。

ですが、シグナルの進化の理論は、補償のようなコストのかかる謝罪にもう一つ別の機能があることを示唆します。それは、コストをかけてまで謝罪することで、自分には二度とひどいことをする気がないこと（本章では、これを「誠意」と考えました）を伝えるという機能です。迷惑をかけた相手との関係を大事に思っている（そして、実際にその関係を継続することで適応上の利益が得られる）場合、相手との関係を修復するために多少のコストを負っても謝罪することができます。ですが、相手との関係を大事だとは思っていなければ、そこまでして関係を修復しようとは思わないでしょう。価値ある関係仮説はここでも当てはまると考えられます。価値ある関係を失いそうになったら、なんとか関係を修復したいと思うのです。

コストのかかる謝罪をシグナルと考えると、それには大きく次の二つの特徴があるはずです。①**被害者との関係を重視している加害者ほどコストをかけて謝罪する**、②**コストのかかる謝罪を受けるとその謝罪に誠意を感じる**。このように、謝罪をする側、受ける側の双方についての仮説が実証研究によって支持されています。②については、たんに誠意を感じますかという質問に回答してもらうだけでなく、相手に苦情を伝えるかどうかという行動レベルでの選択、コストのかかる謝罪を受けたときの脳活動といった異なる調べ方をしても仮説と一貫する結果が得られています。

謝罪の理とはなんでしょうか。**謝罪の機能は相手に誠意を伝えて、赦しても大丈夫だと思ってもらうこと**です。ただし、ただ「ごめん」と言うだけではすまない場合もあります。このとき、**コストをかけて謝罪することで、相手との関係を重視している程度を伝える**ことができます。**大切な関係をまた壊そうとはしないはずですから、コストをかけてでも謝罪する人は、二度とひどいことをしない人**ということになるのです。この謝罪の理は赦すことの理と共通点をもっています。謝罪する・赦す、いずれの場合にも価値ある関係を維持することがその適応的な機能の本質なのです。

コラム5-1　効果の大きさ

赦しを含めて心理学で測定される多くの対象は、メートル法で測定するもののように統一基準で測定されるものではなく、さらに厳密な〇点もありません。進んだ距離であればスタート地点からまったく動いていない移動距離が〇の状態があります。しかし、まったく相手を赦していない赦しが〇の状態というものがそもそもあるのかどうかすらわかりません。このように厳密な〇点がなく、統一の測度もないのに、研究ごとにバラバラの効果の大きさをどうしてひとまとめにすることができるのでしょうか。このような場合に効果の大きさを揃えて評価する一つの方法は、相関係数を使うことです。たとえば、二つの変数*X*と*Y*に相関があるというのは、*X*が大きな値をとるときには*Y*も大きな値をとる（あるいは*X*が大きな値をとるときには*Y*は小さな値をとる）傾向があるということです。このような相関関係をマイナス1（一方が大きければ他方は小さい）からプラス1（一方が大きければ他方も大きい）の範囲で表すのが相関係数です。相関係数がプラス1のときには、*X*を横軸、*Y*を縦軸にとる座標にデータをプロットすると、すべてのデータが右上がりの直線上に乗ります。反対にマイナス1のときには右下がりの直線上に乗ります。言い換えれば、相関係数がプラス1またはマイナス1のときには、*X*の値さえわかれば*Y*の値は完璧に予測できます。相関係数がゼロに近づくほど、*X*から*Y*を予測する精度が落ちていきます。このように*X*と*Y*の値が連動する程度を表す相関係数にしてしまうのであれば、*X*と*Y*がバラバラの測定方法で調べられていても、それぞれの得点に〇点がなくても関係ありません。ちなみに、心理学の研究で相関係数がプラス／マイナス1に近くなるようなことはまずありません。相関係数の絶対値が〇・三以上あれば、心理学の研究で上位三分の一に入るくらい強い関係があると思ってよいという見積もりもあります。[1]

コラム5-2　行為の理由を説明できるのか？

社会心理学では、行為者に「なぜそのように行動したのですか？」と尋ねても、必ずしも正しい答えが返ってくるとは考えません。人々が嘘をつくからではありません。人々が自分の行動の本当の理由を知らないことが往々にしてあるからです。たとえば、何種類かの衣類を長机に並べて、通行人にどれが好きかを選んでもらう市場調査を行うと考えてください。このとき、右にある衣類が選ばれやすいことに気づいたとします。もしかしたら右に置いている衣類が本当に魅力的なのかもしれません。ですから、衣類の場所を入れ替えて調査を継続します。衣類を入れ替えてもやはり右側に置いたものほど選ばれやすいとしたら、衣類の場所が人々の選択に影響していることになります、では、この調査に協力してくれた人たち（の少なくとも一部）は「自分がなぜその衣類を選んだかと言えば、それが右端に置いてあったからだ」と答えるでしょうか。これと同様の調査を行ったリチャード・ニズベットとティモシー・ウィルソンの古典的研究によれば、そんなふうに答える人は誰もいませんでした。[1] この人たちは実験者を欺こうとして意図的に嘘をついているわけではないでしょう。実際、実験者が「あなたの選択に衣類が置かれた場所が影響したということはないでしょうか？」と単刀直入に尋ねてみると、質問の真意を図りかねるといった反応だったそうです。翻って、この事実はなぜ社会心理学で実験が重視されるのかを如実に示しています。人々は自分の行動の理由を正しく把握しておらず、その結果、正しく報告できないことが往々にしてあるのです。そういうときには、ここで紹介した調査のように、選択肢の置き場所を変化させながら実際に選んでもらうしかありません。このように条件を変えながら実際に行動してもらって、条件が行動に与える影響を調べることが社会心理学実験の目的です。

第6章　仲直りの至近要因

生物学者のエルンスト・マイヤーは生物学における因果関係についての論文の中で、**究極要因**と**至近要因**という区別を提唱しています[1]。ある行動の究極要因を問うという場合、なぜその行動傾向が進化したのか考えることになります。一方、ある行動の至近要因を問うという場合、どのようなメカニズムでその行動が起こるのかを調べることになります。たとえば、渡り鳥はなぜ渡りをするのか、渡りの要因を挙げよと言われたとします。みなさんだったらどのような要因を思いつくでしょうか？

マイヤーは次のような四種類の要因が答えになりうると考えました。まず冬になると餌が不足するという生態学的要因です。渡りをしないと餓死してしまうので渡りをする要因になります。次に遺伝的要因が考えられます。渡りをするような遺伝的傾向を獲得しているからという説明です。三番目として内的な生理学的要因が考えられます。たとえば、渡り鳥には昼の長さに反応して渡りをする生理学的メカニズムが備わっていて、日照時間があるレベルよりも短くなったことを知覚すると渡りをするのかもしれません。四番目として挙げられているのは外的な生理学的要因です。たとえば、急激な気温の低下などが、すでに渡りの準備状態に入っている鳥にとって最後の一押しになるのかもしれません。[2]

マイヤーは、生態学的要因と遺伝的要因を究極要因、内的・外的な生理学的要因を至近要因としています。究極要因とは、渡りをすることの適応的な機能、そしてその結果渡りをする傾向が遺伝的に獲得されることに関係しています。つまり、渡りの究極要因について考えるということは、渡りをしないよりも渡りをする方が割に合うとしたら、それはなぜかといった問題を考えることになります。一方、至近要因とは、実際の渡り行動を促す手がかりや、それを引き起こす身体的な変化に関係しています。

このマイヤーの区別を本書に当てはめて考えてみましょう。ここまでおもに仲直りの究極要因について考えてきました。渡り鳥の行動に対する究極要因として餓死するくらいならリスクを負ってでも渡りをする方が割に合うという説明を考えるのと同じように、搾取されるリスクを負ってでも仲直りする方が割に合うのかという問題について考えてきたということです。割に合うかどうかをきちんと考えるために使ったのが進化ゲーム理論のモデルでした。[3]そして、実証的な研究を紹介するときにも、進化ゲーム理論のモデルからの予測と一貫する仲直りパターンがヒトやヒト以外の動物で観察されるのかということに注目していました。そのため、本書ではここまで仲直りの至近要因について十分に考察できていません。そこで、第6章と続く第7章では至近要因を軸に仲直りについて考えていきます。

1　仲直りを促す感情

◇感情の役割

本書の「はじめに」では、心理学の赦し研究だけに着目したとしても膨大な量の知見が蓄積されていると述べました。具体的には、ハンドブックにすれば全三二章の分厚いものになるし、メタ分析をすれば二五種類もの要因が検討対象になるといった具合です。これらの膨大な心理学研究の蓄積は、基本的にはどれも赦しの至近要因に関するものです。ですが、すでに述べたように、本書では心理学の膨大な研究の蓄積を網羅的に紹介することはしません。第6章・第7章でも、すでに紹介してきた仲直りの進化論的な理解にとくに関連が深い至近要因について見ていきます。

まず注目するのは、感情が仲直りに果たす役割です。しかし、進化ゲーム理論のモデルに基づく「仲直りの理」が腑に落ちていれば落ちているほど、なぜわざわざここで感情の話をもち出すのだろうと疑問に思われるかもしれません。というのは、進化ゲーム理論のモデルは、赦し傾向にせよコストをかけて謝罪する傾向にせよ、それが進化するという結論を導き出すときには、必ずそれが割に合うということを示しているからです。つまり、合理的な損得の判断として仲直りが理解できるということをここまで説明してきたのです。感情に基づく判断や意思決定というのは、冷静で合理的な意思決定の対極にあるものと見なされがちです。そうすると、仲直りにおける感情の役割の話をするなんて、むしろ進化論的な理解から遠ざかるように感じられるかもしれません。

ですが、それは誤解です。このことをもう少し具体的に考えてみたいと思います。赦し研究の第一人者の一人であるエヴェレット・ワーシントンと彼の共同研究者は、赦しを「決定に基づく赦し」ともっと直感的な「感情に基づく赦し」に分けることができると考えています[4]。たとえば、直属の上司から不当な扱いを受けたと感じたとしても、この上司ともめても何のメリットもないと意識的に考えて、上司のことを赦してしまうという決定をすることがあるでしょう。これは決定に基づく赦しの例です。実際に私たちはこういう合理的な損得の判断に基づいて誰かを赦したり、誰かに謝ったりすることがあります。私たちが常にこのような合理的判断に基づいて仲直りをするとしたら、私たちの仲直りパターンは価値ある関係仮説の予測と合致したものになるでしょう。それでいいじゃないかと思われるかもしれませんが、私たちが常に合理的判断に基づき仲直りしているとしたら、じつはそれは価値ある関係仮説にとってはむしろ不都合なことなのです。

わけがわからないと思われるかもしれません。ここで究極要因と至近要因をきちんと区別してよく考えてみましょう。価値ある関係仮説は仲直りの究極要因についての説明でした。仲直りすることが割に合うかどうかは、仲直り傾向が進化可能かどうか（自然淘汰を生き残ることができるかどうか）を考えるうえで必要でした。ですが、このことは至近要因レベルでも人々が合理的に仲直りが割に合うかどうかを計算しているということを意味しません。もし割に合うかどうかの計算が必要なのだということになれば、計算能力のない動物では価値ある関係仮説に沿った仲直り行動は見られないということになってしまいます。

ここで至近要因の出番です。渡り鳥が南の国に向かって飛び立つとき、渡りのリスクを冒すことが割に合うかどうかを計算しているわけではないはずです。このような擬人化は厳密さを欠くと怒られそうですが、あえて渡り鳥の立場を代弁すれば、日照時間や気温などの条件が揃うと、渡りをせずにはいてもたってもいられない気持ちになるといったところではないでしょうか[5]。

同じことを価値ある関係仮説に当てはめれば、価値のあるパートナーともめると、どうにも居心地が悪く、**いてもたってもいられず**仲直りをしたくなるのではないでしょうか。あるいは、関係価値の高い相手を傷つけてしまうと、申し訳ない気持ちで**いてもたってもいられなく**なって、どんなにコストがかかっても相手に誠意のある謝罪をして赦してもらおうという気持ちになるのではないでしょうか。

このようないてもたってもいられないという状態は、合理的判断よりも感情に動かされているときの特徴です。したがって、なぜ私たちは関係価値の高い相手と仲直りしがちなのかと問われれば、「関係価値の高い相手との仲直りを促すような感情が備わっているから」というのが至近要因に基づく説明になります。前置きとしてはかなり長くなりましたが、この節では私たちが他者の関係価値を親密さという感情に置き換えていることを示す研究を紹介し、その後、関係価値が感情に媒介されて赦し・謝罪に影響していることを示す研究を紹介します（究極要因の予測に合致する行動が合理的な損得の計算に基づくものである必要はないということについては、コラム6も参照してください）。

◇関係価値と親密な気持ち

仲直りと感情の話をする前に、ここまで「関係価値」という身も蓋もない言葉で指し示していたものが主観的には何なのかという話から始めたいと思います。そもそも私たちは「あの友人の価値はどれくらいだ」「それに対してこの友人の価値はこれくらいだ」と友人たちを値踏みしながら生活しているわけではありません。そういった実際的な価値判断を意識的にすることはあまりなく、親密な感情を抱いている相手を大切な友人だと表現したりします。ところが、客観的に見て実際的な価値のある友人に対して私たちが主観的には親密さのような感情を強く感じやすいということを示す研究があります。客観的な価値と主観的な親密さには意識していないとしても対応関係があるようなのです。

この対応関係を調べるために社会心理学者のグローニャ・フィッツサイモンズらが行った、やや手の込んだ実験を紹介します。この実験では、特定の目標に注意を向けることで、その目標達成に役に立つ友人に対する親密さが一時的に上昇することが示されました[6]。これだけではわかりにくいので、もう少し具体的に説明します。この実験では、大学生の実験参加者はさまざまな人生の目標（たとえば、健康を保つ、良い成績をとる、人間関係を広げる）を提示され、それぞれの目標を達成するのに役に立つ友人と役に立たない友人の名前を挙げるように依頼されました。その後、まったく関係のないいくつかの質問紙に回答しました。これは実験の真の目的に気づかれないようにするためのもので、ここでは質問紙の内容はとくに大事ではありません。

このように参加者の注意を人生の目標からいったんそらしておいてから、文章完成課題という課題に取り組んでもらいました。具体的には、与えられた単語を並べ替えて文章を作るという課題でした。これも人生の目標とはとくに関係があるようには思えません。仮にみなさんがこの課題に取り組むとしたら、言語能力のテストでも受けているような気持ちになるでしょう。ところが、半分の参加者に与えられた単語の中には、「良い成績をとる」といったような、学業でうまくやることに関係する単語がたくさん含まれていました。残り半分の参加者にはそのような単語が含まれない単語セットが与えられました。その結果、前者の参加者では良い成績をとるという目標が一時的に活性化されたことになります。ただし、くどいようですが、参加者としては言語能力のテストを受けたと思っているはずです。そして、自分が良い成績をとるという人生の目標を意識させられているということには気づいていないはずです。

ここで、最初の質問で良い成績をとるために役に立つ・役に立たないとして名前を挙げてもらった友人の名前を示して、それぞれの友人に対する親近感を回答してもらいました。具体的には、「あなたの他の友人関係と比べて、あなたと○○さん（良い成績をとるのに役に立つ・役に立たないとして挙げられた人の名前）の関係はどれくらい親密ですか」といった質問に九段階で回答してもらいました。

図6−1にこの実験結果を示しています。一時的に良い成績をとるという目標を活性化してあげる

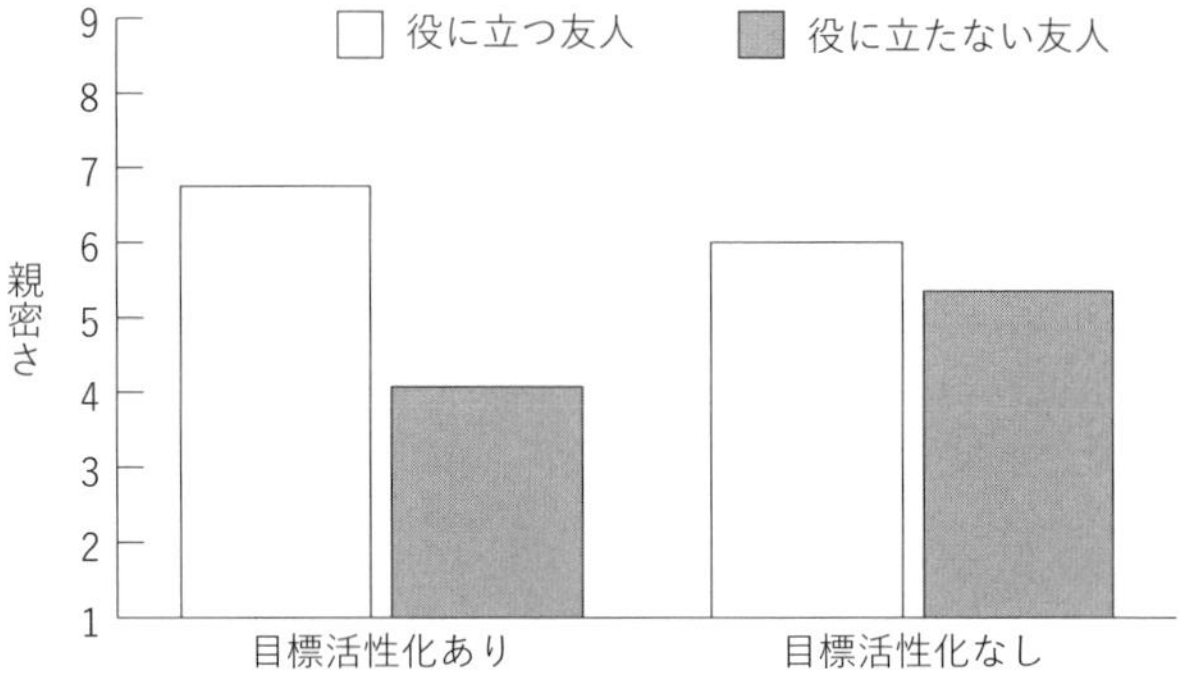

図 6-1　「良い成績をとる」という目標活性化の有無による，目標達成に役に立つ・役に立たない友人への親密さ評定の平均値

（出典）　Fitzsimons & Shah（2008）より作成。

と（つまり、文章完成課題の中に良い成績をとるという目標に関係する単語をいくつも入れておくと）、その目標達成に役に立たない友人より役に立つ友人への親密さの評定が高くなっています。一方、グラフの右側の目標を活性化していない条件では、良い成績をとるために役に立つ友人・役に立たない友人に対する親密さの程度に違いがありません。特定の目標を活性化すると、その目標達成に役に立つ友人への親密さは上昇し[7]、役に立たない友人への親密さは低下しています。このことは、実際的に役に立つかどうかという関係の客観的価値が、主観的には相手への親密さという感情に変換されていることを示しています。

　筆者らが行ったｆＭＲＩ研究も、親密さのような感情が客観的な価値の計算と結びついている可能性を示しています。筆者らの研究では、参加者に「（友人が）誕生日に夕食をおごってくれた」「探し物を手伝ってくれた」「悩みの相談に長い時間つきあってくれた」といった状況を想像してもらっているときと、「誕生日のことを忘れていた」「探し物を手伝ってくれなかった」「悩みの相談をしようとしたら忙しいからまた今度と言われた」といった状況を想像してもらっているときの脳活動を比較しました[8]。前者の状況は、相手が自分のことを気にしてくれていて、将来何か困ったときに親身になって援助してくれそうなことを示すものです。つまり、このようなことをしてくれる友人の価値は客観的に高いことになります。一方、主観的にはこのような出来事で相手との絆が深まると感じられます。

では、脳活動はどうでしょうか。前者のシナリオを読んでいるときには、後者のシナリオを読んでいるときと比べて眼窩前頭皮質という部位の活動が高くなっていました。眼窩とは眼球が入っている部分のことで、眼窩前頭皮質という部位はちょうど眼球の上あたりになります。この部位は、多くの先行研究で価値判断に関係することが指摘されています。たとえば、お腹を空かせた実験参加者に、いろいろなお菓子の写真を見せて、それぞれのお菓子を食べるためにいくらなら支払ってもよいかを判断させた実験があります[9]。この実験では、参加者はどれか一つを実際に購入して食べることができたので、まさにそれぞれのお菓子の値踏みをしていたはずです。このときやはり眼窩前頭皮質が活動していたのです。こういった過去の多くの研究結果を踏まえて、神経科学者のディーノ・レヴィーとポール・グリムシャーは、眼窩前頭皮質はさまざまな種類の資源を脳内で共通の価値に変換する役割を担うのだと主張しています[10]。いずれにしても、私たちが特定の友人との絆が深まったと感じるときに活動している脳部位は、お菓子にどれくらいのお金を支払ってもよいかという価値判断をしているときにも活動する部位だということです。

また、興味深いことに、第5章で紹介したコストのかかる謝罪のｆＭＲＩ実験でも、コストのかかる謝罪を受け取ったと想像したときには、図5-5に示した社会的意図の処理に関わる部位に加えて眼窩前頭皮質が活動していました。[11] 相手が謝ってくる状況とは、相手に何か過失があり相手の関係価値を低くしている状態だと考えられます。そのときに、相手が自分との関係を重視していて、二度と同じ過ちを繰り返さないというシグナルを送ってくれれば、再び相手の関係価値を上方修正するのではないでしょうか。そのように考えれば、コストのかかる謝罪を受け取ったと想像したときにも眼窩前頭皮質が活動していたことは理にかなっています。

◆赦しの至近要因としての共感

赦しに関わる感情は何かと聞かれたら、怒りが関係していると思われるのではないでしょうか。相手がまだ怒っているということは、つまりまだ赦してくれていないということです。専門的な言い方をすれば怒りと赦しは負の相関関係（一方が高ければ他方は低いという関係）にあります。

一方、赦しと正の相関関係にある感情も知られています。それは共感です。「はじめに」で紹介した赦しのメタ分析研究によれば、共感と赦しの関係の強さは相関係数にして〇・五三となっていて、怒りと赦しの相関（マイナス〇・四五）よりも絶対値が大きくなっています。[12] また、同じメタ分析で推定された謝罪の効果は相関係数にして〇・四〇でしたから、相手から謝罪されるよりも相手に共感してしまうことの方が赦しとの関係が強いということになります。[13]

しかし、そもそもなぜ自分を傷つけた（または自分に迷惑をかけた）相手に共感するのでしょうか？相手が謝罪してきたので相手のことがかわいそうになるというように、謝罪と共感が結びついている場合もあるかもしれません。そうは言っても、加害者に共感するなんてどうにも納得いかないと思われるかもしれません。かく言う筆者自身、最初に共感が赦しの至近要因だという論文を読んだときには、何か納得のいかないモヤモヤした気持ちになりました。

ちなみに、必ずしも記憶は定かではないのですが、その最初の論文とはマッカローらの一九九七年の論文ではなかったかと思います。[14] マッカローらも、読者がそういう疑問をもつだろうと思ったのでしょう、ちゃんと被害者から加害者に対する共感について説明を加えています。たとえば、加害者は自分の行為に対して罪悪感や自己否定的な感情を経験しているかもしれません。また、加害者はみずからの過失によって被害者との関係も含めて対人関係全般が悪くなっているかもしれません。さらにその結果、社会的孤立を味わっているかもしれません。マッカローらの論文には書かれていませんが、たいていの対人葛藤は一方的なものではないので、被害者の側も少し度を超えて相手を罵倒したとか、必要以上に強い怒りを表明したということもあるかもしれません。いずれにしても、多くの場合、加害者は被害者を苦しめて喜んでいるわけではないということが理解できれば、被害者が加害者に共感（ここでの例では同情に近いかもしれません）することがあるということも納得できるのではないでしょうか。

さて、共感が赦しの至近要因であるとすれば、そして価値ある関係仮説が想定するように赦し傾向が関係価値の高い相手との和解を動機づけるように働くのだとすれば、関係価値の高い相手から傷つけられた場合、私たちはその相手に対して共感しやすいということが予測されます。この予測を支持する結果は、第3章でも紹介した関係価値と赦しの関係を日米で検討した筆者らの研究で得られています[15]。この研究では、実際に誰かに傷つけられたエピソードを思い出してもらい、そのエピソード以前の相手の関係価値、その相手を現時点で赦している程度を回答してもらったのでした。それに加えて相手に対してどの程度共感したかも回答してもらっていました。

この共感についてのデータを加えて分析すると、日本でもアメリカでも関係価値は共感と相関していました。つまり、関係価値が高い相手から傷つけられたエピソードを報告した人ほど、加害者である相手に共感したと回答していたということです。また、媒介分析という方法を用いて、関係価値、共感、赦しの関係を調べたところ、関係価値が赦しを促す効果の一部は関係価値が共感を高める効果によって媒介されていることがわかりました。この分析のイメージを図にしたのが図6－2です。共感に媒介されているというのは、図の上部でアーチのような形の破線で示している「共感を介した間接効果」になります。わかりやすく言えば、関係価値と赦しが相関するのは、関係価値が共感と関係していて、共感が赦しと関係しているという間接的な関係があるからだということです。ただし、共感が赦しを促す効果を考慮してもなお、関係価値は赦しと関係していました（図6－2の下の「関係価値から赦しへの直接効果」の部分です）。

図6－2の間接効果、直接効果の両方が関係価値と赦しの関係を説明するという結果は、次のよう

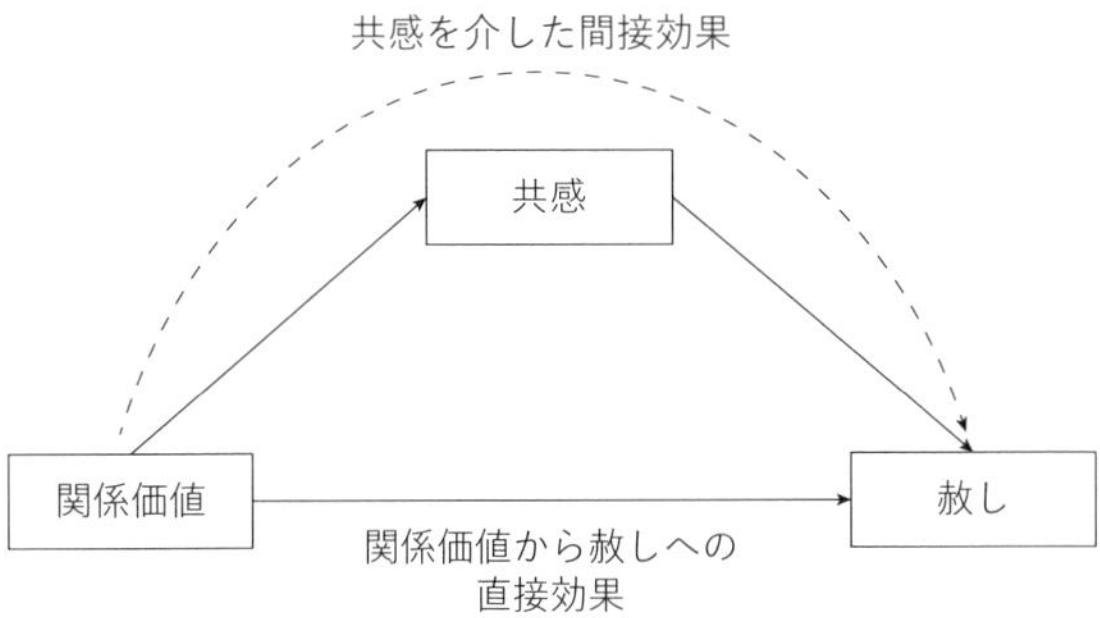

図 6-2　関係価値，共感，赦しの媒介分析のイメージ

に解釈できます。感情（この場合は共感）に基づく赦しだけでなく決定に基づく赦しも関係価値と赦しの相関を生み出す要因になっている。つまり、私たちは関係価値が高いからという合理的な損得計算に基づき相手を赦している部分もあるのかもしれません（直接効果）。しかし、それだけではなく関係価値が高い（「親近感を覚えている」と言い換えてもよいでしょう）相手には共感しやすく、その共感ゆえに相手を赦してしまうという部分（間接効果）もあるようなのです。

相手に共感することが赦しにつながるという知見には、『ロミオとジュリエット』のモンタギュー家とキャピュレット家の劇的な和解と通じるものがありはしないでしょうか。物語の最終場面で、両家の当主はお互いに愛する我が子を失うという同じ悲劇的な境遇におかれます。自分と似た境遇の相手の痛みは理解しやすく、共感しやすいものです。自分と同じ境遇の相手を気の毒に思ったら、相手を憎み続けることは難しいでしょう。しかし、ストーリー全体を通じて、観客は両家がいかに激しくいがみ合ってきたかをよく理解しています。そう簡単に和解するはずはありません。それなのに若きロミオとジュリエットの早すぎる死によって両家の当主は手をとって和解をします。この劇的な和解によって、観客は二人の死が両家にもたらした悲しみの深さを知り、憎しみ合うことの愚かさを知るのです。

◇謝罪の至近要因としての罪悪感

謝罪の至近要因になる感情は罪悪感です。罪悪感は何か過ちを犯して、自分自身の振る舞い方が間違っていた、悪かったと思うときに経験される道徳感情の一つです。過ちを犯したときには、恥[16]という感情もよく経験されますが、その区別は難しく、理論的にも明確な線引きはなかなかできません。ここでは、一つの例として、心理学者のジューン・タングニーらの分け方を紹介します。タングニーらによれば、自分の行為に対する否定的な評価は罪悪感の原因になりますが、自分自身に対する否定的な評価は恥につながります。[17]自分自身を恥ずべき対象だと思っているので、恥は自分自身を隠してしまいたい、その場から立ち去ってしまいたいという逃避行動を動機づけます。一方、罪悪感は自分自身の誤った行為を正すために、謝罪を動機づけるのだと考えられます。恥と罪悪感の区別については、研究者によって異なる立場もありますが、罪悪感が謝罪の至近要因になることは多くの研究者が認めるところです。

赦しに対する共感を考えたときと同様、ここでは関係価値の高い相手に迷惑をかけるとより強い罪悪感が経験され、それがコストのかかる謝罪を動機づけるのかということが問題になります。関係価値が高い相手に迷惑をかけたときほど罪悪感が経験されやすいことは、社会心理学者のロブ・ネーリセンの実験研究で確認されています。ネーリセンは、三つの実験を行っていますが、ここではそのうちの一つを例に説明します。この実験の参加者は、本来は自分に割り振られていた退屈な作業を他の参加者（これ以降、パートナーと呼びます）に押しつけ、本当はそのパートナーがするはずだった楽しそうな実験課題を自分で行いました。[18]その後、参加者は、パートナーと一緒にお金の分配課題を行うと知らされます。単純な課題で、パートナーが受け取った元手のうちいくらを参加者に渡すかを決めるという課題でした。このとき、パートナーが分配する金額（元手）の大小が実験的に操作されました。金額が大きければ参加者はパートナーへの依存度が高いこと、つまり参加者にとってパートナーの価値が高いことになります。一方、金額が小さければ参加者にとってのパートナーの関係価値は相対的に低いことになります。この段階で相手に退屈な課題を割り振ったことに対する罪悪感を尋ねたところ、パートナーの関係価値が高い参加者の方がより強い罪悪感を報告しました。

関係価値が高い相手に迷惑をかけるとより強い罪悪感を経験しがちであることは、筆者自身の研究でも示されています。第5章で紹介した関係価値がコストのかかる謝罪を促すかどうかを検討した実験では、迷惑をかけたときに経験するであろう罪悪感の強さも尋ねていました。[19]共感と赦しの場合と同じように媒介分析をしたところ、図6－3に示すように、関係価値は罪悪感と関係しており、罪悪感が謝罪にかけてもよいというコストと相関するというパターンが見られました。つまり、関係価値と謝罪コストの関係は罪悪感によって媒介されていたのです。また、罪悪感による間接的な影響を

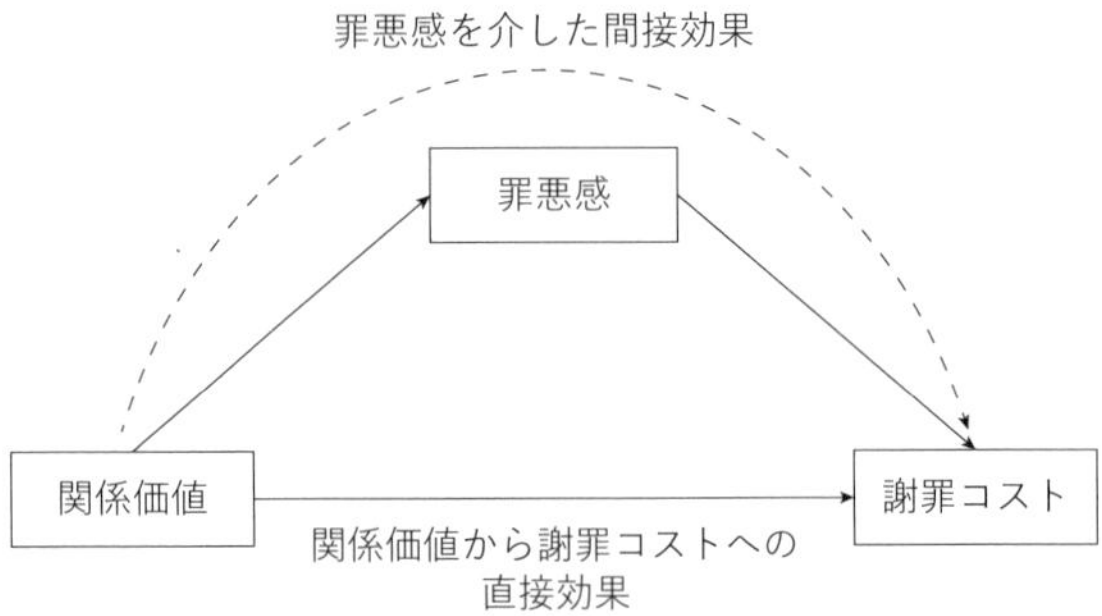

図 6-3　関係価値，罪悪感，謝罪コストの媒介分析のイメージ

考慮しても、関係価値から謝罪コストへの直接的な影響が残っていました。これは、関係価値が共感に媒介されて赦しにつながることを示す図6－2とそっくりです。つまり、謝罪コストの場合も、関係価値が高いほど罪悪感という感情に駆られて謝罪するというパターン（間接効果）があるということです。ただし、ここでも計算づくの決定に基づき謝罪している（直接効果）という部分はあるのかもしれません。

仲直りと感情――まとめ

第6章の前半では、仲直りの至近要因としての感情の役割について考えました。ここでいったん整理をしておきたいと思います。究極要因の説明とは、なぜその行動傾向が進化したのかについての説明です。至近要因の説明とは、その行動を引き出すメカニズムについての説明です。究極要因の説明は、どうしてもある行動が合理的に計算すると割に合うというものになってしまいます（割に合わないとしたら進化しません）。そういう説明を聞くと、つい意識的に合理的な計算をして行動しているという説明なのだと勘違いしてしまいがちです。ですが、どのような手がかりに基づいて実際の行動が引き出されているのかというメカニズムの問題は、究極要因の問題とはまったく別物です。仲直りについても同様で、究極要因の説明では、関係価値の高いパートナーとの仲直りは割に合うので仲直り傾向が進化したと言ったとしても、私たちが意識的に関係価値に基づく合理的な計算をして仲直りをするかどうかを決めていると言っているわけではないのです。

では、関係価値が高い相手と仲直りしやすいのはなぜでしょうか。第6章の前半では、赦しや謝罪の至近要因になっている感情の役割について説明しました。赦しの至近要因として最も重要な感情は加害者に対する共感でした。そして、私たちは関係価値が高い相手から迷惑をかけられたり、傷つけられたりしたときに、関係価値が低い相手からそうされたときよりも相手に共感しやすいのです。関係価値が高い相手には親近感を覚えやすいという知見も紹介しましたが、親近感を覚えている相手に共感しやすいというのは納得できると思います。たとえ相手が加害者だったとしても、相手も苦しんでいるんじゃないかと相手の立場に共感してしまうと、相手のことを赦さずにいるのはむしろ難しいでしょう。私たちの感情システムには、このように関係価値を親近感や共感に自動的に変換してしまうメカニズムが備わっていて、それが関係価値の高い相手を赦すという傾向を生み出しているのです。

関係価値の高い相手に迷惑をかけたときに謝罪しやすいことも同様です。私たちは関係価値の高い相手（つまり親近感を覚えている相手）に迷惑をかけるとより強い罪悪感を経験するようです。そうすると、どんなにコストがかかっても相手に謝罪して赦してもらおうという気持ちにおのずとなってしまうと考えられます。

もちろん、赦しにせよ謝罪にせよ合理的な計算に基づく理詰めのものもあるでしょう。そういった決定に基づく赦し・合理的な判断に基づく謝罪がまったくないと言っているわけではありません。ですが、進化した仲直り傾向は、いてもたってもいられずというふうに、感情を介してある程度自動的に働くもののはずです。第6章の前半では、実際にそのような感情メカニズムが備わっていそうだということを確認しました。

2　不確実性低減仮説

究極要因と至近要因の違いについて理解するために、仲直りを促す感情に着目した心理学的研究を紹介してきましたが、ここでいったん、霊長類の研究に話を戻したいと思います。というのは、仲直りの至近要因に関するとても興味深い仮説が霊長類学者によって提唱されているからです。その仮説は、ケンカがストレスのもとであるということに着目しています。ケンカがストレスのもとなのであれば、仲直りすればストレスが解消されることになります。そのため、仲直りの至近要因はストレスを解消したいという動機づけだということになります。この仮説を紹介する一つの理由は、共感や罪悪感に関する知見が価値ある関係仮説と整合的であったのと同じように、この仮説に関する知見もやはり価値ある関係仮説と整合的だからです。それに加えて、ヒトの場合にも他者とのいざこざはストレスのもとになることがわかっていて、このことから応用的にも重要な洞察が得られています。それは、他者を赦さずにいるのはストレスをため込むことになり、結果的に自分自身の健康を損なうということです。第6章の後半では、これらの研究を順に紹介していきたいと思います。

◇ケンカはストレスのもと

霊長類学で提唱させている仮説は、不確実性低減仮説といいます。この仮説によれば、ケンカによって生じる不確実性を低減しようとするのが仲直りの至近要因ということになります。ここでいう不確実性とは、攻撃を受けた側であれば「また攻撃されるかもしれない」ということです。攻撃をした方にも「別の相手とケンカになったときに、関係が悪化したままだと助けてもらえないかもしれない」という不確実性があります。こうした不確実性はストレスの原因（ストレッサー）になります。

ところで、ヒト以外の霊長類がストレスを経験しているというのはどうしてわかるのでしょうか？ヒトであれば自己診断票を渡して答えてもらうこともできますが、ヒト以外の霊長類にそんなことをお願いすることはできません。じつはストレスを経験しているときに特徴的な行動が知られていて、それが増えたかどうかを観察することで霊長類がストレスを感じているかどうかを調べることができます。具体的には、自分を掻いたり、自分自身の毛づくろいをしたり、あくびをしたり、体を震わせるといった行動です。これらの行動が不安やストレスと関係していることは、不安を惹起するような薬の投与によって心拍、血圧などが上昇するのと同時にこれらの行動が増えることからわかります。

また、それとは反対に不安を抑える薬を投与するとこれらの行動が減ることも知られています。[20]

不確実性低減仮説は、飼育下のカニクイザル（マカク属の一種）を対象としたPC－MC比較法研究でその妥当性が最初に確認されました。[21] ですが、ここでは多くの読者にとってなじみ深いであろうニホンザル（やはりマカク属のサルです）を対象にした研究をご紹介します。[22] この研究は沓掛展之らにより長野県の地獄谷野猿公苑で行われたもので、餌づけされた野生のニホンザルが研究対象となっています。PC－MC比較法とはケンカの後（PC）と、同じ個体がケンカをしていないとき（MC）を比較するという研究手法でした。この研究では、ケンカが起きた後、攻撃を受けた個体が一〇分間観察されました。そして、次の観察日の同じ時間帯に、同じ個体がやはり一〇分間観察されました。不確実性低減仮説が正しければ、ケンカがストレッサーになるはずです。これは、自分を掻く、自分自身の毛づくろいをする、体を震わせる、あくびをするというストレス反応が増えるかどうかで知ることができます。ところが、これらのストレス反応を別々に分析したところ、あくびの頻度だけはケンカの直後に上がっていなかったため、あくび以外の三つの行動をまとめたものがストレス反応の指標とされました。PCとMCでのストレス反応の頻度を示したものが図6－4です。横軸には観察の総時間一〇分を一分ごとに区切り、それぞれのタイミングでのストレス反応率が示されています。MCのストレス反応率は一〇分間全体で平均をとっているので水平線として示されています。その上下に破線で示されているのは誤差としてとりうる範囲です。これを見ると、ケンカの後のストレス反応は直後の一分からしだいに減少していきますが、ケンカ後の六分まではMCのストレス反応率（誤差

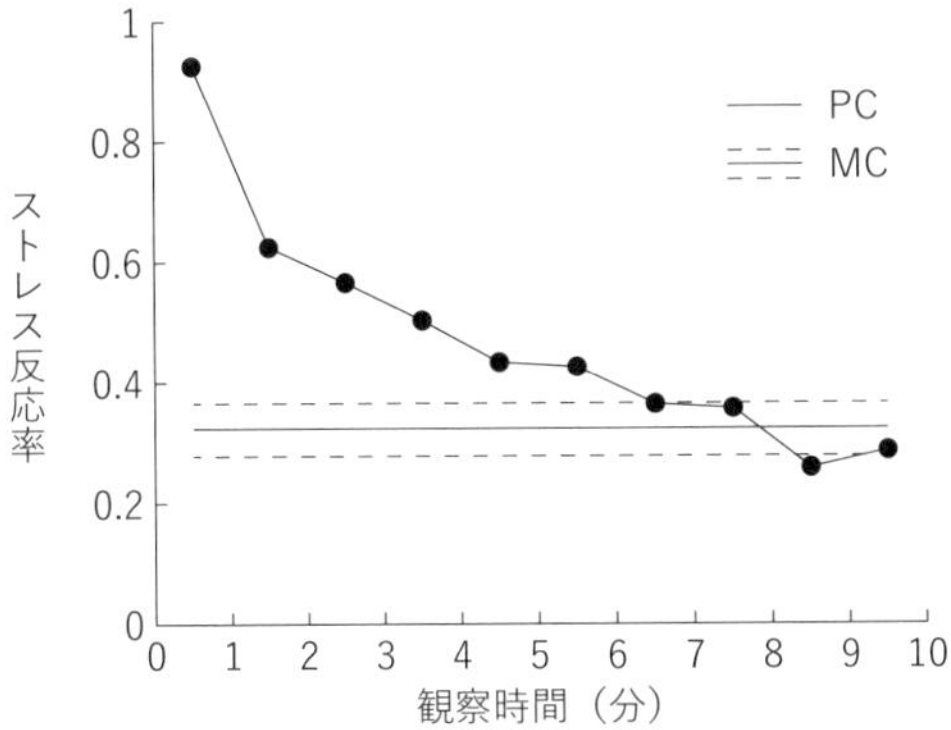

図 6-4　観察時間を 1 分ごとに区切ったそれぞれのタイミングでのストレス反応率

（出典）　Kutsukake & Castles（2001）より作成。

も考慮した上の破線）よりも高いことがわかります。

不確実性低減仮説から導かれる二つ目の予測は、仲直りをしたらストレス反応が減るということです。この仮説もニホンザルを対象にした研究結果から支持されています。図６－５には、ケンカの後に仲直りをしなかった場合のストレス反応率、仲直りをした場合は仲直り前・後のストレス反応率、ＭＣでのストレス反応率が示されています。図６－５から、仲直り前はストレス反応率が高いのに、仲直りをした後のストレス反応率は低くなっていることがわかります。[23] つまり、仲直りすることにストレスを軽減する効果があるということになります。

カニクイザルもニホンザルもマカク属のサルですが、アヌビスヒヒ（ヒヒ属）を対象にした研究でもケンカとストレス反応の関係が示されています。この研究の対象となったアヌビスヒヒの群れは、長年、多くの研究者が観察を続けていたおかげで、人間が観察していることに慣れており、多くの個体を一メートル程度の距離でも観

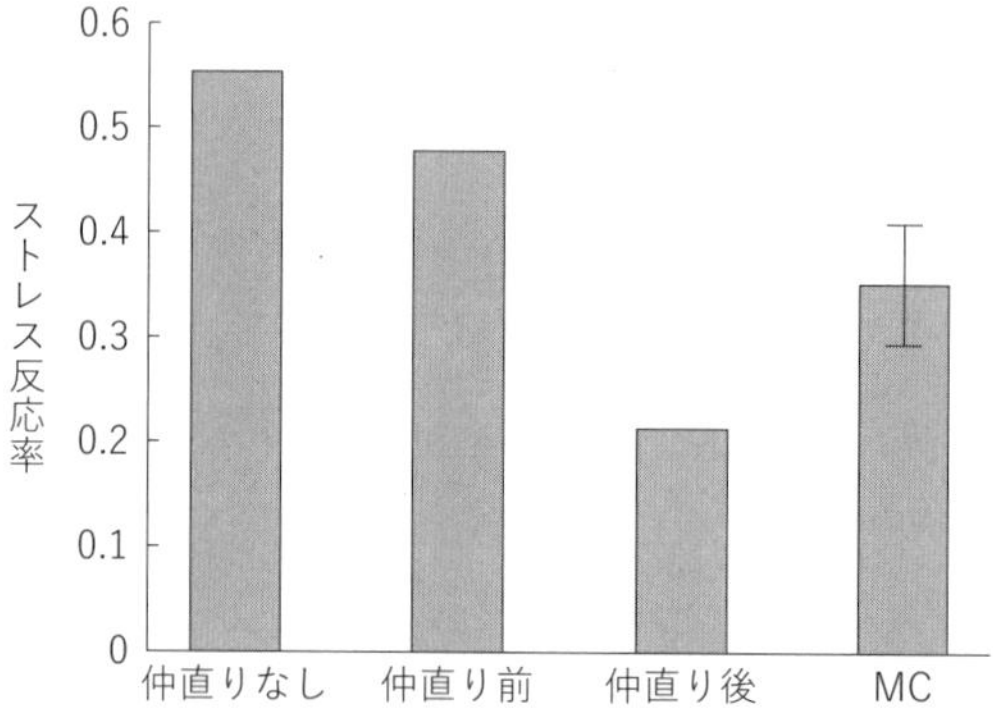

図 6-5　仲直りがなかった場合，仲直りがあった場合の仲直り前後，MC でのストレス反応率

（出典） Kutsukake & Castles（2001）より作成。

察できるようになっていたそうです。この研究の結果、アヌビスヒヒでもケンカによりストレス反応が増え、仲直りするとストレス反応が減るというパターンが観察されました。マカク属ではないヒヒ属でも同じパターンが見られたということも大事ですが、この研究では攻撃された個体だけでなく攻撃をした個体も研究対象とされていました。具体的には、ケンカの後にランダムにケンカに関わった個体を選んだので、一方的に攻撃をした個体、一方的に攻撃をされた個体に分けて分析することができたのです。さらに、お互いに攻撃の応酬をした場合にも、二頭のうちどちらか一方を観察対象に選びました。こうして、ケンカでの立場の違いを加味して分析した結果、攻撃した個体、された個体、攻撃の応酬があった個体のいずれの場合でも、ケンカの後にストレスの指標となる行動が増えていました[24]。一方的に相手を攻撃した個体でもストレス反応が増えたということは、たんに攻撃されることがストレッサーになっているのではなく、他個体との関係が悪くなることがストレッサーになることのより強い証拠になります。

◇価値ある関係仮説との整合性

不確実性低減仮説によれば、霊長類が仲直りするのは関係の不確実性から生じるストレスを低減するためです。ヒトの場合に共感が赦しの至近要因になり、罪悪感がコストのかかる謝罪の至近要因になると述べましたが、ここにもう一つストレスという至近要因が加わったと考えてください。ストレスが至近要因になるというのは、罪悪感が至近要因になるというのと似た部分があります。罪悪感はネガティブな感情で、できればそれを低減したいような感情なので、罪悪感を低減するために謝罪するわけです。ストレスもできれば消してしまいたいので、ある意味「ストレス解消」のために仲直りするというわけです。

罪悪感と謝罪の関係は価値ある関係仮説と整合的でした。つまり、関係価値が高い相手に迷惑をかけると罪悪感を経験しやすく、その罪悪感に媒介されてコストをかけてでも謝罪しやすくなるのでした。同じように関係価値の高いパートナーとのケンカほどより強いストレッサーになるのでしょうか。霊長類学では、この考え方は価値ある関係仮説と不確実性低減仮説の統合モデルと呼ばれ、その妥当性もＰＣ－ＭＣ比較法を用いて検討されています。

図６－６は、霊長類学者のアウレリがカニクイザルを対象に行った研究の結果です。[25] 攻撃を受けた個体が自分を掻いた頻度が、ケンカ相手との関係性によって分けて集計されています。相手との関

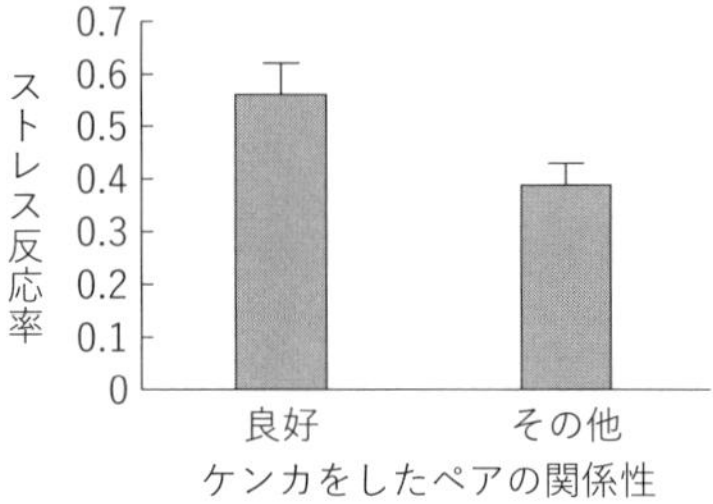

図 6-6　攻撃個体との関係性とストレス反応率

（出典）Aureli（1997）より作成。

係性は、普段からお互いに毛づくろいをしている、相手と遊んでいるといった親密な相互作用をとっている時間を計測し、グループ平均よりも親密な相互作用時間が長い場合に、そのペアの関係性が良好とされました。関係が良好な相手から攻撃された場合、それ以外の相手から攻撃された場合よりもストレス反応率（この研究では自分を掻く行動）が高くなっていました。この研究の対象となったカニクイザルの群れは、これ以前の研究で関係性が良好なほど仲直りをしやすいことも示されているので、関係性が良好であるとケンカによるストレスが高くなり、仲直りも起きやすいということが示されたことになります。

◇ヒトの場合——赦しとストレス

不確実性低減仮説はケンカがストレッサーになると考えます。ヒトの場合もケンカがストレッサーになることは疑いようがないように思われます。霊長類研究では一方的に相手を攻撃した場合にも攻撃した個体がストレスを経験していることが示されていましたが、ヒトの場合には被害者の立場で赦しとストレスの関係を調べる研究がほとんどです。そのため、ここでは赦しとストレスに関わる研究を見ていきます。

まず霊長類研究と同じやり方でストレス反応を調べた研究から紹介したいと思います。ヒトの場合、ストレス診断票を渡せば自己診断して報告してくれるので、わざわざ観察に基づく指標を使う意味はないと思われるかもしれません。ですが、そのようなストレスの自己診断を依頼できないこともあります。たとえば、幼児を対象にした研究であれば、霊長類研究と同様の方法が有効です。ここで大事なことは、ヒトの場合もストレスによって自分自身を触ったりする行動は増えるということです。このことを利用して、小さい子どもを対象としたPC－MC比較法研究は日本でも行われています。ただし、ヒトの幼児の場合、自分の顔、頭、衣服を触る、手や足を指でいじる、指しゃぶりをするといった行動がストレス反応として記録されました。

図６－７は藤澤啓子らによって東京の保育所で行われた研究結果です[26]。図示された結果は、ニホンザルを対象とした図６－４の研究結果とよく似ています。つまり、他の子どもから攻撃をされた直後に、そういったケンカがない場合（ＭＣ）と比べてストレス反応が顕著に多く、その後、徐々にストレス反応が減っていくということです。このことから、ヒトの幼児の場合もケンカはストレッサーになることがわかります。ただし、子どもの仲直りに関しては、友達同士の方が謝りにくいという結果も見られています。仲の良い友達だと謝らなくても仲直りができてしまうせいかもしれません。

行動科学者のマリーナ・ブートフスカヤらは、ストレスを違う方法で測定しました。研究対象はウクライナのキャンプ場でサマーキャンプをしていた男の子たちで、彼らがケンカをすると、その後の

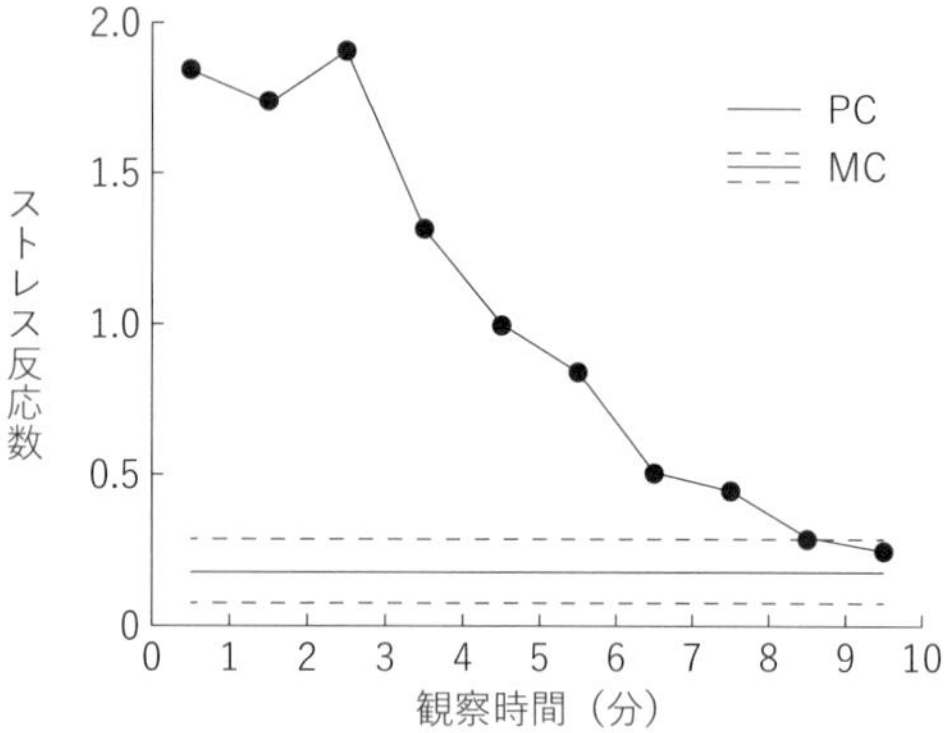

図 6-7　ヒトの幼児のケンカの後のストレス反応数

（出典）　Fujisawa et al.（2005）より作成。

一〇分から一五分以内（ＰＣ）に、攻撃を受けた男の子の唾液を採取し、ストレス・ホルモンであるコルチゾールの濃度が調べられました。[27] また、ＭＣの測定として、翌日の同じくらいの時間に再び同じ男の子の唾液が採取されました。[28] この研究では、三つのキャンプ・グループが対象となりましたが、それぞれ七歳から一一歳までの男の子、一二歳と一三歳の男の子、一四歳と一五歳の男の子たちからなっていました。すべてのグループをあわせて分析した結果、ケンカの直後のコルチゾールの濃度は翌日のＭＣで測定したコルチゾールの濃度より高くなっていました。ただし、ケンカの後すぐに仲直りした場合には、ＰＣとＭＣでコルチゾールの濃度に差はありませんでした。これらの結果は、ヒトの子どもの場合も、同じ年頃の子どもとのケンカがストレッサーになること、仲直りによってストレスが軽減されることを示しています。

それでは成人ではどうでしょうか。誰かともめることがストレスになるというのは、成人でも間違いないでしょう。

実際、恋愛関係にあるパートナーとの関係が幸せだと感じている人、不幸だと感じている人に実験室に来てもらい、その相手との典型的なやりとりを想像してもらった研究でも、このことが確認されています。相手との関係が不幸だと思っている人は典型的なやりとりを想像しただけでコルチゾールの濃度が上昇していました[29]。相手とのケンカが「典型的な」やりとりになってしまっているのだと思われます。

3　赦しの効用

◇赦しと健康

誰しもストレスは避けたいので、ケンカをした後にはただちに仲直りをするか、さもなくば関係を解消してしまえばよいのかもしれません。ですが、そう簡単にはいかないでしょう。というのは、私たち人間の社会では、関係価値が低くなったからといってすぐに相手との関係を断ち切ってしまうなんて、なかなかできないからです。結婚していれば正式に離婚するにはしかるべき手続きを踏まなければなりません。職場の人間関係が悪くなったからといってすぐに仕事を辞めれば生活がたちいかなくなります。そうすると、ストレスはあるけれど、仲直りもせず関係を断ち切りもせずという状態が続いてしまうかもしれません。

ストレスというのは、そもそも危機的状況への対処を促す適応的な反応です。捕食者を目の前にしても何のストレスも感じずにのんびりと草を食んでいる草食動物を想像してみてください。ストレスをもたないことが非適応的であるということが理解できるでしょう。相手が自分にひどいことをしたときにまったく怒らずに何も感じないとしたらどうでしょうか？　進化ゲームの分析でも、相手から何をされても全部赦してしまうような寛容すぎる戦略は適応的ではありませんでした。また、実際の結婚関係でも、パートナーをあまりにも簡単に赦してしまうと、相手がつけあがってまたひどいことをするということが示されています[30]。しかし、進化ゲームの分析は、相手を赦すことで関係を改善することができるのであれば、そうする方が適応的であることも示していました。現実のストレスについて考えても、危機的状況への一過性の反応であれば適応的ですが、慢性的になると健康を害します。相手との裏切りの応酬になってしまう状況は慢性的なストレス状態ですから、そこから抜け出すことができるのであれば、その方が健康にもよいはずです。

それでは、赦しと健康の関係について考えましょう。本書では、これまでにいくつかメタ分析研究を紹介してきましたが、赦しと健康に関する研究を網羅的に集めてメタ分析をした研究もあります[31]。それによれば、赦しはさまざまな精神的健康の指標と関係していました。たとえば、赦すことはうつ病のリスク、不安、ストレスなどを下げて、幸福感を高めます。身体面での健康との関係について見ると、血圧や心拍のような循環器系の健康指標と強く関係していました。ただし、身体的な健康と赦しの関連は精神的健康との関連ほどは強くありませんでした。たとえば、身体的な苦痛、感染症などへの罹患しやすさと赦しは関係していませんでした。

このメタ分析研究では、もう一つ興味深いことがわかっています。先に赦しについて感情に基づく赦しと決定に基づく赦しの区別を紹介しましたが、このメタ分析では「赦し」の測定の仕方にも注目し、感情に基づく赦しが測定された場合、決定に基づく赦しが測定された場合のそれぞれに分けた検討もなされています。すると、感情に基づく赦しの方が健康と強く関係していましたが、決定に基づく赦しにも弱くはありますが健康との関連が見られました。これは朗報といってよいでしょう。私たちはなかなか相手に対するネガティブな感情を払拭できないとしても、意識的に相手を赦そうと思うだけでもストレスが軽減される可能性があるということを意味するからです。

実際、意識的に相手を赦そうとする態度をとるだけで生理的なストレスが軽減される可能性を示す研究があります。心理学者のシャーロッテ・ウィトヴリエットらは、参加者に過去の実際の裏切られた体験を思い出してもらったのですが、そのときに、「どれくらい傷ついたかを思い出すようにしてください」「恨みをもち続けるようにしてください」「加害者に共感するようにしてください」「相手を赦すようにしてください」という四つの教示のうちいずれか一つを与えました[32]。前者の二つの教示は相手を赦さない方向に働きますが、後者の二つの教示は相手を赦す方向に働きます。参加者が過去の裏切られた体験を思い出している間、生理的ストレス指標（心拍や血圧）も測定されました。実験結果は、同じ体験を思い出していても前者の二つの教示のもとでは、後者の二つの教示のもとよりも生理的ストレス指標が高い値をとるというものでした。

じつはこの実験では、すべての参加者が、同じ出来事を四回、異なる教示のもとで思い出していました（教示の順序は参加者ごとに変えてありました）。参加者によってはいまでも恨んでいる出来事を思い出したり、すっかり赦した出来事を思い出した人もいるでしょう。それにもかかわらず、相手に共感しようとしたり赦そうとしたりすると、そのときの傷ついた気持ちを思い出したり、相手を恨めしいと思うときよりも平均すればストレスが低くなっていたのです。この結果は、意識的に相手を赦そうとする態度をとるだけで、健康面に良い影響があることを示しています。つまり、決定に基づく赦しにも一定の健康促進効果があるというメタ分析の結果と整合的です。

◆自分を赦す

それでは加害者の側についてはどうでしょうか？　加害者は親密な相手を傷つけたときほど強い罪悪感を経験するのでした。罪悪感を抱え続けていることはストレスになります。また、他者を傷つけるような行為は自己概念にとっての脅威にもなると考えられています。というのは、ほとんどの人は、自分は道徳的で良識的な人間だという自己概念をもっています。言い換えれば、自分は他者を傷つけるような悪い人間ではないと思っています。それが、自分の行為で誰かを傷つけたとしたら、自分はそんなに道徳的で良識的な人間ではないということになってしまいますから、道徳的で良識的な人間という自己概念の土台が揺らいでしまうのです。このような自己概念への脅威もストレスになるでしょう。そこで、誰かを傷つけたということが大きなストレッサーになっている場合は、自分はそんなに悪い人間ではないと考え方を変えて、抱え込んでいた罪悪感から自分を解放することも必要です。

これは自分自身を赦すという意味で「自己への赦し」として研究されています。

自分を赦せずにいることがストレスになるということから、自己への赦しには心身への良い影響があると予測されます。自己への赦し研究は他者への赦し研究（つまり、通常の「赦し」研究）ほど多くはありませんが、それでもある程度の研究が蓄積されています。そして、研究の蓄積があればメタ分析の出番です。自己への赦し研究を集めて行われたメタ分析によれば、自己を赦す傾向と精神的・身体的健康の間には正の相関がありました。[33] つまり、自分を赦しがちな人は精神的・身体的に健康であるということです。

ただし、自己への赦しを手放しに望ましいものと言ってよいのでしょうか？ 他者を赦すことは、赦しすぎることで相手が増長するという負の側面があるとしても、関係を改善したり自分自身のストレスが軽減されたりとおおむね望ましいことだと考えられています。一方、自己への赦しには二種類あって、そのうち一方はむしろ望ましくないと考える向きもあります。二種類の自己への赦しは、真の自己への赦しと疑似的な自己への赦しと言われます。[34] 真の自己への赦しとは、自分の過ちを心から反省して、自責の念に苦しむ人が自分を赦すことです。こういう人は悪いことを繰り返すこともないでしょうし、自責の念が強すぎることで精神的に追い詰められることがあるので、真の自己への赦しは社会的にも臨床的にも望ましいものです。

ところが、自分の責任を十分に受け入れず、「あれは自分のせいではない」とか「あれは不可抗力だ」といったように、十分な反省もなく自分は悪くないと考えてしまうことも自己への赦しと言えなくはありません。ですが、これは自責の念に苦しむ人にとっての自己への赦しとはまったく意味合いが違っています。このような責任を半ば放棄することで自分が赦されると考えることは、疑似的な自己への赦しと言われます。疑似的な自己への赦しをする人は、十分な反省がないため、その後も過ちを繰り返すかもしれません。そうであれば、これは社会的に望ましいものとは言えません。

自己への赦し研究では、参加者に自己を赦しているかどうかを尋ねることになります。自己への赦しをどう解釈するかは参加者まかせになってしまいます。そのため、その回答には真の自己への赦しと疑似的な自己への赦しが混在してしまうでしょう。自己への赦しが健康に良い効果があると言われても、悪いことをしても良心の呵責に苦しまずに晴れやかな気持ちでいるために健康に良いのかもしれないと思うと、自己への赦しを手放しに認める気にはなれません。自己への赦しは、他者への赦しほどはよく研究されていませんから、今後の研究でさらにくわしく検討される必要があります。

◇修復的司法の効果

仲直りが精神的健康にポジティブな影響をもつことについて、もう少し広い文脈で考えてみたいと思います。たとえば、司法の分野では、被害者と加害者の和解をも含み込むような考え方が実践されるようになってきています。修復的司法と呼ばれる新しい枠組みでは、被害者・加害者・彼らを取り巻くコミュニティという犯罪に何らかの形で関係する当事者全体が集まり、犯罪の影響をどのように処理するかを集合的に決定し、将来につながるような形で問題を解決していくことが目指されます[35]。

たとえば、加害者が自発的に自己の責任を認め、被害者もそれを受け入れる（必ずしも赦すことは求められません）ことが目指されたりします。これは、加害者に適切な罰を与えることに重きを置く従来の司法の考え方とはずいぶん趣が違います。

ただし、修復的司法というのは大きな枠組みを指しているだけで、その実践のあり方はさまざまなようです。そのため、修復的司法に望ましい効果があるのかどうか、一概には言いにくいところです。このやり方はよいけれど、あのやり方はあまりよくないということが出てくるからです。このように多様性のある実践をひとくくりにすることには問題があることは認めつつ、修復的司法の実践が従来の司法と比べて被害者の満足、加害者の満足、賠償の支払いの履行、再犯率に対して好ましい影響をもつかどうかを調べたメタ分析研究があります。[36] 被害者・加害者がともに満足するという結果は、両者の精神的健康にもつながるでしょう。被害者が加害者や犯罪行為に対する負の感情を抱え込まないという意味では、被害者側の修復的司法実践に対する満足は大事です。先に紹介した赦しによるストレスの低減という話ともつながりそうです。

さて、メタ分析の結果ですが、少なくとも統計的には修復的司法の実践には好ましい効果がありました。「少なくとも統計的には」というもってまわった表現をしているのは、メタ分析に含まれた研究（ケース・スタディ）がいずれも因果関係を解き明かすために設計された実験にはなっていなかったからです。修復的司法の考え方の根本には自発的な参加というものがあります。そのため、メタ分析の対象になった研究はいずれも修復的司法の考え方に賛同し、自発的に参加した人たちがそれに満足したかどうか、賠償の支払いをしたかどうか、再び犯罪をおかしたかどうかを調べたということになります。また、メタ分析を行った研究者らによれば、分析に含まれた個々の研究をくわしく見ていくと、自発的に参加したとしても途中で参加をやめてしまった人たちも多数いたということです。そのため、メタ分析の結果は、次のように捉えるべきです。自発的に参加しただけでなく、最後まで実践に留まった人たちについて言えば、修復的司法の実践から好ましい影響を受けている。

これでは鶏が先か卵が先かみたいな話じゃないかと思われるかもしれません。たとえば、自由参加の補習に成績の良い子だけが進んで参加して、その中でも成績の良い子だけが最後まで補習に参加し続けたとします。その後、試験をしてみると、補習に最後まで参加した子の方が成績が良いということになるでしょう。ですが、これは補習が役に立ったのか、たんに勉強ができるから補習にも参加していたのかわかりません。同じように、修復的司法の実践に参加して、最後までそれに留まる加害者は、最初から誠実に賠償をするようなタイプの人たちで、被害者にもそのことがわかっているので結果に満足するのだということだってあるかもしれません。

修復的司法の実践には、本当に好ましい効果があるのか、あるいはその実践に参加しようと思ってくれる時点で問題はあらかた解決しているのか、それは現状のデータからはわかりません。ですが、実践のテーブルについてもよいと思ってくれる被害者・加害者を増やすことができれば、どちらであったとしてもそれは悪いことではありません。ここで、再び被害を受ける可能性があれば（搾取リスクが知覚されれば）、被害者は加害者を赦せないという結果があったことを思い出してください。修復的司法の場面で考えれば、加害者が心から反省して、自分の責任にきちんと向き合っていることで、搾取リスクの知覚が払しょくされるのかもしれません。逆に言えば、加害者がこういう態度で臨んでくれるという期待がなければ、被害者もわざわざ加害者に会おうとは思わないかもしれません。では、加害者に心から反省してもらうにはどうしたらよいのか、そしてそれを信憑性のあるシグナルとして表明してもらうにはどうしたらよいのか。至近要因の研究は、こういった問題に答える手がかりも提供すると考えられます。

まとめ

第6章では、仲直りの至近要因（実際に仲直りが起こるメカニズム）について考えました。価値ある関係仮説は究極要因（なぜ仲直り傾向が進化したのか）についての説明です。そのため、価値ある関係仮説は、「私たちは意識的にこの相手との関係は仲直りする価値があると考えて仲直りしている」と主張するものではありません。私たちの主観レベルでは、関係価値の高い相手ともめたときには共感や罪悪感が湧いてきて、いてもたってもいられず仲直りをするというのがより真実に近いのではないでしょうか。ただし、渡り鳥の例で述べたように、至近要因についてより厳密に知りたいと思ったら、内的生理学的要因まで踏み込んで調べる必要があります。赦しに関して、ｆＭＲＩ等を利用した神経学的研究はありますが、まだそこまで数は多くなく、その意味ではまだ研究が不足している部分ではあります。[37]そのような限界はありますが、実証研究の結果によれば、**被害者にとっての赦しの至近要因となる感情は加害者への共感、加害者にとっての謝罪の至近要因となる感情は罪悪感**でした。また、これら至近要因の説明が、究極要因の説明である価値ある関係仮説と整合的であることも確認しました。

霊長類学では、サルたちのストレス反応を利用して仲直りの至近要因研究が行われています。不確実性低減仮説によれば、**仲直りの至近要因はケンカによるストレスで、仲直りはストレスを低減する**のに効果的です。マカク属やヒヒ属のサルを対象にした研究では、ケンカの後にストレス反応（自分を掻いたり、毛づくろいしたり、体を震わせる行動）が増加し、ケンカがストレッサーになっていることが示されています。これについては、一方的に相手を攻撃した場合でも同じで、たんに攻撃されたからストレスを感じているというわけではなさそうです。そして、ケンカによるストレスは関係価値の高いパートナーとのケンカの後ほど強くなっていることも示されていました。

ヒトの場合も他者とのいざこざはストレスのもとで、慢性的なストレスは健康を損ないます。そのため、他者を赦さずにいることや赦さない傾向は健康に悪影響を及ぼします。逆に言えば、**赦しは健康に良い**のです。[38]この赦しと健康の関係は、とても気になるところです。価値ある関係仮説によれば、赦しの機能は対人関係の維持でした。ということは、赦しと健康の関係は、良い対人関係をもっているかどうかにも媒介されるのかもしれません。ですが、相手を赦そうとする態度をもつだけでストレスが軽減されるという研究結果もありますから、すべてが関係改善による効果だけではないはずです。

赦しや謝罪を通じた仲直りということからは少し離れましたが、修復的司法における和解のポジティブな効果についても考えを広げてみました。すべての犯罪で加害者が真摯に反省し、被害者が加害者と向き合おうとすることはないでしょう。しかし、より多くの人がそうすることができれば、犯罪がもたらした損失以上の心理的苦痛から被害者を解放することができるかもしれません。また、同じような問題は、内戦などで隣人同士が加害者と被害者という抜き差しならない関係になってしまった地域の紛争からの回復プロセスにも見られるかもしれません。このような実践への効果的な応用という話は筆者の力量を超えていますが、仲直りの至近要因についての研究を進めるにあたって、その先にこのような切実な応用場面があることは忘れないようにしたいと思います。

コラム6　合理的計算に基づく行動という誤解

究極要因に関する理論やモデルは、環境に適応した（割りに合う）行動をとる傾向が私たちに備わっていると予測します。そのため、進化心理学の予測は、私たちが意識的で合理的な計算に基づき行動すると考えた場合の予測としばしば一致します。この見かけ上の一致のせいで究極要因と至近要因を区別することが難しくなってしまっているように思われます。究極要因の話をしているのにそれが至近要因の話をしていると誤解されて、議論が混乱することがあるのです。

たとえば、犯罪統計を用いたマーティン・デイリーとマーゴ・ウィルソンの研究によれば、継父母による幼児虐待のリスクは実の親による虐待のリスクよりもはるかに高いのですが、これは子どもに対する養育を生物学的な投資と考えると簡単に理解できます。[1] 血のつながった子どもは自分の遺伝子を半分もっていますから、子どもに対する養育は自分自身の遺伝子に対する投資として理解できます。ですが、血のつながらない子は自分の遺伝子のコピーをもっていませんから、そのような子に投資をしても適応度上の見返りがないのです。このような適応度上の損得勘定は究極要因レベルの話です。現実に虐待リスクの差を生んでいるのは、新生児の頃からその子の成長を見守っているうちに湧いてきた愛情の有無、その子が自分と容姿やしぐさが似ていることから自然と湧き上がる愛情の有無といったものでしょう。言い換えれば、実子と継子が虐待されるリスクの差を生んでいるのは、子育てへの努力を引き出すさまざまな至近要因が利用できる程度の違いだということです。このことが理解できていないと、進化の説明に納得した人からは「結局、自分の遺伝子を残すことしか考えていないなんてがっかりだ」という感想が出てくることがありますし、説明に納得しない人からは「実際に虐待をしている人たちは遺伝学にくわしい知識があるわけではないので（そんな損得勘定はできないので）、その説明は間違っている」といった批判が出てくることがあります。

繰り返しになりますが、実際の行動の原因は至近要因（子どもへの愛情とそれを引き出す手がかり）にあるはずです。ですが、自分自身の子どもに対する愛情が湧いてくるような手がかりが進化するためには、適応度上の損得勘定で割に合っていなければならないのです。その意味で、進化した行動傾向が適応度上割に合っているというのは当然です。ですが、それは自然淘汰のプロセスで割に合う行動傾向の方が残りやすかったといっているだけです。私たちの養育行動が、「自分と血がつながっているからこの子への投資は割に合う」といった意識的な損得勘定で決定されているわけではないのです。このことが理解できれば、たとえば、親から養育行動を引き出すのは血のつながり（究極要因）か愛情（至近要因）かといった、説明のレベルがそもそも違う不毛な議論をする必要はなくなります。研究面では、この区別がしっかりできることで、究極要因と関連する至近要因が使われているはずだというふうに、仮説を作るときの見通しもよくなります（渡り鳥が冬に餓死することを避けるために渡りをするという究極要因が理解できていれば、冬の到来を告げる手がかりが渡りの至近要因になっているだろうという見通しをつけることができるのと同じです）。また、このような研究を通じて至近要因がよりよく理解されるようになれば、継父母にどのような手がかりを与えてあげることが継子に対する愛情を引き出すための効果的な介入になるのかといった実際的な問題解決にもつながるはずです。

第7章　仲直りする力

第6章では、究極要因と至近要因を区別することで、進化心理学に対するよくある誤解を解消することができると述べました。その誤解とは、ヒトは常に何が適応的かを意識的に考えて行動しているというものでした。究極要因の説明は、どうしても対人関係の損得計算で割に合う仲直りパターンが進化するというものになってしまいます。そのため、至近要因レベルでも損得計算しているという主張だと誤解されがちです。ですが、究極要因の説明は、なぜそのような心理傾向が進化したのかについての説明であって、どのような心理メカニズムで仲直りをしているのかについては至近要因として別に研究されなければならないのです。第6章で考えたのは共感、罪悪感、ストレスといった至近要因でした。そして、それらの至近要因の働きは、価値ある関係仮説の予測と合致するような仲直りパターンを生み出すように自然淘汰によりデザインされていることがわかりました。

第7章では、進化論にまつわるもう一つ別の誤解を解いておきたいと思います。それは、進化した行動は固定されていて変更不可能だというものです。この章で見るように、私たちの仲直り行動はかなりの程度コントロールできます。そして、それができることは進化論的な理解と何も矛盾しないことも理解してほしいと思っています。

進化した行動を変化させる一つの可能性は**意識的なセルフコントロール**です。ある行動が進化によって形成されたということは、その行動が適応的だということです。したがって、たいていはなるに任せておけばよいのですが、状況によってはその行動をぐっと抑える必要があるかもしれません。第7章の最初のテーマはセルフコントロールと仲直りです。

進化した行動を変化させる二番目の可能性は、**至近要因のありようを変えてしまう**ことです。たとえば、渡り鳥にとって、渡り衝動を実際に引き出す至近要因は日照時間や気温でした。ということは、仮に渡り鳥を人工的な環境において、照明や気温を調整してあげれば彼らの渡り衝動を抑えることができるかもしれません。外的生理学的要因を変化させることで内的生理学的要因（身体状態）を変えてしまおうということです。マイヤーの論文では外的・内的な生理学的要因をあわせて至近要因としていたので、この架空の例はまさに至近要因のありようを変えているということになります。この架空の例から理解していただきたいことは、進化した行動傾向それ自体は何も変わらなくても、至近要因のありようが変われば行動パターンが変わるということです。

しかし、ヒトの社会行動が至近要因の変化に応じてそんなに簡単に変わるものでしょうか？　進化心理学者のスティーブン・ピンカーは、有史以前の考古学的証拠から戦争に関する歴史的記録、蓄積された犯罪統計まで膨大なデータを駆使して、人間社会における暴力は一貫して減少傾向にあることを説得的に論じています。[1] このような暴力の減少をもたらした至近要因（とくに社会環境）の変化には、国家が法律をもって個人同士の暴力に介入するようになったこと、商取引が盛んになったことにより略奪よりも交易の方が割に合うようになったこと等が挙げられています。渡り鳥に人工的な環境を与えて渡りの衝動を抑えるというのは架空の例でした。ですが、人工的な社会環境によってヒトの行動を変える（この場合は暴力傾向を抑える）というのは必ずしも荒唐無稽な話ではないのです。[2]

さて、人類史における暴力の減少のような大きな話から身近な話に戻りましょう。そもそも環境というのは私たちの外にあるもので、それを自分に都合よく変えてしまうことはできないのではないでしょうか。多くの場合、その通りかもしれません。ですが、環境の主観的意味を変えることはできるはずです。たとえば、ある殺人犯の手記を読むと不幸な生い立ちからやむにやまれず殺人に至った経緯が書いてあったとします。手記を読む前はたんなる犯罪者で共感対象ではなかった殺人犯が、手記を読んだ後には同情すべき対象になっているかもしれません。あなたが手記を読む前と後で殺人犯自身は何も変わっていなくても、あなたにとっての殺人犯は、同情・共感（内的生理学的な至近要因）を引き出す外的生理学的な至近要因に変わってしまっているのと同じです。

この章では、仲直りする力をいかにして高めることができるかについて、二つの観点から見ていきます。一つはセルフコントロール、もう一つは至近要因のありようを変化させる働きかけです。

1　セルフコントロール

第6章では、赦しを決定に基づくものと感情に基づくものに分ける考え方があると述べました。決定に基づく赦しとは、感情的には赦せない場合にも意識的に相手を赦して関係を前向きに進めていこうと決心すること、そして実際にそのように振る舞うことです。感情的にはひっかかっているけれど赦してしまうという決定をするためには、相手に仕返ししたいとか相手のことを避けたいといった感情に基づく衝動的な行動を抑制する必要があります[3]。そして、これができるのであれば、私たちの仲直り傾向は固定的なものではなく、(少なくとも部分的には)意志の力でコントロールできるということになります。第6章では、赦しも謝罪も感情に媒介されない部分がありそうだと述べました。これこそ意志の力で赦したり、謝罪したりしている部分かもしれません。ここでは、本当にセルフコントロール(意志の力)が赦し・謝罪を促進するのかについてよりくわしく検討していきます。

◇進化とセルフコントロール

セルフコントロールと仲直りに関係があると言われると、結局、仲直りは進化の産物ではなく、よくよく考えて行う合理的な計算の産物ではないかと思われるかもしれません。しかし、進化した行動傾向をセルフコントロールで部分的に制御できるからといって、進化の考え方を全面的に否定することにはなりません。

　たとえば、私たちは生きていくために呼吸をし続ける行動傾向をもっています。私たちは生まれてすぐに誰から教わるともなく呼吸をすることができますし、呼吸をしないと死んでしまいます。ですから、呼吸をするという行動傾向は進化の産物だと言っても反論は出ないでしょう。ですが、私たちは呼吸を意識的に止めることもできます。たとえば、水に潜るとき私たちは意識的に呼吸を止めます。呼吸を止めずに水中に入ると、肺に大量の水が入り死んでしまうので、このような状況に応じたコントロールは適応的です。つまり、ある行動を意識的にコントロールできるということは、その行動が進化の産物であることの反証にはならないのです。

　もう少し考えると、これは無意識的で自動的な制御（呼吸を継続する）と意識的な制御（水に潜るので一時的に呼吸を止める）で行動を二重に制御しているとも言えます。ヒトの行動の例ではありませんが、カメラについて考えてみます。通常は自動的にピントや露出を合わせていても、被写体によってはマニュアルモードで細かい設定をしたいことがあるでしょう[4]。自動モードとマニュアルモードが使えるのは二重制御の例です。自動モードとマニュアルモードが使えるカメラが便利だとしたら、呼吸だけでなく赦しにも二重の制御があっても悪くはないはずです。

　このことを理解して仲直りとセルフコントロールについて考えてみます。息を止めることが通常は適応的でないように、関係価値が低い相手をわざわざ赦すのは進化ゲーム理論の分析からは合理的とは言えないかもしれません。ですが、わざわざ空気のない水中に潜ることがあるように、諸般の事情で関係価値の低い相手のことも赦して関係を継続した方がよい場面もあるでしょう。

ところが、仲直りの場合にコントロールしなければならないのは、相手に仕返しをしたいという怒り感情、相手の顔を二度と見たくないといった回避衝動です。感情というのは、なんとなく意識的に御しがたいものの代表のように思われて、セルフコントロールしにくいように思われるかもしれません。ですが、実際には感情も二重に制御されるようになっていることを示す証拠があります。

神経科学者のジョセフ・ルドゥーによれば、恐怖感情は神経レベルで二重に制御されています[5]。たとえば、あなたが山にハイキングに行き、目の前にとぐろを巻いたヘビがいることに気づいたとします。あなたの目が捉えたヘビの姿は、脳の中の視床という部位から、直接、感情反応を引き出す扁桃核という部位に送られるので、瞬時にヘビに対処する身体反応が生じます（これを近道処理と呼ぶことにします）。恐怖感情が引き出す反応は、戦うか逃げるか反応として知られています。戦うにせよ逃げるにせよ、利用可能なエネルギーをすべて出し切ってヘビに対処するための身体的な構えと言えます（日常的な表現をすれば、「アドレナリンがドバっと出て」という状態です）。それと同時に、あなたの目が捉えたヘビの姿は視床から頭の後ろの方（後頭葉）にある視覚野と呼ばれる部位にも送られ、それが本当にヘビかどうか、ヘビであれば毒をもったヘビなのか等々、精緻な情報処理がなされます。この処理には近道処理よりも時間がかかるので、これを遠回り処理と呼ぶことにしましょう。この精緻な遠回り処理の結果、それがじつはヘビではなくグルグルと巻かれたロープであることが判明したとします。この遠回り処理で少し遅れて得られた新たな情報は、近道処理により始動した戦うか逃げるか反応を抑制することができます。たとえば、夜道を一人で歩いているとき、近所の家の飼い犬に吠えられたらギョッとして一瞬身構えるかもしれません。ですが、すぐに鎖につながれているから大丈夫とリラックスできるはずです。このように恐怖感情も近道処理・遠回り処理で二重に制御されているのです。これは恐怖感情に関する例ですが、感情とは御しがたいのでセルフコントロールがまったく効かないというわけではないことは理解していただけたでしょう。

さて、誰かがあなたを傷つけたり裏切ったりした場合、あなたが最初に感じるのは、相手に報復しようとか避けようという衝動かもしれません。しかし、その相手に報復したり、相手を避けたりするのは得策ではないと気づいたら、報復・回避衝動を制御できてもよいはずです。完璧なセルフコントロールが求められているわけではありません。水に潜るために息を止める場合も、永久に息を止め続けることはできません。同じように、セルフコントロールで相手に対する怒りが一瞬にして霧散することはないでしょう。ですが、怒りにまかせて相手を罵倒することを抑えることができるだけでも二人の関係の行方はまったく違ったものになるかもしれません。

◇セルフコントロールと建設的な対応

セルフコントロールと仲直りの関係に最初に着目した研究は、相手の裏切りに対する建設的・非建設的対処方略という文脈で行われました。建設的対処方略研究では恋愛関係（夫婦や恋人）が扱われることが多いのですが、パートナーが何か癇に障る行動をしたときに、それにどのように対処する

表 7-1　対人葛藤における 4 つの対処方略の具体例

	積極的	消極的
建設的	**対話** ・問題について話し合う ・友人やセラピストに援助を求める ・解決策を提示する ・自分自身を変える ・パートナーに変化を促す	**忠誠** ・物事が好転することを期待して待つ ・非難されてもパートナーを支える ・事態の改善を祈る
非建設的	**離脱** ・別れる（離婚する，関係を解消する） ・同居している場合，そこから出ていく ・出ていくと脅す ・暴力をふるうなど相手を虐待する ・パートナーに向かって怒鳴り散らす	**無視** ・パートナーを無視する ・相手と過ごす時間を短くする ・問題について話し合うことを避ける ・相手に対して不機嫌に接する ・物事が悪くなるのにまかせておく

（出典） Rusbult et al.（1982, 1991）を参考に作成。

かによって関係が円満に続いていくかどうかが左右されると考えます[6]。社会心理学者のキャリル・ラズバルトらは、対処方略はそれが建設的なものであるか・非建設的なものであるかという軸、積極的に行われるか・消極的なものかという軸で大きく四つに分けられると考えました（表7-1を参照）。積極的で建設的な対処方略は**対話**と呼ばれます。相手と問題について話し合い、前向きに関係を進めていこうとする対処方略です。次に同じく建設的ですが積極的に対話をせずに事態が好転するのを待ったり、それでも相手をサポートし続けたりする**忠誠**方略があります。逆に積極的に非建設的に振る舞うことは**離脱**と呼ばれます。この方略の例としては、相手と別れてしまう、別れると脅す、相手に怒鳴り散らすといったものが挙げられています。四番目の方略は消極的だけど非建設的な**無視**です。一緒に過ごす時間を短くし、問題について話し合うことを避けるといった方略です。建設的な方略をとるほど関係はうまくいき、非建設的な方略をとるほど関係はうまくいきません。ちなみに、この文脈の研究では関係へのコミットメントが高いほど建設的対処方略がとられることが示されています。関係へのコミットメントは関係価値と共通する部分がありますから（大切に思っていなければその関係にコミットしないでしょう）、研究の仕方が多少違っても価値ある関係仮説と一貫する結果が得られることの傍証にもなっています。

それはさておき、ここではそもそもパートナーが癇に障るような行動をしたときの対処方略について考えています。ということは、本来は非建設的な行動をとりがちな場面のはずです。それにもかかわらず建設的な行動をとることができるのは（少なくとも部分的には）セルフコントロールのおかげではないでしょうか。この可能性を最初に検討したのは社会心理学者のイーライ・フィンケルでした[7]。彼は手始めに対処方略とセルフコントロールの相関関係を調べる予備調査を行いました。参加者は、恋人が何か嫌なことをしたときに、普段自分がどのような対処方略をとっているかを回答しました。それに加えて、セルフコントロールができているかどうかを測る質問紙にも回答しました。たとえば、「悪い習慣を断ち切るのには苦労する」「楽しいことがあるとやるべき仕事を終えることができない」といったことが自分に当てはまると答えた人たちはセルフコントロールができないと見なされ、反対にこういったことは自分には当てはまらないと答えた人たちはセルフコントロールができると見なされました。この調査の結果、セルフコントロールができると回答した人ほど恋人との関係で建設的な対処方略をとっていることが明らかになりました。

この予備調査の結果を踏まえて、フィンケルは、次にセルフコントロールが難しいときには建設的対処方略がとれなくなるのかどうかを調べてみることにしました。セルフコントロールが難しいとはどういうことでしょうか。たとえば、仕事で大きなストレスを経験してヤケ食いやヤケ酒をすることがあるように、職場でのストレスや過労によってセルフコントロールが難しくなることが知られています[8]。フィンケルは、恋愛関係以外の理由でストレスを経験している状況では、恋愛関係のパートナーに対して建設的対処方略がとられにくくなるかどうかを調べたわけです。具体的には、研究参加者に恋人との関係で建設的対処方略をとったときのこと、非建設的な対処方略をとったときのことを一つずつ思い出してもらい、それぞれの場面がどんな状況だったかを回答してもらいました。結果は予想通りでした。建設的に対処した場面と比べて、非建設的な対処方略を用いた場面については、「(そのときは)仕事や学校でいっぱいいっぱいいっぱいだった」「疲れていた」といった回答がなされがちでした。つまり、セルフコントロールが困難な状況でパートナーが何か癇に障ることをすると、なかなか建設的な対処方略をとることができないということが示唆されます。

セルフコントロールは建設的対処方略だけでなく、もっと広い意味での赦しにも関連がありそうだということを示した研究もあります。たとえば、何か嫌なことがあった後(赦すかどうかという場面で言えば、たとえば、恋人が他の誰かとキスしたことが判明した後）、そのことについて繰り返し考えてしまうことは反すう思考と呼ばれます。この反すう思考をセルフコントロールで抑え込むことができて、それが赦しにつながることを示した研究があるのです[9]。この場合、セルフコントロールで抑えているのは、相手に仕返ししようという衝動ではありません。被害についての反すう思考を抑え込むことで、相手に対するネガティブな気持ちが消えて赦しやすくなると考えられます。

このように、セルフコントロールは建設的対処方略や赦しを促すという研究結果がある一方、セルフコントロールと建設的対処方略（または赦し）の関係に否定的な研究もあります。こういうときにはメタ分析の出番です。過去に発表されたセルフコントロールと建設的対処方略（または赦し）に関わる研究を網羅的に集めてメタ分析をしたバーネットらの研究では、セルフコントロールと建設的対処方略（または赦し）の間には相関係数にして〇・一八程度の関係が見られました[10]。また、メタ分析に含まれた研究には、非建設的な反応をしないという観点から赦しを測定したものと、建設的な反応をするという観点から赦しを測定したものが含まれていました。そこで、これらを別々に分析したところ、セルフコントロールと非建設的反応をしないこととの相関関係（〇・三二）の方が、セルフコントロールと建設的反応をすることとの相関関係（〇・一六）より強いことがわかりました。つまり、仲直りにおけるセルフコントロールの中心的な働きは、衝動的に非建設的な反応をしてしまわないようにそれをグッと抑えることにあると言えそうです。

◎非建設的な反応を抑える介入

建設的対処方略や赦しが、部分的にせよ意識的なセルフコントロールで促進されるのであれば、和解や赦しを促す介入ができてもよさそうです。先にも登場したフィンケルは、結婚したカップルの結婚関係の質（結婚満足度、相手への愛情、信頼等をひとまとめにして指標化したもの）が時間とともに低下すること、そしてそれが相手のちょっとした非建設的な行動に非建設的な行動で応じてしまう負のスパイラルに起因していることに注目しました。この負のスパイラルを断ち切るには、相手の非建設的な行動の意味を考え直し（相手はただ疲れていただけかもしれません）、中立的な視点からどう対処すべきかを考え、それに基づき行動すればよいのではないでしょうか。そこで、フィンケルらは一二〇組のカップルを二年間継続調査し、半分のカップルには二年目に非建設的反応を抑制するような介入を行いました。[11] 具体的には、相手の非建設的な行動の意味を中立的な視点から考え直す習慣をつけるように促したのです。

この介入実験の結果は図7-1のようになりました。縦軸は結婚関係の質を示していて、横軸は研究開始からの時間（月）を示しています。残念ながら全体の傾向として結婚関係の質には、時間とともに低くなっていく右下がりのトレンドが見られました。さて、一二カ月目から介入を始めたのですが、破線で示される介入を受けたカップルでは、介入が始まってから関係の質の低下が止まっています。一方、実線で示された介入がなかったカップルでは一年目と同様に結婚関係の質が下がり続けています。フィンケルらは、ケンカをしたときのネガティブな感情についても尋ねていますが、中立的

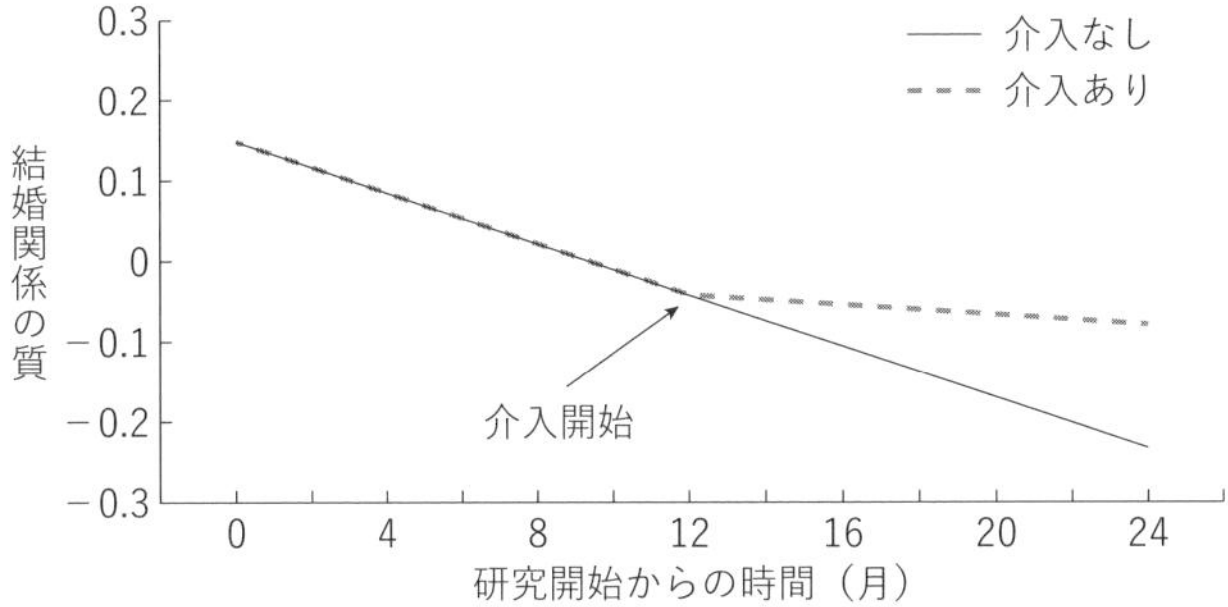

図 7-1　フィンケルらの介入実験の結果

（出典）　Finkel et al.（2013）より作成。

な視点から相手の非建設的行動の意味を考え直すようにという介入を受けると、ケンカをしたときのネガティブな感情が抑えられることも明らかになりました。つまり、フィンケルらが考案した介入は、夫婦ゲンカの後の負のスパイラルをうまく断ち切ることができており、そのおかげで結婚関係の質の低下が抑えられたと考えられます。

◇謝罪とセルフコントロール

ここまでセルフコントロールと建設的対処方略の関係を示す研究を紹介してきました。つまり、相手から何か嫌なことをされたときに、相手に仕返しをしたり、相手を避けたりといった衝動をセルフコントロールで抑え込むということに注目した研究でした。一方、自分が相手を傷つけて謝罪しなければならないときにもセルフコントロールが必要かもしれません。なぜでしょうか？　セルフコントロールが必要ということは、謝罪しないようにと仕向ける衝動をグッと抑える必要があるということです。いったい、どういう衝動があるのでしょうか？

心理学者のカリーナ・シューマンは謝罪を妨げる要因は大きく三つに分けられると考えています[12]。第一の要因は被害者に対する思いやりの欠如や被害者との関係性の軽視です。相手との関係は修復するに足りないと思っているから謝罪しないというわけです。これは、価値ある関係仮説の予測（関係価値が高いから謝罪する）を反対側から述べているわけですが、第5章でも関係価値が高い相手に熱心に謝ることは確認しています。第二の要因は、謝罪することで自分のイメージ（自己概念）が悪くなることに対する恐れです。第三の要因は、謝罪しても結局赦してもらえないのではないかという、謝罪の効果への懐疑です。このうちセルフコントロールと深く関わっているのは第二の要因です。

第6章の「自己への赦し」で述べたように、私たちは自分自身が道徳的で良識的な人間であるという自己概念をもっています。謝罪するということは自身の非を認めることですから、この道徳的で良識的（人に迷惑をかけるような人間ではない）という自己概念が崩れることにもなりかねません。そこで、道徳的で良識的という自己概念を守るために、「自分はやっていない」（否認）、「自分は間違っていなくて相手が勝手に傷ついているだけだ」（正当化）、「不可抗力だった」（弁解）といったことを言ってしまうかもしれません。もちろん、実際に何もしていないのに疑われているのであれば否認すべきです。正当化可能な理由や弁解の余地があることもあるでしょう。ですが、否認・正当化・弁解は、本当は自分自身に責任があって謝罪すべきときにも使われがちです。ここに、道徳的で良識的という自己概念を守りたいという衝動が垣間見えます。

素直に自分の非を認めて謝罪するのを押しとどめようとする衝動があるとすれば、セルフコントロールができる人ほど謝罪もできるはずです。このような考えに基づき、社会心理学者のジョシュア・ギルフォイルらは、セルフコントロールと謝罪の関係を調べました[13]。フィンケルらが建設的対処方略とセルフコントロールの関係を調べるときに予備調査から始めたのと同じように、ギルフォイルらもまずは質問紙調査を実施して、普段からセルフコントロールができているという人ほど誰かに迷惑をかけたときにすぐに謝罪するかどうかを調べました。すると、予測通り、セルフコントロールできることと謝罪できることの間には有意な正の相関関係がありました。

次に、ギルフォイルらはセルフコントロールが難しい状態になると（セルフコントロールのための資源が枯渇すると）人はなかなか謝罪しなくなるという仮説を実験で検証しました。この実験では、セルフコントロール能力を使いすぎて疲弊すると、セルフコントロールが難しくなることを利用しています（ただし、この実験方法については近年、再現性の問題が指摘されています。自我枯渇現象の再現性については コラム7を参照してください）。たとえば、職場でいろいろ我慢しなければならないことがあると、ついついヤケ食い・ヤケ酒するのを抑えられなくなるといったイメージです。ただし、実験室で深刻なストレスを与えて我慢してもらうわけにはいきませんから、もう少し穏当なやり方をしました。たとえば、ビデオを観てもらうときに、画面の隅にビデオの内容とはまったく関係のない言葉が出てくるのを無視するように言われるとします。ビデオの隅にそんなふうに単語がちょくちょく出てくるとついついそちらを見たくなります。つい目がそちらにいくことを意識的に抑えるためにはセルフコントロールが必要です。別の例としては、作文をしてもらうときに特定のアルファベット（たとえば、

R とO）を使ってはいけないと言われると、それを含む単語を思いつくたびに、それを書くことを抑制して、別の単語で言い換えなければなりません。こうしたセルフコントロールを必要とする課題をいくつか組み合わせて、少なくとも二〇分、セルフコントロール能力を使い続けてもらうとします。こうすると、いい加減に疲弊して別の場面でのセルフコントロールがきかなくなるでしょう。

さてギルフォイルらの実験に戻ります。彼らの実験の参加者が最初に行ったのは、ここ半年の間に誰かを傷つけてしまったエピソードを思い出して、それがどのようなエピソードであったかを報告することでした。その後、半分の参加者はセルフコントロールが必要な課題を少なくとも二〇分行います。残りの参加者にはセルフコントロールを必要としない課題に同じくらいの時間取り組んでもらいます。最後に、実験の冒頭で報告したエピソードの相手（自分が傷つけてしまった相手）に手紙を書いてもらいました。もちろん、その内容を相手に伝えるわけではありませんが、相手に本当にEメールを出すと考えて書くように依頼しました。

結果の分析では、まずその手紙を研究者が読み、「ごめんね」「赦してほしい」といった内容が含まれているかどうかを評定しました。そうした記述があれば謝罪したということにします。すると、手紙を書く前にセルフコントロール課題をしていなかった場合、約四五パーセントの手紙に謝罪が含まれていたのに、セルフコントロール課題をして精神的に疲弊していた場合、謝罪が含まれる手紙は約三六パーセントしかありませんでした。ギルフォイルらは、この結果の再現性を確認するために、もう一度同じ趣旨の実験を繰り返しましたが、結果はほぼ同じでした。セルフコントロール課題をしていなければ四八パーセントの参加者が謝罪を述べたのに、セルフコントロール課題をしていると二七パーセントの参加者しか謝罪を述べなかったのです。

建設的な反応研究、謝罪研究のいずれにおいてもセルフコントロールが無視できない役割を果たすことが示されました。もちろん、セルフコントロールができるからといって、相手に対する恨みや釈明したい衝動が一瞬にして消えてなくなるということはないでしょう。ですが、そういった衝動をまずはグッとこらえて建設的に相手と解決の可能性を探る、あるいは素直に自分の非を認めて関係修復を図るということは可能なのです。

2　至近要因にうったえる

赦しの至近要因として最も重要な感情は共感でした。ということは、加害者に共感しやすい状況を作ることができれば、意識的にセルフコントロールで相手を赦そうとしなくても、おのずと相手を赦しやすくなるのではないでしょうか。この考え方は、じつは赦しセラピー（または赦しによる介入）として実際に臨床の現場でも用いられています。また、相手の関係価値を高めることも相手に共感しやすくし、その結果相手との和解を促すかもしれません。関係価値を高めることの効果については、対人場面ではなく国際関係という文脈で行われた研究があるのでそれを紹介します。

◇共感と赦しセラピー

第6章でも見たように、赦しは心身の健康にとってても大事です。そのため、自分にひどいことをした相手を赦すことで精神的な健康を回復しようとするセラピーがあります。赦しセラピーにはいくつか代表的なものがありますが、そのうちの一つは臨床心理学者のロバート・エンライトらのグループによって提唱された赦しのプロセス・モデルと呼ばれるものです。[14] 第6章で見たように、赦しの至近要因となる感情は共感でした。エンライトの赦しのプロセス・モデルに基づくセラピーにも、赦しを促すプロセスの一つとして加害者への共感を醸成するステップが含まれています。このモデルに基づくセラピーは、相手から傷つけられたことを受け入れ、痛みを表出してもよいのだということを理解してもらうところから始まります。そして、傷つけられたことが自分の人生をどのように変化させたのかをあらためて考え（可能であれば、このときに好ましい方向への変化がなかったかについても考えます）、加害者について違う視点から見てみることで、相手に対する共感・同情を醸成していきます。たとえば、親から虐待を受けたという人は、自分の親を加害者として見ているでしょう。ところが、親もやはり幼いころ虐待を受けた犠牲者なのだと見方を変えたらどうでしょうか。自分を虐待した親に対して同じ犠牲者として共感を覚えやすくなるかもしれません。

もう一つよく使われる枠組みはワーシントンのグループによって提唱されたREACHモデルというものです。[15] これは、大きく五つのステップからなる介入で、五つのステップに対応する英単語の頭文字を並べてREACHモデルといいます。五つのステップは、傷つけられた経験を思い出す

（Recall）、その相手に共感する（Empathize）、赦しを相手への利他的な贈り物（Altruistic gift）として捉える、相手を赦したということをノートに書くなどして赦したという事実にコミットする（Commit）、そして相手をやっぱり赦せないと思ったときにはそのノートを見返して、自分は相手を赦したのだという決定にしがみつく（Hold onto forgiveness）です。エンライトの赦しのプロセス・モデルと同様、REACHモデルにも加害者への共感を醸成するステップ（E）が含まれています。[16]

このように少しずつ違う考え方に立脚した赦しセラピーがあり、それぞれの効果を検討した研究がありますが、それらをまとめてメタ分析した論文がいくつか出版されています。[17] それぞれの論文は出版された時期が早かったことにより含まれる研究の数が少なかったり、分析に含める基準の厳しさ（たとえば、参加者をランダムに条件に割り振った研究だけをメタ分析に含めるか、条件の割り振りが厳密でない研究までメタ分析に含めるか）が違ったりしていますが、赦しセラピーに効果があるかどうかという点について見れば、結論はどれも同じです。赦しセラピーには赦しを促す効果があり、うつや敵意を鎮め、自尊感情やポジティブな感情を高める効果があります。[18]

その他、仲直りという意味では残念なことですが、赦しセラピーには加害者との関係改善を促す効果はないかもしれません。[19] これは、多くの赦しセラピーで、赦しは自分自身の傷を癒すためのものであり、加害者への慈悲を強制するものではないと明示的に説明されることと関係しているかもしれません。あるいは、臨床的な介入で扱うケースでは、赦す対象とすでに関係を断ってしまっていることがままあるせいかもしれません。たとえば、すでに離婚してしまった過去の暴力的なパートナーを赦せずにいることがストレッサーになっているような場合には、いまさら関係が改善することはないでしょう。いずれにしても、赦しセラピーの目的は関係修復ではないのです。第6章で紹介した研究では、加害者を赦そうとする態度をもつだけでストレスが軽減されることが報告されていました。このことから、赦しセラピーの効果も、自分を傷つけた相手への恨みや憎しみをもち続けることに起因するネガティブな症状を和らげることによってもたらされていると考えられます。

◇関係価値と商業的平和

赦しセラピーは共感にうったえて赦しを促し、個人的ないやしをもたらすことをゴールとしていました。関係価値が高い相手に対して共感しやすいこともわかっていますから、関係価値にうったえても赦しを促すことができるかもしれません。それだけでなく、関係価値は謝罪も促しますから、赦しセラピーと違って関係の修復も見込めるかもしれません。

意外かもしれませんが、じつは関係価値を高めれば平和な関係を築けるという考え方は、政治学にも見出すことができます。きわめて個人的な赦しセラピーから、国家間の平和についての話になるのはどうにも飛躍しすぎと思われるかもしれません。ですが、この二つのまったくレベルが違うように見える話は、この章の趣旨からするとある共通点をもっています。それは、仲直りを促すことが知られている至近要因に介入することで、実際に仲直りを促すことができそうだということです（もっとも、赦しセラピーの場合、「仲直り」は必ずしも目指されていなかったわけですが）。

ではパートナーの関係価値を高めるにはいったいどうすればよいのでしょうか。いろいろなやり方があるでしょうが、一つは商取引をする関係になってしまうことです。たとえば、あなたは米を収穫して一人では食べきれないほど米をもっているとします。あなたが米をもって市場にいくと漁師がたくさん獲れた魚をもっていたとします。お互いに一人では食べきれない米または魚をもっているのであれば、一部を交換してはどうでしょうか。すると、どちらもご飯のおかずに魚を食べることができます。米だけを食べたり、魚だけを食べるよりも満足な食事になるでしょう（栄養面で考えても、炭水化物とタンパク質の両方が含まれる方がバランスのとれた食事です）。このとき、あなたが漁師と仲たがいをしたらどうなるでしょうか。あなたは魚を食べることができなくなり、漁師は米を食べることができなくなります。あなたにとって魚を手に入れるために漁師は大切なパートナーです。つまり、取引をすることで相手の関係価値が上がることになります。そして、そういう取引パートナーとは仲良くするに越したことはないのです[20]。これが対人関係で当てはまることは、第3章と第5章で確認済みです（関係価値の高い相手を赦しやすく、そういう相手には謝罪もしやすいのでした[21]）。

このように、お互いに商取引をする相手とのケンカ（国家間であれば戦争）は割に合わないので、そんなことはしないだろうという考え方を政治学では**商業的平和**といいます[22]。お互いに商取引のパートナーになっている国同士、特定の製品で相手国に相互に依存するような国同士は戦争をしないだろうということです。政治学では、国を分析の単位として貿易関係にある二国は戦争をしにくいのかといったことが分析されています。ですが、国家の意思決定がどのようになされているのかといった問題を扱うのは筆者の力量をはるかに超えていますし、対人関係での仲直りからも話が離れすぎてしまいます。そこで、ここでは、自分の国がある国と貿易関係にある、経済的に相互依存関係にあるということを認識することの個人レベルの効果に注目します。一般の人たちも、貿易関係、相互依存関係にあることを認識すると、相手国との争いを避けたいという融和的な態度をもつようになるのでしょうか。

最初に紹介するのは政治学者の田中世紀らによって日本人参加者を対象に行われたシナリオ実験です。この実験では、日本と中国の間に尖閣諸島をめぐる争いがあることを踏まえて、「日本政府は今日、自衛隊の護衛艦（艦船）を尖閣諸島の沖に配置することを決定しました」という架空のニュースを見てもらい、政府の決定を支持するかどうかを尋ねました。[23] 一部の参加者（統制条件の参加者）には、それ以上の情報は与えませんでしたが、一部の参加者（実験条件の参加者）には中国が日本の最大の貿易パートナーであることを伝えてから同じ判断をしてもらいました。その結果、実験条件の参加者は統制条件の参加者よりも、自衛隊の艦船を尖閣諸島沖に配置することを支持しないと回答していました。つまり、中国は関係価値が高いパートナーだと再評価してもらうことで、その大切な貿易パートナーと争うことに一般市民が反対するようになる可能性が示されました。

じつは筆者もこれと似たシナリオ実験を、韓国との竹島問題を題材にして行っています。この研究では、二〇一二年に橋下徹大阪市長（当時）が竹島問題について韓国との共同管理くらいが落としどころではないかという主旨の発言をし、それに対する批判が殺到したことを踏まえて、[24] 貿易パートナーとしての韓国の価値に気づくと、共同管理案を容認する方向へ態度が変わるかどうかを調べました。この実験では、参加者には国際関係に関する調査と称して、目的とは関係のない問題（たとえば、北朝鮮の拉致問題やロシアとの北方領土問題）についての意見も求めたりしながら、その中に日本の国際的な貿易パートナーについての理解を問うクイズ形式の質問も含めました。具体的には、通信機器や金属製品をそれぞれどこから輸入しているのか（上位三カ国）、鋼鉄やプラスチックをそれぞれどこへ輸出しているのか（上位三カ国）について予想して答えてもらいました。その後、正解を知らせるのですが、統制群の参加者に示された品目ではいずれも韓国は上位三カ国には入っていませんでした。実験群の参加者に示した品目ではいずれも韓国が上位三カ国に入っていました。そのため、実験群の参加者は正解を確認するたびに韓国が貿易相手の上位に入ること（韓国が大切な貿易パートナーであること）を認識したはずです。[25]その後、竹島を韓国と共同管理することにどれくらい賛成か、〇パーセント（まったく賛成しない）から一〇〇パーセント（完全に賛成する）で回答してもらいました。

結果は図7-2に示しているように、実験条件の参加者ほど共同管理に賛成する傾向がありました。[26]この図は半透明の小さいドットでデータの分布も示しているので少し見にくいかもしれませんが、大きい黒いドットが各条件の平均値を示しています。その差はさほど大きくないように見えますが、条件間の平均値には統計的に有意な差がありました。また、このようにデータを可視化してみると、いずれの条件でもまったく賛成しない（〇パーセント）という回答をした人たちが相当数いることがわかります。賛成度〇パーセントという人たちは根っからの反対派のようにも思えますが、関係

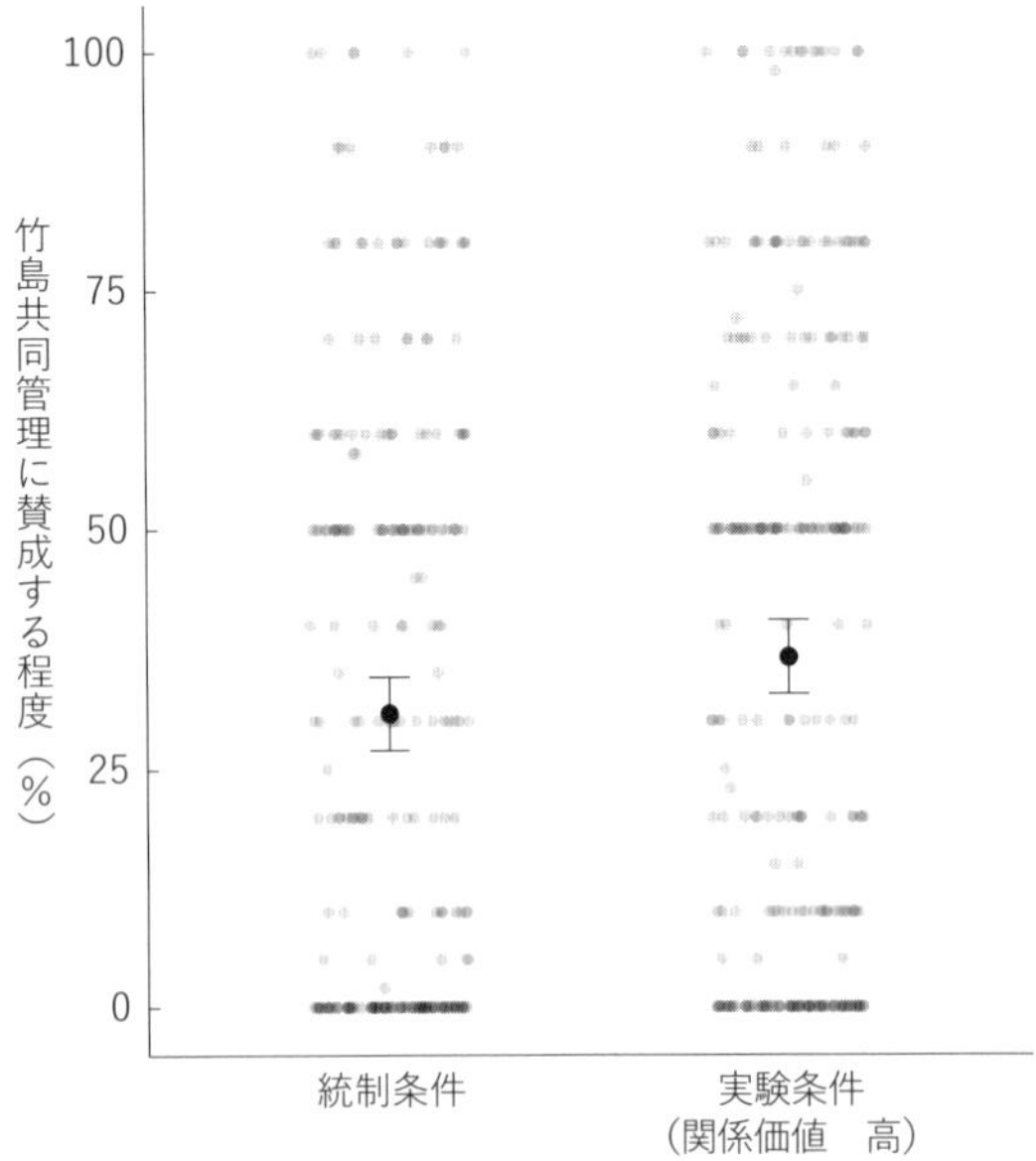

図 7-2　竹島の共同管理に賛成する程度の条件ごとの平均値とデータの分布

（注）　平均値を示す大きい黒いドットの上下の範囲は平均値推定の 95%信頼区間。

（出典）　Ohtsubo（2019）のデータに基づき作成。

価値の効果はないのでしょうか？　興味深いことに〇パーセントを選んだ人たちは統制条件では三七パーセントであったのに対して、関係価値を高めた実験条件では二八パーセントに減っていました。統制条件で〇パーセントを選ぶ人は何があっても反対というようにも見えますが、韓国のパートナーとしての価値を認識すると融和的な政策に賛成してくれる可能性もゼロではなさそうです。

貿易が戦争を抑止するという国際政治の文脈での商業的平和論には批判もあるようです。しかし、ここで紹介した二つの研究は、一般の人々がある国の関係価値（貿易パートナーとしての重要性）に気づくと、その国ともめるのは避けようと思い、融和的な政策を支持するようになる可能性を示しています。国の政策にこのような一般市民の声が少しでも反映されるのであれば、貿易による相互依存関係は平和構築の役に立つのではないでしょうか。これは対人的な仲直りの話ではありませんが、そもそも国家ができたのはヒトの進化史のごくごく最近の話です。ですから、国家間の仲直りにだけ働くような心理メカニズムが進化しているとは考えられません。そうすると、対人的な場面で働く至近要因が国家間の仲直り場面でも（少なくとも部分的に）作用しているのかもしれません。ここで紹介した結果は、その可能性を示唆するものです。

まとめ

この章の目的の一つは、進化した行動傾向は固定的で変化しないという誤解を解くことでした。それと同時に、その発想を使って仲直り傾向を高めることはできるのかという問題を考えました。

仲直りを促進する鍵の一つはセルフコントロールでした。たとえ**進化した行動傾向であっても、意識的にセルフコントロールすることは十分可能**なのです。価値ある関係仮説によれば、関係価値が高い相手を赦しやすく、そういう相手を傷つけたときには謝罪しやすいという一般的な傾向を私たちはもっています。逆に言えば、関係価値が低い相手とは仲直りしにくい傾向があるということです。そうだとしても、関係価値が低い相手ともセルフコントロールによって仲直りすることは可能なのです。また、ここでは扱っていませんが、放っておくと赦してしまいそうな相手に対して、こればかりは赦してはいけないという方向でセルフコントロールを用いることもあるでしょう。

それに加えて、第6章でも見たように、進化した行動傾向が至近要因によって引き出されるという理解も大切です。このことから、**進化した行動傾向の至近要因を利用して、行動を好ましい方向に変化させることが可能**だと予測されるからです。たとえば、相手に共感しやすくなるように介入する赦しセラピーには、たしかに赦しを促す効果がありそうです。また、特定のパートナーの関係価値を高めるという介入で、その相手との融和を求める態度を醸成することができると予測されます。この予測は、商業的平和という政治学の文脈で行われた研究から支持されていました。特定の国の貿易パートナーとしての大切さをはっきりと認識すると、その国に対する融和的な政策を支持するようになるのです。

本書では仲直りを進化した行動傾向という観点から理解しようとしてきました。このような考え方は、ややもすると「進化した傾向でどうしようもないんだ。仲直りできるときはできるし、できないときはできないんだ」という誤解を受けることがあります。第7章の目的の一つは、それは誤解だ、**進化した行動傾向にも柔軟性がある**のだとわかってもらうことでした。私たちの仲直り行動はセルフコントロールで調整可能ですし、それが特定の至近要因に反応することが理解できていれば、その理解に基づき仲直り傾向を高めることさえできるのです。

コラム7　自我枯渇と再現性の危機

社会心理学者のロイ・バウマイスターらは、セルフコントロールは有限の心理的資源を使ってなされていると考えました。こういう言い方をすると難しいのですが、言わんとしているのは次のようなことです。セルフコントロールが求められる作業をした後に、別のセルフコントロールが必要な作業をしなければならないとします。もし、最初の作業でセルフコントロールのための「心のエネルギーのようなもの」を使い果たしていると、二番目の作業がうまくできないはずです。このことを最初に示したのは、一九九八年の論文で報告された研究です。いろいろなところで紹介されているので、みなさんもどこかで聞いたことがあるかもしれません。[1]

バウマイスターらは、味覚の研究と称して実験の参加者に焼き立てのチョコチップクッキーかラディッシュのいずれかを食べてもらいました。ラディッシュ条件に割り振られた参加者は、チョコチップクッキーを焼いたいい匂いがする実験室で、焼き立てのおいしそうなチョコチップクッキーを横目にラディッシュを食べなければなりませんでした。これはセルフコントロールを必要とする状況だろうという前提です。チョコチップクッキーを食べる条件に割り振られた参加者には（よほどのラディッシュ愛好家でなければ）、もちろんセルフコントロールは必要ありません。その後、参加者に絶対に解けないパズルを渡し、解けるまで取り組むように依頼します。ただし、どうしても嫌になったら実験者を呼んで実験を終えることもできました。参加者は絶対に解けないパズルだとは知りませんから、頑張って正解を見つけようとします。ですが、どうしてもうまくいきません。これはイライラする状況です。そのため、このパズルに長い時間取り組み続けるためにはセルフコントロールが必要だと考えられます。最初の味覚の研究でチョコチップクッキーを横目にラディッシュを食べさせられたことでセルフコントロールの資源が枯渇していたら、パズルに取り組む時間は短くなってしまうでしょう。実際に実験の結果はまさにそうなっていました。この現象は自我枯渇と呼ばれ、その後、多くの研究者がこの自我枯渇現象について研究しました。本文で紹介しているギルフォイルらの実験もこの自我枯渇現象を利用した研究ということになります。

ところが、社会心理学者のマッカロー（価値ある関係仮説がヒトにも当てはまるのかどうかを最初に検討した、あのマッカローです）の研究チームは、自我枯渇を扱う実験を集めたメタ分析を行い、自我枯渇効果のようなものは実際にはないのではないかという問題提起を行いました。[2] その頃、心理学という学問分野（あるいは科学界全体と言ってもよいかもしれません）は再現性の危機という問題に直面していました。簡単に言えば、有名な実験を他の研究者が実施してみても（あるいは自分自身でもう一度やってみても）もとの実験と同じ結果が得られないという問題です。みなさんも小学校や中学校で理科の実験をしたことがあるでしょう。教室の中でいくつかの班に分かれて実験したかもしれません。そのとき、同じ水溶液をリトマス試験紙につけたら、一班では赤くなったのに二班では青くなったとしたらどうでしょうか。同じ実験を誰が行うかによって結果が違うとしたら何かおかしいと思うはずです。誰がやっても同じ結果が得られるということ、つまり実験結果に再現性があるということは研究の根幹に関わる重大問題です。

マッカローらのメタ分析などを契機として、自我枯渇現象の再現性も要確認と考えられるようになりました。再現性を確認する一つの方法は、異なる研究者が協力して、それぞれの研究室で同じやり方で同じ実験をして同じ結果が得られるかどうかを調べるというものです。クラスでいくつかの班に分かれて別々に同じ実験をするのと同じです。こうした取り組みはいくつかなされましたが、セルフコントロール研究者のキャスリーン・ヴォーズらによる実験結果が最近公表されました。[3] 結果は自我枯渇効果に否定的です。ヴォーズは自我枯渇効果の提唱者であるバウマイスターとも共同研究がありますから、ヴォーズらのグループがないというのであればやはり自我枯渇効果のようなものはないのだろうと多くの研究者が納得するでしょう。

筆者自身も、心理学の実験室でどれくらい自我枯渇効果が再現可能だと思うかと問われれば、先述のメタ分析や再現性確認実験の結果を踏まえて否定的な答えをせざるをえません。ですが、この問題を契機として、ストレスによりセルフコントロールが困難になるということについての研究全体がタブー視されて廃れてしまうのではないかと心配もしています。ヴォーズらの実験では、二通りの実験方法が使われていて、そのうちの一つは本文で紹介したギルフォイルらも使っている特定のアルファベットの入った単語を使わずに作文をするという課題です。これを五分間行って次のセルフコントロールを必要とする課題に移っています。しかし、たった五分この課題をすることで次の課題でセルフコントロールができなくなるほどの効果があるのでしょうか。ギルフォイルらは最低でも二〇分くらい複数の課題に取り組んでもらい、その後に謝罪の手紙を書いてもらっています。五分と二〇分という時間の違いも気になりますが、この実験手続きはチョコチップクッキーを横目にラディッシュを食べる実験ほどの忍耐が必要なのかということも気になります。

筆者はチョコチップクッキー実験を誰もがしなければいけないと言っているわけではありません。チョコチップクッキー実験には別の問題もあると思うからです。たとえば、ラディッシュを食べさせられた参加者が実験に不満をもって、そのせいで二番目の課題に取り組む時間が短くなったのかもしれません。このような、仮説とは**無関係**な説明が可能な実験は、科学的には優れた実験とは言えません。その一方、ヴォーズらが使ったような無機質な課題であれば、「心のエネルギー」を使ったという以外の説明が入り込む余地は少なくなります。そういう意味では望ましくはありますが、「心のエネルギー」はたった五分の作業で枯渇してしまうものなのかという、また別の問題がありました。

心理学実験室で自我枯渇が再現されようとされまいと、ストレスによるヤケ食い、ヤケ酒は現実の問題です。ストレスによってパートナーとのやりとりで建設的に対処できなくなるという問題もありそうです。こうした現実の問題を考えると、それが自我を枯渇させるのかどうかは別として、ストレスがセルフコントロールに及ぼす影響を正しく理解しようとする研究が廃れてしまわないことを祈ります。

おわりに

ここまで七つの章を通じて、仲直りの理について述べてきました。「はじめに」でこの本の結論を先取りしていたのを覚えているでしょうか。この本を通じて「**私たちの祖先でいざこざの後にすぐ仲直りできる者と、そうでない者がいたら、仲直りできる者の方が適応的だったので、私たちは仲直りする心の働きをもっている**」ことを説明してきました。第1章では、仲直りは私たち人間の専売特許ではないことを確認しました。動物の世界では霊長類から鳥類、魚類まで仲直りをする動物の例には枚挙にいとまがありませんでした。もちろん、調べられたすべての動物で仲直りが観察されたわけではありません。仲直りが適応的な場合とそうでない場合があるのです。

第2章で紹介したアクセルロッドの繰り返しのある囚人のジレンマ・ゲームにおける戦略トーナメントでは、直前の相手の選択（協力・非協力）をまねるＴＦＴが有効でした。ＴＦＴはアクセルロッドの二回のトーナメントで優勝したのです。さらに、進化的安定性の分析によれば、ＴＦＴは全面非協力戦略に対して進化的に安定でした。つまり、ＴＦＴだけの集団に突然変異で全面非協力戦略が出現したとしても、それが増えることはないのです。このＴＦＴの特徴は、自分からは相手を裏切らないという善良さ、相手が裏切ってきたらすぐに自分も裏切る報復性、過去に自分を裏切った相手でも協力に転じればすぐに自分も協力を返す赦し、相手から自分の方針がわかりやすい明瞭さの四つでした。ここに「赦し」がなぜ進化するのかを考える最初の手がかりがありました。

アクセルロッドは、囚人のジレンマ・ゲームを繰り返すという前提で戦略を募りました。一回限りの囚人のジレンマ・ゲームでは、非協力を選ぶことが常に有利なため、協力が生まれようがなく、そのような状況では赦しが進化する余地もありません。同じ相手とつき合いが続くことが赦しが進化することの最低条件です。ただし、囚人のジレンマ・ゲームを繰り返すからといって無条件な協力傾向は進化しません。非協力的な戦略からの搾取を回避しなければならないからです。そのためにTFTは非協力的な相手にむやみに協力してしまわないように報復性を備えていました。この報復性は諸刃の剣で、非協力的な相手からの搾取を最小限にとどめるためには必要ですが、あまり発揮しすぎると本来は相互協力が可能な相手とも不毛な相互非協力関係に陥ってしまいます。そのため、相互協力に復帰できそうな相手との関係を修復するためにも赦しが必要なのです。つまり、赦しは繰り返し同じ相手とつき合うなかで、相手からつけ込まれないようにしつつ相互協力を維持するために、報復性とセットで進化するわけです。

小さな集団で狩猟採集生活をしていた私たちの祖先が、同じ相手と繰り返しつき合うような状況にいたことは言うまでもありません。赦しが進化する最低条件はクリアしています。ですが、いざこざが起きたときに仲直りできる者が適応的だったというのであれば、最初からいざこざなんて起きないようにできないものかと思われるかもしれません。しかし、TFT同士で協力的にやっている集団に、協力者を搾取してやろうと思う非協力的な者が紛れ込んで来ないとは言い切れません（進化の議論では、突然変異や集団間移動で出現することがあります）。いざこざの原因にもなりますが、報復性はそういう相手への防御策としてどうしても必要なのです。そして報復性だけでは不毛なつき合いが増えてしまうことの予防策として赦しがあるわけです。

第3章では、赦しを必要とするいざこざの原因として、もう一つ現実的な可能性を考えました。それは間違って協力し損なうというものです。本来協力的な相手が、意図せずうっかり協力し損なう可能性があるならば、赦しが進化する幅が広がります。ＴＦＴであれば間違って非協力を選んだ相手を一方的に赦すことはありませんが、人は過つものだという前提で考えると、相手の非協力の一部を無条件に赦すことさえ理にかなっていたのです。

第2章、第3章からは赦すことの理が明らかになったと思います。繰り返しつき合う相手、相互協力が維持可能な価値のあるパートナーは、相手が裏切ったように見えても赦してやって様子を見ても悪くはないのだということです。ヒトやヒト以外の霊長類を対象にした実証研究でも、私たちもサルたちも関係価値の高い相手を選択的に赦していることがわかりました。関係価値が高い相手の裏切りの一部はなかば無条件に赦していることになります。これはＴＦＴと比べるとやや人が好すぎるように見えます。しかし、過つは人の常である現実（サルにとってもそうでしょう）を踏まえると、一見お人好しにすぎるように見えるとしても、こうした赦しが割に合うのです。こういう寛容さがじつは適応的なのだということを知るのは悪い気がしないものです。

ただし、無粋になるのを承知の上で、念のために「割に合う」ことの意味も確認しておきます。ここで割に合うというのは、すべての赦しが常に報われるということではありません。場合によっては赦すべきでない相手を赦して後悔することもあるでしょう。しかし、だからもう誰も信じないといった疑心暗鬼には陥らないでください。自分にとって大切だと思っている人の過ちの一部を無条件に赦すことは長い目で見て割に合うのです。言い換えれば、赦さなきゃよかったと思うことがあるとしても、やっぱり赦してあげてよかったと思うことがちゃんとあって、それらを均してみるときちんと報われているのだということです。

第4章、第5章では赦してもらう側に焦点を当てました。赦す側については、無条件に赦すことさえあると言いました。無条件でも割に合うとは言っても、相手の平和的な意図がわかって、それに応じて赦すことができるのであればそれに越したことはありません。サルたちは静かに「ぶぅぶぅ」と言って平和的意図を伝えて仲直りすることがあるという実証研究を紹介しました。赦す側から見て、相手にはそれ以上自分を搾取する意図はなさそうだということがわかるのであれば、このような静かなシグナルで十分でしょう。この静かなシグナルが効果的だというのは、ヒトであれば「ごめんなさい」という謝罪の言葉で十分と言い換えることができます。

ですが、再び自分を搾取するのではないかという疑念をもたれているとしたらどうでしょう。「ごめんですむなら警察はいらない」と言われそうな場面です。「誠意を見せろ」と言われるかもしれません。あなたが謝っている側であれば、相手が何を求めているのかを正しく理解しなければなりません。あなたは相手に何か実質的な損害を与えて、相手はその被害を回復してほしいことを、「誠意」という言葉で遠回しに伝えてきているのかもしれません。しかし、もしかすると「二度とこんなことをするつもりはないという誠実な意図」を見せてみろと言われているのかもしれません。

前者であれば「誠意」は補償で済むので、ある意味お金で解決できてまだ簡単とも言えます。ですが、あなたが「誠実に関係を修復したいと思っている」その気持ちを、いったいどうやって相手に見せることができるのでしょうか。コストのかかる謝罪モデルは、この問題を誠意のある謝罪者と誠意のない謝罪者を区別する問題に置き換えることができると考えます。この区別を可能にしてくれるのがコストのかかるシグナルです。相手との関係修復を心から望んでいない誠意のない人は、関係修復に熱心ではないので大きなコストをかけてまで赦してもらおうとしないでしょう。一方、相手との関係修復を心から望んでいる誠意のある謝罪者は、多少のコストはいとわずに相手に赦してもらおうとするでしょう。そのため、謝罪にコストがかかっているかどうかが謝罪者の誠意の程度をつまびらかにしてくれるわけです。気持ちそれ自体は目に見えるものではありませんが、目に見えるコストが気持ちを代弁してくれるということになります。

コストのかかる謝罪とそうでない謝罪への反応の違いは、脳の反応の違いとしても現れていました。コストのかかる謝罪を受けたと想像したときには、社会的な意図・コミュニケーションの意図を感じ取ったときに活動する部位（内側前頭前皮質、両側のＴＰＪ、楔前部）がセットでより強く活動していました。このｆＭＲＩ実験の結果も、コストのかかる謝罪が関係修復の意図を伝えているというコストのかかる謝罪モデルの考えを支持しています。

このように進化論的な見方をすると、私たちには仲直りすべきときに仲直りすべき相手と仲直りしやすいような心の働きが備わっているという結論になります。[1] 私たちの祖先にとって仲直りが割に合ったから、割に合うような仲直り傾向があると考えるわけですから、当然そうなります。ただ、その結論を知ってしまうと、なんとなくそれは当たり前のことのように思えてしまいます。心理学ではこれを後知恵バイアスと呼びます。[2] 結果を知る前には予測できなかったことが、結果を知った後ではそれが起こるべくして起こったように思えるのです。繰り返しのある囚人のジレンマ・ゲームでTFTが有効ということも、エラーがあればプラスアルファの赦しが必要ということも、誠意を伝えたければコストをかけた謝罪が有効ということも、結果を知ってしまうとそんなことは最初からわかっていたというふうに感じられるかもしれません。[3]

これらが当たり前に感じられるのは、よく理解してもらえているというふうにも考えることができてよいのですが、あまりに当たり前に感じられるために、「関係価値が高い相手を赦すのは、損得計算をして割に合うとわかるからだ」「コストのかかった謝罪に誠意が感じられるのは、本当に関係を修復したい人しかコストをかけないことがわかるからだ」と思われるとしたら、これは誤解だと思います。私たちは意識的に進化のモデルの分析をして、それに基づき何が割に合うかを理解して行動しているわけではないのです。私たちの行動が進化のモデルの予測と合致する、つまり私たちが「割に合う」ように振る舞うのは、そのように振る舞うような心の働きが備わっているからです。このことは究極要因の説明と至近要因の説明の区別に対応しています。

究極要因の説明とは、なぜそのような傾向が進化しえたのかを説明するものです。たとえば、「エラーがあると考えれば割に合う」といった進化のモデルから得られる洞察は究極要因の説明を提供します。一方、仲直りをするときに私たちの心は実際にはどのように働いているのかを調べる実証研究は、至近要因の説明を提供してくれます。第6章で説明したように、私たちは共感によって相手を赦しやすく、罪悪感によって謝罪しやすくなります。共感は赦しの、罪悪感は謝罪の至近要因です。このような感情にまかせて行動していて、それが合理的な損得勘定の判断と合致するのは、関係価値の高いパートナーに対して共感、罪悪感を抱きやすい傾向があるからです。

仲直りの至近要因としてもう一つ重要なものは、対人的いざこざを解決しないままでいるときのストレスです。ストレスは、なんとかそれを低減したいというふうに私たちを動機づけます。さっきもめた相手と仲直りしたらストレスが低減されるのであれば仲直りしない手はありません。仲直りし損なうことで対人葛藤が慢性的なストレッサーになりでもしたら、健康にも悪いのですから。

このように進化によって私たちは仲直りするべき相手と仲直りしやすいようにデザインされているとも言えますが、仲直りしたい相手（あるいは、仲直りしなければならない相手）と常に仲直りできているわけでもないでしょう。私たちの祖先の典型的な社会環境では、私たちがやりとりをする相手は基本的には顔見知りの相手であり、その相手とのつき合いの程度に濃淡はあるとしても長期的に続くものでした。ところが、現代環境では私たちは個人的にさほど親しいと思えない（関係価値が高いと感じられない）相手との関係に依存していて、その相手との関係を修復しなければならないことも少なくありません。そういうとき、私たちの心は仲直りしようという方向になかなか向かってくれないかもしれません。しかし、第7章で見たように、仲直りするかどうかをセルフコントロールにより調整することもできます。また、自動的にそういう気持ちになるように相手に共感しやすい状況を作ってみたり、相手の関係価値を実感しやすい状況を作ったりするのもよいかもしれません。

まとめます。私たちは関係価値の高い相手との関係を維持するために、そのような相手を赦したり、そのような相手に謝罪する心の働きをもっている。それは関係価値の高い相手には共感しやすかったり、相手を傷つけたときに強い罪悪感を経験しやすかったりするからだ。だけど、セルフコントロールなどで仲直りしやすさを調整することもできる。これが筆者が考える「仲直りの理」です。これだけでは『坊っちゃん』や『ロミオとジュリエット』に描かれている和解の機微を説明しきれません。ですが、それでも本質はおおづかみに理解できるのではないかとも思います。坊っちゃんと山嵐は、共通の敵（赤シャツ）ができたことでお互いの関係価値が高くなり、その結果、仲直りしやすくなったのではないでしょうか。モンタギュー家とキャピュレット家の和解には、お互いの立場に共感しやすい状況になったことが関係していないでしょうか。ここにまとめた仲直りの理は、単純ですがきちんと理解できていて損はないと思います。

「はじめに」の中で、この本は仲直りのためのハウツー本ではないと述べました。本質のおおづかみな理解はどのようにして仲直りできるかを考える手がかりにはなるでしょう。ですが、本質がわかればわかるほど、仲直りは簡単そうで難しいということに思い至ります。私たちは仲直りするべき相手と仲直りしやすいようになっています。したがって、ハウツー本のアドバイスが欲しくなるのは、関係価値が必ずしも高くない相手と仲直りしたいとか、簡単には赦してくれそうにない相手に効果的に謝罪したいとか、そういうときになるでしょう。つまり仲直りが容易ではないときこそアドバイスが欲しいときです。ところが、私たちに仲直りすべき相手と仲直りするような傾向が備わっているということの裏返しは、そうでないときにはなかなか仲直りできないということです。

たとえば、謝罪について考えてみます。とくに相手のことを大切に思っているわけではないけれど赦してほしいとします。もしあなたが本気でなければ謝罪のためのコストをケチりたくなるでしょう。ところが、相手はコストからあなたの誠意を見抜く目をもっているのです。その相手の目を欺くのは簡単ではないでしょう。つまり、仲直りの理が理解できると、安易に仲直りを達成するというハウツー的な発想がうまくいかないことがわかります。ハウツー的な「攻略法」を期待していた方には申し訳ないのですが、筆者からできるアドバイスは次のような愚直なものになってしまいます。誰かと仲直りをしたいと思ったら、おざなりなやり方で取り繕おうとするのではなく、相手は自分にとってどんなに大切なパートナーなのかにあらためて思いを致し、本気で仲直りに取り組んでみてください。

あとがき

私が仲直りの研究を始めたのは一五年くらい前になります。正直に申し上げると、当初は、「仲直り」研究をしようとは思っていませんでした。進化生物学の本で読んだコストのかかるシグナルのモデルが当てはまる行動を探して、謝罪はちょうどよさそうだと考えたのです。つまり、コストのかかるシグナルという考え方に惹かれて謝罪研究を始めたのです。きっかけはそうでしたが、その後、この分野の深さに促されるように、赦しも含めた仲直り研究を行うようになりました。

本書では、進化生物学のモデル、動物行動学の知見に依拠しつつ、ややもすると多くの要因に埋もれて見えにくくなる仲直りの理をまとめてみたつもりです。現実の仲直り（あるいは仲直りできないこと）は多くの要因が絡まり合って理解しにくいものです。ところが、それも進化というレンズを通して見ると大枠は理にかなっていそうだなと納得していただけたのであれば、筆者としてこれ以上嬉しいことはありません。

私がシグナルというテーマに関心をもつきっかけを作ってくださったのは、北海道大学（当時）の山岸俊男先生でした。山岸先生は社会心理学という学問分野にまったくこだわることなく、後にノーベル経済学賞を受賞するトーマス・シェリングの著書を社会心理学の演習のテキストとして使用されました。シェリングは、国際紛争場面で脅しと約束（どちらも口先だけのものかもしれません）がどのようにして信用のできるシグナルになりえるのかを考察した研究者です。また、英語指導の一環として経済学者のロバート・フランクの本を訳す機会も与えてくださいました。フランクは、経済学者でありながら、表情がシグナルとして感情を他者に伝えることの意味を考察しています。まだ研究者になるかどうかもわからない時期に、シグナルというテーマの面白さに気づかせていただきました。また、それにもまして、山岸先生からは関連分野にも広く関心をもつことの大切さも教えていただきました。本書がそのときの教えを少しでも反映したものになっていることを祈るばかりです。

その後、北海道大学大学院では亀田達也先生、米・ノーザンイリノイ大学大学院ではチャールズ・ミラー先生にご指導いただきました。両先生とも社会心理学の集団意思決定研究を社会科学のより広い文脈で論じることを大切にされていて、社会心理学だけにとどまっていてはいけないのだという思いをますます強くしました。仲直りの研究ということでは、マーティン・デイリー先生には、このテーマではじめて学会発表をしたときに熱心に話を聞いていただき、その後、問題点を指摘しつつ「面白いから頑張れ」と励ましていただきました。また、マイケル・マッカロー先生は、「著書を読んで興味をもったから少し話を聞かせてほしい」と突然連絡をした私を温かく迎えてくださいました。その後、マッカロー先生とはいくつか共同研究をさせていただいています。

他にも多くの方から支えていただき、いまに至っています。共同研究をしてくださっている先生方はもとより、学会や研究会で発表をしたときに質問やコメントをいただいた先生方。また、本書の内容に関わる研究のほとんどは、二〇〇七年から一四年間お世話になった神戸大学在籍時に行いましたが、自由に研究させてくださった同僚の先生方、一緒に研究をしてくれた研究員や学生のみなさん。ここにお一人ずつお名前を挙げることはできませんが、心より感謝申し上げます。

本書はちとせプレスの櫻井堂雄さんから声をかけていただき構想を始めましたが、執筆にはとても長い時間がかかってしまいました。その間、少しずつしか進まない原稿にそのつど目を通して的確なコメントをくださいました。辛抱強く原稿を待ち、励ましてくださったことにお礼申し上げます。

本書を執筆していたのは、新型コロナウイルス感染症のために緊急事態宣言が発出されたり、解除されたりを繰り返していた時期になります。このような平時とは言い難い時期に、筆者は一四年間勤務した神戸大学を離れ、東京大学に移るという決断をしました。このような無謀な異動につき合って一緒に東京に引っ越してくれた家族にはいくらお礼を言っても言い切れません。神戸にいた頃もいまも、仕事から帰ると家族がそこにいてくれるというのは本当に大きな心の支えになっています。

ところで、仲直り研究のきっかけはシグナルへの関心でした。それは北海道大学で山岸先生と出会ったからこそ芽生えた関心です。そして、その山岸先生と出会えたのは、故郷の九州からわざわざ北海道大学に進学したいと言い出した高校三年生の筆者を、不満の言葉もなく快く送り出してくれた母のおかげです。ちょうど筆者が高校生の頃に父に先立たれて、本当はもっと近隣の大学に進学してほしかったはずです。その後も、母には大学院進学、アメリカ留学と多くのことを許してもらいました。これほどの寛容さを身をもって示してくれた母に本書を捧げます。

Psychological Science, *24*(8), 1595-1601.

図 7-2　Ohtsubo, Y. (2019). Relationship value fosters conciliatory attitudes in international conflicts. *Peace and Conflict: Journal of Peace Psychology*, *25*(3), 259-261.

On the form and function of forgiving: Modeling the time-forgiveness relationship and testing the valuable relationships hypothesis. *Emotion*, *10*(3), 358-376.

図 3-5　Burnette, J. L., McCullough, M. E., Van Tongeren, D. R., & Davis, D. E. (2012). Forgiveness results from integrating information about relationship value and exploitation risk. *Personality and Social Psychology Bulletin*, *38*(3), 345-356.

図 3-6　Smith, A., McCauley, T. G., Yagi, A., Yamaura, K., Shimizu, H., McCullough, M. E., & Ohtsubo, Y. (2020). Perceived goal instrumentality is associated with forgiveness: A test of the valuable relationships hypothesis. *Evolution and Human Behavior*, *41*(1), 58-68.

図 4-1　https://en.wikipedia.org/wiki/Stotting（CC BY-SA 3.0; File:Springbok pronk.jpg; Created: 1 February 2012）

図 4-2　Cheney, D. L., Seyfarth, R. M., & Silk, J. B. (1995). The role of grunts in reconciling opponents and facilitating interactions among adult female baboons. *Animal Behaviour*, *50*(1), 249-257.

図 6-1　Fitzsimons, G. M., & Shah, J. Y. (2008). How goal instrumentality shapes relationship evaluations. *Journal of Personality and Social Psychology*, *95*(2), 319-337.

図 6-4，図 6-5　Kutsukake, N., & Castles, D. L. (2001). Reconciliation and variation in post-conflict stress in Japanese macaques (*Macaca fuscata fuscata*): Testing the integrated hypothesis. *Animal Cognition*, *4*(3-4), 259-268.

図 6-6　Aureli, F. (1997). Post-conflict anxiety in nonhuman primates: The mediating role of emotion in conflict resolution. *Aggressive Behavior*, *23*(5), 315-328.

図 6-7　Fujisawa, K. K., Kutsukake, N., & Hasegawa, T. (2005). Reconciliation pattern after aggression among Japanese preschool children. *Aggressive Behavior*, *31*(2), 138-152.

表 7-1　Rusbult, C. E., Zembrodt, I. M., & Gunn, L. K. (1982). Exit, voice, loyalty, and neglect: Responses to dissatisfaction in romantic involvements. *Journal of Personality and Social Psychology*, *43*(6), 1230-1242.

Rusbult, C. E., Verette, J., Whitney, G. A., Slovik, L. F., & Lipkus, I. (1991). Accommodation processes in close relationships: Theory and preliminary empirical evidence. *Journal of Personality and Social Psychology*, *60*(1), 53-78.

図 7-1　Finkel, E. J., Slotter, E. B., Luchies, L. B., Walton, G. M., & Gross, J. J. (2013). A brief intervention to promote conflict reappraisal preserves marital quality over time.

図表の出典

＊記載のないものは筆者作成

図 1-1　ボイド，R.・シルク，J. B.（松本晶子・小田亮監訳）(2011).『ヒトはどのように進化してきたか』ミネルヴァ書房

図 1-2　de Waal, F. B. M., & Yoshihara, D. (1983). Reconciliation and redirected affection in rhesus monkeys. *Behaviour*, *85*(3-4), 224-241.

表 1-1　Aureli, F., & de Waal, F. B. M. (Eds.). (2000). Appendix A. *Natural conflict resolution* (pp. 383-384). Berkeley, CA: University of California Press.

Arnold, K., Fraser, O. N., & Aureli, F. (2010). Postconflict reconciliation. In C. J. Campbell, A. Fuentes, K. C. MacKinnon, S. K. Bearder, & R. M. Stumpf (Eds.), *Primates in perspective* (2nd ed., pp. 608-625). Oxford, England: Oxford University Press.

図 1-3　Perelman, P., Johnson, W. E., Roos, C., Seuánez, H. N., Horvath, J. E., et al. (2011). A molecular phylogeny of living primates. *PLoS Genetics*, *7*: e1001342.

図 2-1　Grant, P. R., & Grant, B. R. (2002). Unpredictable evolution in a 30-year study of Darwin's finches. *Science*, *296*(5568), 707-711.

図 2-2　Nilsson, D., & Pelger, S. (1994). A pessimistic estimate of the time required for an eye to evolve. *Proceedings of the Royal Society of London: Biological Science*, *256*(1345), 53-58.

図 2-3　ジンマー，C.・エムレン，D. J.（更科功・石川牧子・国友良樹訳）(2017).『カラー図解　進化の教科書　第 3 巻　系統樹や生態から見た進化』講談社

図 3-1　Nowak, M. A., & Sigmund, K. (1992). Tit for tat in heterogeneous populations. *Nature*, 355(6357), 250-253.

図 3-3　Cords, M., & Thurnheer, S. (1993). Reconciling with valuable partners by long-tailed macaques. *Ethology*, *93*(4), 315-325.

図 3-4　McCullough, M. E., Luna, L. R., Berry, J. W., Tabak, B. A., & Bono, G. (2010).

ざまな戦略を送ってきたことからも明らかです。もしTFTが有効であることが「当たり前」であれば，すべてのエキスパートがTFTをアクセルロッドのもとに送ってきたはずです。

神戸大学文学部の卒業生である山下絵里奈さんに協力してもらって作成しました。
[26] Ohtsubo, Y. (2019). Relationship value fosters conciliatory attitudes in international conflicts. *Peace and Conflict: Journal of Peace Psychology*, *25*(3), 259-261.

コラム7

[1] Baumeister, R. F., Bratslavsky, E., Muraven, M., & Tice, D. M. (1998). Ego depletion: Is the active self a limited resource? *Journal of Personality and Social Psychology*, *74*(5), 1252-1265.
[2] Carter, E. C., Kofler, L. M., Forster, D. E., & McCullough, M. E. (2015). A series of meta-analytic tests of the depletion effect: Self-control does not seem to rely on a limited resource. *Journal of Experimental Psychology: General*, *144*(4), 796-815.
[3] Vohs, K., Schmeichel, B., Lohmann, S., Gronau, Q. F., Finley, A. J., Ainsworth, S. E., ... Albarracín, D. (2021). A multi-site preregistered paradigmatic test of the ego depletion effect. February 4. https://doi.org/10.31234/osf.io/e497p

おわりに

[1] これを反対から考えると，仲直りする価値がない相手なので仲直りしていない，赦していないという関係もあるはずです。筆者は赦しや仲直りが万能薬でどんなときでも相手を赦し，仲直りをしなければいけないと主張するつもりはありません。赦しセラピーでも相手との関係改善は必ずしも求められなかったことを思い出してください。赦しセラピーでは，自分の中で相手から受けた被害に折り合いをつけることが中心的なテーマなのです。実際，加害者から受けた過去の被害をすっかりなかったことにして，新たな気持ちで加害者とつき合っていきなさいと言われたら，それこそ大きなストレスになるはずです。

[2] Fischhoff, B. (2007). An early history of hindsight research. *Social Cognition*, *25*(1), 10-13.

[3] これが後知恵バイアスであることは（つまり最初からわかっていた当たり前の結論ではないことは），アクセルロッドのトーナメントに参加した囚人のジレンマ・ゲームにくわしい各分野のエキスパートが，TFT 以外のさま

［20］ フランスの啓蒙思想家シャルル・モンテスキューも，その著書『法の精神』の中で，人が穏やかにやっていけている場所には商業があり，商業がある場所では人は穏やかにやっていけるという趣旨のことを述べています。

［21］ ここで政治学の研究を紹介するのは，特定のパートナーの関係価値を高めてみるという実験的介入を対人的場面で行った研究があまりないからです。現実の対人関係で特定のパートナーの関係価値を実験的に操作することには倫理的な問題があります。また，仮に倫理的に問題がなかったとしても，日常的なやりとりである程度固まっているであろうパートナーの関係価値をそうやすやすと変化させることはできないでしょう。一方，国同士の関係であれば，これはもっと簡単にできるかもしれません。たとえば，いままで知らなかった他国への貿易での依存度を教えてあげると，その国の関係価値の再評価が起きるのではないでしょうか。これは，この後で紹介する研究の基本的なアイデアです。

［22］ この章の冒頭で紹介したピンカーも，この商業的平和論に言及して，商取引の発展が人類史における暴力の減少を後押しした要因の 1 つだと述べています。商業的平和論については，エリック・ガーツキーの 2007 年の論文がよく引用されるので，ここでもそれを挙げておきます。

Gartzke, E. (2007). The capitalist peace. *American Journal of Political Science*, *51*(1), 166-191.

［23］ この研究は英語論文として発表されています。シナリオについては，筆者が英語論文から日本語に訳し直すのではなく，論文の第二著者である多湖淳の著書を参考にしました。また，この実験は本文で説明するよりも複雑な条件設定をしていますが，細かい条件差は統計的に有意ではなかったので，ここでは簡略化した説明にしています。

Tanaka, S., Tago, A., & Gleditsch, K. S. (2017). Seeing the Lexus for the olive trees? Public opinion, economic interdependence, and interstate conflict. *International Interactions*, *43*(3), 375-396.

多湖淳 (2020).『戦争とは何か ── 国際政治学の挑戦』中央公論新社

［24］ 朝日新聞デジタル (2012).「竹島共同管理，自説曲げぬ橋下氏　ツイッターで批判殺到」9 月 26 日 http://www.asahi.com/special/t_right/OSK201209250170.html

［25］ この韓国の関係価値が高いことに気づいてもらうためのクイズ課題は，

されています。

http://www.evworthington-forgiveness.com/reach-forgiveness-of-others

[16]　この他に認知行動療法に基づく介入もあります。認知行動療法に基づく介入は，相手に対する否定的な思考を抑えるトレーニングが含まれていたりするので，共感を醸成するというよりもセルフコントロールを鍛えるという面があるかもしれません。

Harris, A. H. S., Luskin, F., Norman, S. B., Standard, S., Bruning, J., Evans, S., & Thoresen, C. E. (2006). Effects of a group forgiveness intervention on forgiveness, perceived stress, and trait-anger. *Journal of Clinical Psychology, 62*(6), 715-733.

[17]　Akhtar, S., & Barlow, J. (2018). Forgiveness therapy for the promotion of mental well-being: A systematic review and meta-analysis. *Trauma, Violence, & Abuse, 19*(1), 107-122.

Baskin, T. W., & Enright, R. D. (2004). Intervention studies on forgiveness: A meta-analysis. *Journal of Counseling & Development, 82*(1), 79-90.

Lundahl, B. W., Taylor, M. J., Stevenson, R., & Roberts, K. D. (2008). Process-based forgiveness interventions: A meta-analytic review. *Research on Social Work Practice, 18*(5), 465-478.

Wade, N. G., Hoyt, W. T., Kidwell, J. E. M., & Worthington, E. L., Jr. (2014). Efficacy of psychotherapeutic interventions to promote forgiveness: A meta-analysis. *Journal of Consulting and Clinical Psychology, 82*(1), 154-170.

[18]　その他，本筋には関わりませんが，複数のメタ分析である程度共通して見られる傾向としては次のようなものがあります。セラピーの中には1回限りのレクチャーのような簡単なものから，数カ月にも及ぶ時間をかけた介入がありますが，時間がかかるものほど効果的です。個人を対象に行うものとグループ単位で行うものがありますが，これらを比べると個人を対象に行う方が効果は大きいようです。エンライトの赦しのプロセス・モデルに基づく介入とREACHモデルに基づく介入を比べると，REACHモデルに基づく介入の方が効果が小さい傾向にあります。ただし，REACHモデルに基づく介入を検討した研究は，いずれもグループ単位の介入を扱っているので，REACHモデルよりエンライトのプロセス・モデルの方が優れているとすぐに結論づけることはできません。

[19]　Lundahl et al. (2008).

Accommodation processes in close relationships: Theory and preliminary empirical evidence. *Journal of Personality and Social Psychology*, *60*(1), 53-78.

[7] Finkel, E. J., & Campbell, W. K. (2001). Self-control and accommodation in close relationships: An interdependence analysis. *Journal of Personality and Social Psychology*, *81*(2), 263-277.

[8] たとえば，ストレスが脳のセルフコントロールを担う領域に与える影響を調べた研究もあります。

Maier, S. U., Makwana, A. B., & Hare, T. A. (2015). Acute stress impairs self-control in goal-directed choice by altering multiple functional connections within the brain's decision circuits. *Neuron*, *87*(3), 621-631.

[9] Pronk, T. M., Karremans, J. C., Overbeek, G., Vermulst, A. A., & Wigboldus, D. H. J. (2010). What it takes to forgive: When and why executive functioning facilitates forgiveness. *Journal of Personality and Social Psychology*, *98*(1), 119-131.

[10] Burnette, J. L., Davisson, E. K., Finkel, E. J., Van Tongeren, D. R., Hui, C. M., & Hoyle, R. H. (2014). Self-control and forgiveness: A meta-analytic review. *Social Psychological and Personality Science*, *5*(4), 443-450.

[11] Finkel, E. J., Slotter, E. B., Luchies, L. B., Walton, G. M., & Gross, J. J. (2013). A brief intervention to promote conflict reappraisal preserves marital quality over time. *Psychological Science*, *24*(8), 1595-1601.

[12] Schumann, K. (2018). The psychology of offering an apology: Understanding the barriers to apologizing and how to overcome them. *Current Directions in Psychological Science*, *27*(2), 74-78.

[13] この論文の第一著者のギルフォイルさんは，2018 年の夏に当時筆者が所属していた神戸大学に短期滞在していたことがあります。

Guilfoyle, J. R., Struthers, C. W., van Monsjou, E., & Shoikhedbrod, A. (2019). Sorry is the hardest word to say: The role of self-control in apologizing. *Basic and Applied Social Psychology*, *41*(1), 72-90.

[14] Freedman, S., & Enright, R. D. (2020). A review of the empirical research using Enright's process model of interpersonal forgiveness. In E. L. Worthington, Jr., & N. G. Wade (Eds.), *Handbook of forgiveness* (2nd ed., pp. 266-276). Routledge/Taylor & Francis Group.

[15] REACH モデルについては，ワーシントンのウェブサイトで簡潔に説明

同じように対人的ストレスも対人関係がうまくいっていないから何とかするようにという警報です。それによって対人関係の修復ができなければ何の意味もありません。対人関係を修復せずに「ストレスを解消する効果」をもち出すのは，痛み止めの例と同じなのです。

コラム 6

[1]　デイリー，M.・ウィルソン，M.（長谷川眞理子・長谷川寿一訳）(1999).『人が人を殺すとき ── 進化でその謎をとく』新思索社

第 7 章

[1]　ピンカー，S.（幾島幸子・塩原通緒訳）(2015).『暴力の人類史』上・下，青土社

[2]　このような長い時間の中で生じた行動の変化の話を聞くと，社会環境が行動の変化をもたらしたのではなく，遺伝的な変化で行動が変わったのではないかと疑う向きもあるかもしれません。ですが，ピンカーは近年の遺伝学的な研究を精査して，この可能性を否定しています。

[3]　セルフコントロールの働きには，たんに衝動を抑える以上のものがあります。セルフコントロールの働き全般についての一般向けの解説書として，本書と同じちとせプレスから出版されている『自制心の足りないあなたへ』があります。

尾崎由佳 (2020).『自制心の足りないあなたへ ── セルフコントロールの心理学』ちとせプレス

[4]　このカメラの例は，心理学者のジョシュア・グリーンの著書で使われているものです。

グリーン，J.（竹田円訳）(2015).『モラル・トライブズ ── 共存の道徳哲学へ』上・下，岩波書店

[5]　ルドゥー，J.（松本元・川村光毅他訳）(2003).『エモーショナル・ブレイン ── 情動の脳科学』東京大学出版会

[6]　Rusbult, C. E., Zembrodt, I. M., & Gunn, L. K. (1982). Exit, voice, loyalty, and neglect: Responses to dissatisfaction in romantic involvements. *Journal of Personality and Social Psychology*, *43*(6), 1230-1242.

Rusbult, C. E., Verette, J., Whitney, G. A., Slovik, L. F., & Lipkus, I. (1991).

forgiveness-related distinctions. *Psychology & Health, 34*(5), 515-534.

[32] Witvliet, C. V. O., Ludwig, T. E., & Vander Laan, K. L. (2001). Granting forgiveness or harboring grudges: Implications for emotion, physiology, and health. *Psychological Science, 12*(2), 117-123.

[33] Davis, D. E., Ho, M. Y., Griffin, B. J., Bell, C., Hook, J. N., Van Tongeren, D. R., DeBlaere, C., Worthington, E. L., Jr., & Westbrook, C. J. (2015). Forgiving the self and physical and mental health correlates: A meta-analytic review. *Journal of Counseling Psychology, 62*(2), 329-335.

[34] Wohl, M. J. A., & McLaughlin, K. J. (2014). Self-forgiveness: The good, the bad, and the ugly. *Social and Personality Psychology Compass, 8*(8), 422-435.

[35] ここでの説明は次の論文（37 ページ）で提唱された修復的司法の定義に基づいています。

Marshall, T. F. (1996). The evolution of restorative justice in Britain. *European Journal on Criminal Policy and Research, 4*(4), 21-43.

[36] Latimer, J., Dowden, C., & Muise, D. (2005). The effectiveness of restorative justice practices: A meta-analysis. *The Prison Journal, 85*(2), 127-144.

[37] 赦しの神経学的研究に関心がある方のためにレビュー論文を 1 つ紹介しておきます。この論文では，赦しを支える 3 つの神経学的システムについてまとめられています。3 つのシステムとは，他者の視点取得（共感に相当します）と関係価値の計算システム（これも第 6 章で扱った内容です）に加えて，セルフコントロールに関わるシステムです。セルフコントロールについては第 7 章で扱います。

Fourie, M. M., Hortensius, R., & Decety, J. (2020). Parsing the components of forgiveness: Psychological and neural mechanisms. *Neuroscience & Biobehavioral Reviews, 112*, 437-451.

[38] 赦しが健康に良いということから，赦しにはストレスを解消する効果があるから適応的で進化するのだと考えないようにしてください。それでは，話があべこべなのです。たとえば，とげが刺さったら痛くて，とげを抜こうとします。痛みは身体的に何か不都合があることを私たちに伝える警報のようなものです。痛みを抑えるために痛み止めの薬を飲んでやりすごしても問題は何も解決しません。もし痛み止めのために本質的な問題（この例ではとげ）が見逃されてしまうとしたら，むしろ痛み止めを使うのは非適応的です。

であれば，このコインは表が出やすいと言えるでしょう。ですが，10回のうち6回表が出たからといって表が出やすいとは言えません。三群に分けた分析ではどうしてもサンプル数が小さくなります。すると，仲直り前と後のストレス反応率が少し違ったとしても，たんに誤差かもしれないので差があるという結論を下しにくくなるのです。

Castles, D. L., & Whiten, A. (1998). Post-conflict behaviour of wild olive baboons. II. Stress and self-directed behaviour. *Ethology*, *104*(2), 148-160.

[25] Aureli, F. (1997). Post-conflict anxiety in nonhuman primates: The mediating role of emotion in conflict resolution. *Aggressive Behavior*, *23*(5), 315-328.

[26] Fujisawa, K. K., Kutsukake, N., & Hasegawa, T. (2005). Reconciliation pattern after aggression among Japanese preschool children. *Aggressive Behavior*, *31*(2), 138-152.

[27] Butovskaya, M. L. (2008). Reconciliation, dominance and cortisol levels in children and adolescents (7-15-year-old boys). *Behaviour*, *145*(11), 1557-1576.

[28] この研究では，PCとMCで時間を合わせることがとくに重要でした。というのは，コルチゾールの濃度には朝起きたときが一番高く，それから徐々に下がっていくという規則的な日内変動があるからです。

[29] Berry, J. W., & Worthington, E. L., Jr. (2001). Forgivingness, relationship quality, stress while imagining relationship events, and physical and mental health. *Journal of Counseling Psychology*, *48*(4), 447-455.

[30] McNulty, J. K. (2010). Forgiveness increases the likelihood of subsequent partner transgressions in marriage. *Journal of Family Psychology*, *24*(6), 787-790.

McNulty, J. K. (2011). The dark side of forgiveness: The tendency to forgive predicts continued psychological and physical aggression in marriage. *Personality and Social Psychology Bulletin*, *37*(6), 770-783.

[31] 偶然にも同じ2019年に赦しと健康の関係を扱ったメタ分析論文が2編出版されています。本文では，身体的健康だけでなく精神的健康への影響も含めたカイラー・ラスムッセンらのメタ分析論文の結果を紹介しています。

Lee, Y.-R., & Enright, R. D. (2019). A meta-analysis of the association between forgiveness of others and physical health. *Psychology & Health*, *34*(5), 626-643.

Rasmussen, K. R., Stackhouse, M., Boon, S. D., Comstock, K., & Ross, R. (2019). Meta-analytic connections between forgiveness and health: The moderating effects of

ようなことがわかっていますが，それに加えて人間臭く感じられるとても面白い結果が報告されています。それは，優位個体から攻撃された後に自分より劣位の個体を攻撃する転嫁行動（平たく言えば八つ当たりです）をとっても，優位個体と仲直りしたときと同じようにストレス反応が減ったというものです。

Aureli, F., & van Schaik, C. P. (1991). Post-conflict behaviour in long-tailed macaques (*Macaca fascicularis*): II. Coping with the uncertainty. *Ethology*, *89*(2), 101-114.

[22] Kutsukake, N., & Castles, D. L. (2001). Reconciliation and variation in post-conflict stress in Japanese macaques (*Macaca fuscata fuscata*): Testing the integrated hypothesis. *Animal Cognition*, *4*(3-4), 259-268.

[23] ただし，図 6-4 を見返すとストレス反応率は最初の 1 分間でとくに高くなっています。もしかすると，仲直りの前後ではなく，たんに仲直り前のデータはストレス反応率が顕著な最初の 1 分間を含んでいるからストレス反応率が高くなっているだけではないでしょうか。言い換えると，図 6-5 の中央の 2 つの棒グラフの差は，仲直りの効果ではなく，たんに時間が経過してストレス反応率が減ってしまっていることを反映しているのではないでしょうか。そのことを考慮して，この研究では仲直りなしの場合（左端）のデータが工夫されていました。仲直りのタイミングは平均してケンカの 65 秒後でした。そこで，仲直りなしのデータからは最初の 65 秒間のデータが取り除かれて，時間経過ということだけで言えば，仲直りありの場合の仲直り後と対応するデータになっていました。それにもかかわらず仲直りなしの場合（左端）よりも仲直り後（左から三番目）の方がストレス反応率が低いということは，単なる時間経過ではなく仲直りがあったためにストレス反応率が低減していると考えることができます。

[24] ただし，この三群を別々に分析した場合，仲直りの後にストレスに関連する行動が減るという傾向はお互いに攻撃し合った場合のみ統計的に有意になりました。ですが，この結果から一方的に攻撃した・された場合は仲直りでストレスが軽減されないと結論づけることはできません。というのは，仲直りの効果が統計的に有意にならなかったのは，3 つに分けてサンプル数が小さくなってしまったせいかもしれないからです。たとえば，コインを投げて表が 6 割出たという場合でも，1000 回のうち 600 回表が出たということ

の参加者に退屈な作業を押しつけるように誘導しました。参加者が最初の作業を終えた段階で,「当初の予定では,あなたはこの後,多くの性格検査に回答することになっているけれど,早く終わったので,もしよかったらエナジードリンクがダーツの成績に及ぼす効果を調べる実験があるので,そちらに交代しないか」と持ちかけました。全員がこれに同意しました。どう考えても大量の性格検査に回答するよりもダーツをした方が楽しそうですから,これは納得がいきます。ただし,この結果,参加者は本来ダーツをするはずだった別の参加者に性格検査を押しつけることになりました。しかも,もともとダーツをする予定だった2人の別の参加者のうちどちらに性格検査を押しつけるか決めてほしいと言われました。とくに選ぶ基準はないわけですが,とにかく2人のうち1人に作業を押しつけるという決定をしました。この押しつけた相手こそ,次の資源分配課題で自分にいくらの資源を渡すかを決めるパートナーだったのです。参加者は,ダーツ課題を終えた後,このことを知らされました。

Nelissen, R. M. A. (2014). Relational utility as a moderator of guilt in social interactions. *Journal of Personality and Social Psychology, 106*(2), 257-271.

[19] Ohtsubo, Y., & Yagi, A. (2015). Relationship value promotes costly apology-making: Testing the valuable relationships hypothesis from the perpetrator's perspective. *Evolution and Human Behavior, 36*(3), 232-239.

[20] ここで紹介したストレス指標の中では,あくびがストレスの指標になるということを不思議に思われる方もいらっしゃるかもしれません。あくびというのは,どちらかというと落ち着いて緊張感のない場面で出るような印象があるのではないでしょうか。ところが,個人差もあると思いますが,緊張した場面でもあくびは増えるのです。筆者の息子がまだ幼稚園に通っていた頃,音楽会などで舞台にあがるとよくあくびをしていたのを思い出します。ヒヒでは,緊張状態でのあくびはそうでないときのあくびよりも歯がよく見えるため,もともとは他個体との闘争状況での威嚇の機能があったのではないかという説もあります。

Maestripieri, D., Schino, G., Aureli, F., & Troisi, A. (1992). A modest proposal: Displacement activities as an indicator of emotions in primates. *Animal Behaviour, 44*(5), 967-979.

[21] このカニクイザルの研究では,本文で紹介するニホンザルの研究と同じ

of relationship value. *Social Neuroscience*, *15*(5), 600-612.

[9] Plassmann, H., O'Doherty, J., & Rangel, A. (2007). Orbitofrontal cortex encodes willingness to pay in everyday economic transactions. *Journal of Neuroscience*, *27*(37), 9984-9988.

[10] Levy, D. J., & Glimcher, P. W. (2012). The root of all value: A neural common currency for choice. *Current Opinion in Neurobiology*, *22*(6), 1027-1038.

[11] 眼窩前頭皮質は，図 5-5 で示している場所よりももっと頭の下の方にあるため，その活動は図 5-5 には含まれていません。

[12] Fehr, R., Gelfand, M. J., & Nag, M. (2010). The road to forgiveness: A meta-analytic synthesis of its situational and dispositional correlates. *Psychological Bulletin*, *136*(5), 894-914.

[13] 第 5 章で紹介したもう 1 つのメタ分析論文でも，共感と赦しの相関関係は 0.50 と非常に高く推定されています。

Riek, B. M., & Mania, E. W. (2012). The antecedents and consequences of interpersonal forgiveness: A meta-analytic review. *Personal Relationships*, *19*(2), 304-325.

[14] McCullough, M. E., Worthington, E. L., Jr., & Rachal, K. C. (1997). Interpersonal forgiving in close relationships. *Journal of Personality and Social Psychology*, *73*(2), 321-336.

[15] Smith, A., McCauley, T. G., Yagi, A., Yamaura, K., Shimizu, H., McCullough, M. E., & Ohtsubo, Y. (2020). Perceived goal instrumentality is associated with forgiveness: A test of the valuable relationships hypothesis. *Evolution and Human Behavior*, *41*(1), 58-68.

[16] 日本語の「恥」に対応する英語としては，shame と embarrassment という単語がよく挙げられます。ここでは，shame の訳語として恥を使っています。Embarrassment は，道徳的な評価を伴わないより軽い失敗で経験されます。たとえば，人前で石につまずいてころびそうになったとします。すると，とくに道徳的に間違ったことをしたわけでも誰かに迷惑をかけたわけでもありませんが，周りの人の目が気になって恥ずかしくなるのではないでしょうか。この場合の恥は embarrassment です。

[17] Tangney, J. P., & Dearing, R. L. (2002). *Shame and guilt*. New York: Guilford.

[18] この実験では，ネーリセンは非常に巧妙なやり方ですべての参加者が他

それに対して，他のプレイヤーはあなたの行動に応じて行動を変化させるはずです。このように，お互いに相手の行動に合わせて自分自身の行動を変化させるような状況こそゲーム理論がモデル化する状況です。

［4］ Worthington, E. L., Jr., Witvliet, C. V. O., Pietrini, P., & Miller, A. J. (2007). Forgiveness, health, and well-being: A review of evidence for emotional versus decisional forgiveness, dispositional forgiveness, and reduced unforgiveness. *Journal of Behavioral Medicine*, *30*(4), 291-302.

［5］ 鳥が合理的な計算に基づき渡りをしているわけではないことは，とある不幸な事例からも見てとれます。2006年の *Nature* 誌にマダラヒタキ（コラム3-2にも登場した鳥です）の数が最大で90％も減っているという論文が掲載されました。地球温暖化の影響で，彼らの餌になる昆虫の発生のタイミングが早くなっているのに，マダラヒタキは以前と同じタイミングで越冬先のアフリカからヨーロッパに戻ってくるので，餌不足になっているのではないかというのです。もし合理的計算に基づいて渡りをしているなら，前回は出遅れたからこの春は早めにヨーロッパに戻ろうということになってもよいわけですが，そうではないということです。

Both, C., Bouwhuis, S., Lessells, C. M., & Visser, M. E. (2003). Climate change and population declines in a long-distance migratory bird. *Nature*, *441*(7089), 81-83.

［6］ Fitzsimons, G. M., & Shah, J. Y. (2008). How goal instrumentality shapes relationship evaluations. *Journal of Personality and Social Psychology*, *95*(2), 319-337.

［7］ 図6-1に結果を示している実験では，目標を活性化したときには，活性化しない場合と比べてたしかに親密さの評定が上昇しています。しかし，この上昇（2つの白色のバーの間の差）は統計的には有意ではありませんでした。しかし，同じ論文で報告されている別の実験では，目標を活性化することで親密さが上昇しているものがあります。ですが，その実験はやや複雑な実験なので，ここでは，単純でわかりやすい実験を紹介することにしました。

［8］ この実験も第5章で紹介したfMRI実験と同様，名古屋大学，愛知医科大学の先生方にサポートしていただき実施できた実験です。また，この実験では当時神戸大学の学術研究員であった日道俊之さん（現・高知工科大学）にもお手伝いいただきました。

Ohtsubo, Y., Matsunaga, M., Himichi, T., Suzuki, K., Shibata, E., Hori, R., Umemura, T., & Ohira, H. (2020). Role of the orbitofrontal cortex in the computation

コラム 5-2

［1］ Nisbett, R. E., & Wilson, T. D. (1977). Telling more than we can know: Verbal reports on mental processes. *Psychological Review, 84*(3), 231-259.

第 6 章

［1］ 本文では究極要因を機能，至近要因をメカニズムの研究と表現しています。しかし，マイヤー自身の論文を読むと，究極要因は進化生物学の研究内容で，至近要因は機能生物学（functional biology）の研究内容であると書かれていて混乱するかもしれません。これは，機能生物学でいうところの「機能」が生物学的な作用（メカニズム）を指しているためです。

また，本書ではマイヤーが用いた渡り鳥の例を使うためにマイヤーの論文を引用しています。ですが，究極要因と至近要因の区別については，動物行動学者のニコ・ティンバーゲンによって提唱された「4 つのなぜ」の議論が引用されることがよくあります。「4 つのなぜ」に関心があれば長谷川による『生き物をめぐる 4 つの「なぜ」』を参照してください。

Mayr, E. (1961). Cause and effect in biology. *Science, 134*(3489), 1501-1506.

長谷川眞理子 (2002).『生き物をめぐる 4 つの「なぜ」』集英社

［2］ この生理学的要因の内的・外的という区別は，研究者がどこに着目するかということに対応していますが，実際に生物に備わったメカニズムとしては内的・外的要因を切り離すことはできないと筆者は考えます。たとえば，気温の低下を例に考えてみます。気温の低下自体は鳥の身体的な構造とは無関係に起こるので外的要因と言えます。しかし，鳥がどのように気温の低下を感じ，感じ取った気温がどのように脳で処理されて渡り行動を引き起こしているのかを調べるならば，これは渡りの内的要因を調べていることになります。ですから，内的・外的という区別は研究者の着眼点による便宜上の区別であって，至近要因についてきちんと理解しようと思えば内的・外的の両面を総合的に理解する必要があると筆者は考えています。

［3］ 少し専門的になりますが，マイヤーが例として使った鳥の渡りは，ゲーム理論を使ってモデル化する類の行動ではありません。それは，渡りが自然を相手にした適応行動だからです。一方，仲直りは他のプレイヤーを相手にした行動です。自然は自分自身がどのような行動をとったとしても，それに応じて変化したりはしません（渡りをしようがしまいが冬はやってきます）。

を購入するときに（アメリカではお祝い，感謝，謝罪などさまざまな場面に特化したカードが売られています），とくに相手がそれで得をするわけでもないけれど高価なカードを選ぶということも考えられます。日本でも，お詫びの品物の包装を立派なものにするとしたら，それは相手の利益にならない部分でコストをかけていることになります。

[22]　この研究データは，共著者として名前が挙がっている各国の先生方の協力で集めることができました。それに加えて，当時ティルブルフ大学（オランダ）に在籍していた竹澤正哲先生（現・北海道大学）には，無償でオランダのデータを集めていただきました。あらためて感謝いたします。

Ohtsubo, Y., Watanabe, E., Kim, J., Kulas, J. T., Muluk, H., Nazar, G., Wang, F., & Zhang, J. (2012). Are costly apologies universally perceived as being sincere? A test of the costly apology-perceived sincerity relationship in seven countries. *Journal of Evolutionary Psychology, 10*(4), 187-204.

[23]　この研究は，fMRI 研究にくわしい名古屋大学の大平英樹先生，愛知医科大学の松永昌宏先生との共同研究として実施されました。とくに松永先生には実験実施全般を担当していただきました。また，当時神戸大学の大学院生であった田中大貴さん（現・玉川大学）にも手伝ってもらいました。その他，愛知医科大学の多くの先生のサポートのもと実施することができた研究です。

Ohtsubo, Y., Matsunaga, M., Tanaka, H., Suzuki, K., Kobayashi, F., Shibata, E., Hori, R., Umemura, T., & Ohira, H. (2018). Costly apologies communicate conciliatory intention: An fMRI study on forgiveness in response to costly apologies. *Evolution and Human Behavior, 39*(2), 249-256.

[24]　Ciaramidaro, A., Adenzato, M., Enrici, I., Erk, S., Pia, L., Bara, B. G., & Walter, H. (2007). The intentional network: How the brain reads varieties of intentions. *Neuropsychologia, 45*(13), 3105-3113.

コラム 5-1

[1]　Hemphill, J. F. (2003). Interpreting the magnitudes of correlation coefficients. *American Psychologist, 58*(1), 78-79.

Behavioral Science, 12(1), 7-11.

［18］ ここで紹介する研究は，当時神戸大学の大学院生であった渡邊（林）えすかさんと一緒に行ったもので，次に挙げる論文で Experiment 3 として報告されています。この研究方法は，3 通りの謝罪の効果の調べ方の第 1 の調べ方を使っていることになります。

Ohtsubo, Y., & Watanabe, E. (2009). Do sincere apologies need to be costly? Test of a costly signaling model of apology. *Evolution and Human Behavior, 30*(2), 114-123.

［19］ この実験では「他の参加者」が公平な人であっても結果として不公平な分配を選んでしまう可能性がある状況を設定しました。具体的には，「他の参加者」は実験者から 2 通りの分配方法を与えられ，そのうちの一方を選ぶだけだったと説明したのです。そのため，もし実験者から与えられた選択肢が参加者に 100 円渡すというものと 200 円渡すというものだったのであれば，200 円を参加者に渡した「他の参加者」は相対的により公平な選択をしたことになります。実際は「他の参加者」はいないわけですが，「他の参加者」の行動がこのような形で制約されていたと思ってもらうことで，分配ゲームで 200 円しかくれなかった「他の参加者」が突然謝罪してくることの不自然さを軽減しました。

［20］ 少し面倒なので本文では簡単に書きましたが，すべての参加者には相手は 2 通りの謝罪メッセージを送ることができると説明していました。1 つは自分で内容を決めて書くことができるメッセージで，こちらは有料（500 円）と説明しました。もう 1 つは実験者が準備した定型文を送る場合で，こちらは無料と説明しました。参加者には相手がどちらを選んだかは定型文番号の有無で区別できますと説明しました。この説明は少し煩雑で，わかりにくくなるので，本文では理解しやすさを優先して 500 円を「送料」と表現しています。

［21］ コストを一方的に負うという設定にしないと利益の効果の可能性を排除できないため，このシナリオも少し現実味が低くなってしまっているかもしれません。しかし，現実場面で謝罪のために一方的にコストを負うということがまったくないわけではないと思います。たとえば，実験室実験の状況に近い現実場面として，どうしても謝罪の手紙を郵送しなければならないときに，できるだけ早く謝罪のメッセージを届けたいので速達にするかどうかという決定をする場面があるかもしれません。あるいは，郵送する謝罪カード

いので，この調査では想起されにくかったかもしれません。

[13] この研究では，相手が実際に参加者を裏切る状況が囚人のジレンマ・ゲームの文脈で実験的に作られています。そのため，この研究は謝罪の効果を調べる3通りの方法の中では第1の調べ方をしていると言えます。

Bottom, W P., Gibson, K., Daniels, S. E., & Murnighan, J. K. (2002). When talk is not cheap: Substantive penance and expressions of intent in rebuilding cooperation. *Organization Science, 13*(5), 497-513.

[14] 補償の大きさが大事だということを示す研究もあります。とくに補償額が不十分だとなかなか信頼回復に結びつかないことが示されています。

Desmet, P. T. M., De Cremer, D., & van Dijk, E. (2011). In money we trust? The use of financial compensations to repair trust in the aftermath of distributive harm. *Organizational Behavior and Human Decision Processes, 114*(2), 75-86.

[15] ここで紹介する研究は，当時神戸大学の大学院生であった八木彩乃さん（現・東北大学）と一緒に行ったもので，次に挙げる論文でStudy 2として報告されています。また，図5-3は，Study 2のデータの一部を利用して作成しました。

Ohtsubo, Y., & Yagi, A. (2015). Relationship value promotes costly apology-making: Testing the valuable relationships hypothesis from the perpetrator's perspective. *Evolution and Human Behavior, 36*(3), 232-239.

[16] 2つのシナリオでは，コストをかけて謝罪したいという程度にも違いがありました。そのため，それらを1つのグラフに混ぜてしまうと関係価値とコストのかかる謝罪意志の関係がわかりにくくなります。ここではわかりやすさを優先して，一方のシナリオのデータだけを例として示しています。

[17] 小田亮と平石界は，参加者に架空の迷惑場面を想像してもらった後，相手にどれくらい謝罪したいかを尋ねました。ただし，その際，コンピュータの画面上に提示した100個のボックスのうちいくつをチェックするかで謝罪意志を報告してもらいました。1つひとつクリックしてチェックしていくのは時間もかかりますし面倒臭い作業です。そのため，小田らの実験の参加者は謝罪意志を報告するために実際に労力を費やした（＝コストを支払った）と考えることができます。

Oda, R., & Hiraishi, K. (2021). Checking boxes for making an apology: Testing the valuable relationships hypothesis by a new method. *Letters on Evolutionary*

The effects of attributions of intent and apology on forgiveness: When saying sorry may not help the story. *Journal of Experimental Social Psychology*, *44*(4), 983-992.

［8］ Fehr, R., Gelfand, M. J., & Nag, M. (2010). The road to forgiveness: A meta-analytic synthesis of its situational and dispositional correlates. *Psychological Bulletin*, *136*(5), 894-914.

［9］ Riek, B. M., & Mania, E. W. (2012). The antecedents and consequences of interpersonal forgiveness: A meta-analytic review. *Personal Relationships*, *19*(2), 304-325.

［10］ ここで紹介したメタ分析に含まれる研究の多くは欧米で行われたものです。謝罪と赦しの関係は日本よりも欧米の方が強いという文化差があるのかもしれません。筆者らが日本とアメリカで行った研究のデータをあらためて見直してみても，謝罪と赦しの相関係数は日本のデータよりもアメリカのデータの方が高くなっています。たとえば，欧米人と比べて日本人はすぐに謝ると言われます。もしかすると日本人にとっては「ごめんなさい」は常套句になりすぎていて，特別な感じがしないのかもしれません。

［11］ この調査では第3の調べ方を使っていて，相手が「ごめん」と口に出して謝った，補償を申し出た等，5つの謝罪の行為があったかどうかをそれぞれ尋ねています。この図を作るにあたって，5つの謝罪要素のうち3つ以上があった場合に，ある程度しっかりした謝罪があったと見なして謝罪ありとしました。それより少ない場合には謝罪なしとしています。ですが，1つでも要素があれば謝罪ありと見なしたとしても，相関係数やグラフの見た目はさほど違いません。ちなみに，この図を作るために使ったデータは，次の論文にStudy 2として報告された研究のものです。この論文の研究は第3章でも紹介しています。

Smith, A., McCauley, T. G., Yagi, A., Yamaura, K., Shimizu, H., McCullough, M. E., & Ohtsubo, Y. (2020). Perceived goal instrumentality is associated with forgiveness: A test of the valuable relationships hypothesis. *Evolution and Human Behavior*, *41*(1), 58-68.

［12］ 謝罪がなかった方に多くのデータが集まっているのは，調査の特性によると考えられます。というのは，この調査では誰かに傷つけられた経験を思い出してもらい，その経験について尋ねています。相手がすぐに謝ってすぐに赦してしまったようなことは，相手に傷つけられたという感覚があまりな

[2] Schlenker, B. R., & Darby, B. W. (1981). The use of apologies in social predicaments. *Social Psychology Quarterly*, *44*(3), 271-278.

[3] 先に引用した大渕の著書の副題も「釈明の心理とはたらき」となっています。釈明研究については，大渕の著書にわかりやすくまとめられています。謝罪以外の3種類の釈明は，本来は謝罪すべきときにも使われるかもしれません。これについては，第7章でも簡単に触れます。

[4] この第1の調べ方の例としては，大渕らの謝罪の効果に関する先駆的研究があります。この第1の調べ方では，一時的にせよ実験の参加者を騙すことになってしまいます。そのため，実験終了後の丁寧な説明が欠かせませんし，実験の目的を達成するために必要不可欠と考えられる場合にしか用いることができません。

Ohbuchi, K., Kameda, M., & Agarie, N. (1989). Apology as aggression control: Its role in mediating appraisal of and response to harm. *Journal of Personality and Social Psychology*, *56*(2), 219-227.

[5] たとえば，第2の調べ方を用いた研究により，損害に対する相手の責任が大きいと謝罪が受け入れられにくくなる，迷惑行為による被害の程度が大きいほど謝罪が受け入れられにくくなることが明らかにされています。

Bennett, M., & Earwaker, D. (1994). Victims' responses to apologies: The effects of offender responsibility and offense severity. *The Journal of Social Psychology*, *134*(4), 457-464.

[6] 第3の調べ方を使った例としては，次の論文でStudy 1として報告されている研究があります。

McCullough, M. E., Worthington, E. L., Jr., & Rachal, K. C. (1997). Interpersonal forgiving in close relationships. *Journal of Personality and Social Psychology*, *73*(2), 321-336.

[7] 1つの研究テーマを，ここに挙げた3通りすべての調べ方を使って検討した論文があるので，紹介しておきます。この論文で検討されたのは，加害者がわざと被害者に迷惑をかけたときには，謝罪はむしろ逆効果になるという可能性です。わざとあなたを傷つけた人が，その直後に，「ごめん，ごめん，悪気はなかったんだ」と言ってきても，白々しい嘘に聞こえてむしろ腹が立つということです。

Struthers, C. W., Eaton, J., Santelli, A. G., Uchiyama, M., & Shirvani, N. (2008).

ベルベットモンキーがあたかもそれがいるかのように振る舞ったことで，ベルベットモンキーが警戒音の意味を理解しているということが明らかになりました。この研究は 1980 年の *Science* 誌に掲載され，その後の霊長類の音声コミュニケーション研究に大きな影響を与えました。

Seyfarth, R. M., Cheney, D. L., & Marler, P. (1980). Monkey responses to three different alarm calls: Evidence of predator classification and semantic communication. *Science*, *210*(4471), 801-803.

[13] Cheney, D. L., & Seyfarth, R. M. (1997). Reconciliatory grunts by dominant female baboons influence victims' behaviour. *Animal Behaviour*, *54*(2), 409-418.

[14] 本書ではくわしく扱いませんが，じつはシルクは価値ある関係仮説に批判的で，平和的意図シグナル仮説は価値ある関係仮説に対する反論として提唱されています。価値ある関係仮説に対するシルクの批判を筆者なりに要約すると，次のようになります。多くの霊長類は長期的な関係の維持を考えて仲直りしているのではなく，いますぐ毛づくろいしてほしい，他の個体とケンカになったときに応援に来てくれないと困るといった，どちらかというと即時的な利益を失わないために仲直りをしている。そのため，長期的な関係の維持が仲直りを促すという価値ある関係仮説は間違っている。このシルクの批判には，長期的利益と即時的利益の線引きが曖昧ではないかという反論もなされています。筆者としては，平和的意図シグナル仮説を価値ある関係仮説への批判として捉えるよりも，仲直りのためのシグナルの役割に注目する（別の現象を説明する）仮説と理解する方がよいのではないかと思っています。

Silk, J. B. (1996). Why do primates reconcile? *Evolutionary Anthropology*, *5*(2), 39-42.

Silk, J. B. (2002). The form and function of reconciliation in primates. *Annual Review of Anthropology*, *31*, 21-44.

[15] この段落の内容は，また第 6 章の第 2 節「不確実性低減仮説」でくわしく扱うので，ここでは引用文献の情報は示さず簡単にまとめています。

第 5 章

[1] 大渕憲一 (2010).『謝罪の研究 ── 釈明の心理とはたらき』東北大学出版会

らっしゃるかもしれません。じつは相手が疲れ果てるまで追いかけていくというマラソンのような狩りはハイエナ流で，ライオンやチーターのような大型ネコ科動物はそういう狩りをしません。大型ネコ科動物は，気づかれないように相手との距離を詰め，十分に近づいたところで飛び出して一気に相手を仕留めます。つまり，狩りのスタイルが短距離走なのです。自分との距離を詰めた捕食者を相手に，一目散に逃げるかわりにストッティングをしていたらむしろ格好のターゲットになってしまうでしょう。

[9] 感覚利用については，ディヴィッド・サダヴァらの生物学の教科書の第19章で紹介されています。シグナルの進化における感覚利用という説明は，もしかすると先に紹介したガゼルのストッティングにも当てはまるかもしれません。ハイエナにとっては，すぐにへばってしまうような獲物を追いかける方が得策です。そのため，ハイエナにはそもそも逃げていくガゼルのジャンプ力に注目する傾向があったのかもしれません。

サダヴァ，D. 他（石崎泰樹・斎藤成也監訳）(2014).『カラー図解　アメリカ版　大学生物学の教科書　第4巻　進化生物学』講談社

[10] 動物行動学では，こんな擬人化は厳に慎むという態度で研究結果が解釈されるのですが，発声によるシグナルで仲直りが促進されるということの驚きを伝えたいと思い，ここでは少しオーバーな表現をさせてもらいました。

[11] Cheney, D. L., Seyfarth, R. M., & Silk, J. B. (1995). The role of grunts in reconciling opponents and facilitating interactions among adult female baboons. *Animal Behaviour, 50*(1), 249-257.

[12] 事前に録音していた声を聞かせて反応を見るという実験方法のことは，録音したものを再生するという意味の英単語 playback から，プレイバック実験と言われます（コラム 3-2 で紹介したマダラヒタキの実験でも利用されています）。チェニーとセイファース夫妻は，ベルベットモンキーがヒョウ，ワシ，ヘビという 3 種類の捕食者が近づいてきたときに異なる警戒音を発して仲間に知らせていることを，霊長類を対象とした最初のプレイバック実験で明らかにしました。具体的には，これらの警戒音を録音しておき，捕食者が近くにいないときにそれを再生してベルベットモンキーに聞かせたのです。すると，ベルベットモンキーは，ヒョウの警戒音を聞いたときには木に登って逃げ，ワシの警戒音を聞いたときには空を見上げ，ヘビの警戒音を聞いたときには地面に注意を払いました。実際にはそれぞれの捕食者がいないのに

のに協力してくれたと誤解する）間違いでした。残念ながら，CTFT は知覚のエラーには対処できません。考えてみれば，知覚のエラーが生じているというのは，自分は協力しているのに相手が勝手に誤解しているわけで，自分自身に落ち度はなく悔恨がふさわしい場面ではありません。

[4] ここで「偶発的な理由」というのは，コインを投げると表も裏も同じ確率で出るはずなのに，偶然に表が何回も出ることがあるのと同じです。理論的には同じ得点なので，同じように増えるはずですが，偶然に一方がたくさん子孫を残す可能性があるわけです。たとえば，繁殖する前に水害や山火事にあって多くの個体が死んでしまうとします。誰が犠牲になるかは，その個体が TFT プレイヤーであるか全面協力のプレイヤーであるかとはまったく関係ないでしょう。逆に言えば，あたかもコイン投げのように運で決まるわけです。このような偶発的な理由で適応に何の影響もない遺伝子が増えたり減ったりするプロセスを遺伝的浮動といいます。

[5] 共進化という言葉は，異なる種の間にお互いに影響を及ぼし合う傾向が進化することを指すことが多いようです。たとえば，昆虫が蜜を求めて花から花へと移動することで，その植物の受粉を手伝うのは共進化の例です。しかし，「共進化」はこれ以外の意味でも使用されます。シグナルの進化の場合は，同じ種の中でお互いに影響し合う特性が共進化することがあります。また，酪農文化において生乳に含まれる乳糖を分解する消化酵素を作る遺伝子が進化するプロセス（文化と遺伝子が影響し合うプロセス）にも文化と遺伝子の共進化という言葉が使われることがあります。

[6] Alcock, J. (2013). *Animal behavior* (10th ed.). Sunderland, MA: Sinauer Associates.

[7] インターネットで垂直に跳び上がっているところがよくわかる写真を探したところスプリングボックの写真が見つかったので，写真はスプリングボックを使いました。ですが，本文で紹介するストッティングの研究はガゼルを対象に行われています。そこで，これ以降はガゼルがストッティングをするものとして説明します。

FitzGibbon, C. D., & Fanshawe, J. H. (1988). Stotting in Thomson's gazelles: An honest signal of condition. *Behavioral Ecology and Sociobiology, 23*(2), 69-74.

[8] アフリカのサバンナの代表的な捕食者はライオンなので，なぜこの例でわざわざライオンではなくハイエナをもち出すのだろうと気になった方もい

べきです。ですが，現実の人間関係を心理学実験のために良くしたり悪くしたりするという介入は倫理的に問題があってできません。ですから，関係価値が高い（または低い）相手を思い浮かべてもらうというのは次善の策ということになります。

[23]　この研究は，当時筆者が所属していた神戸大学の特任研究員だったアダム・スミスさん（現・国際基督教大学），2017年の夏に神戸大学に短期滞在したトーマス・マッカウリーさん（現・カリフォルニア大学サンディエゴ校大学院生），神戸大学の大学院生だった八木彩乃さん（現・東北大学）を中心に，立命館大学の山浦一保先生，関西学院大学の清水裕士先生，カリフォルニア大学サンディエゴ校のマイケル・マッカロー先生（当時はマイアミ大学）にデータ収集・分析をサポートしていただきながら実施しました。

Smith, A., McCauley, T. G., Yagi, A., Yamaura, K., Shimizu, H., McCullough, M. E., & Ohtsubo, Y. (2020). Perceived goal instrumentality is associated with forgiveness: A test of the valuable relationships hypothesis. *Evolution and Human Behavior*, *41*(1), 58-68.

コラム3-2

[1]　Krams, I., Kokko, H., Vrublevska, J., Āboliņš-Ābols, M., Krama, T., & Rantala, M. J. (2013). The excuse principle can maintain cooperation through forgivable defection in the Prisoner's Dilemma game. *Proceedings of the Royal Society B*, *280*(1766), 20131475.

第4章

[1]　Boyd, R. (1989). Mistakes allow evolutionary stability in the repeated prisoner's dilemma game. *Journal of Theoretical Biology*, *136*(1), 47-56.

[2]　ただし，この戦略はボイド自身が考案したものではなく，経済学者のロバート・サグデンの1986年の著書の中で紹介されたものです。サグデンの著書の第2版については，日本語訳が2008年に出版されています。

サグデン，R.（友野典男訳）(2008).『慣習と秩序の経済学――進化ゲーム理論アプローチ』日本評論社

[3]　エラーにはもう1つ知覚のエラーがありました。知覚のエラーは，相手が協力したのに非協力を選んだと誤解する（または，相手が非協力を選んだ

条件についての議論は省略しました。

[11] Cords, M., & Thurnheer, S. (1993). Reconciling with valuable partners by long-tailed macaques. *Ethology*, *93*(4), 315-325.

[12] 仲直り率が上がらなかったTrとDjのペアは，この実験期間中に群れの次期ボスを争うライバル関係になってしまったそうです。おいしい餌よりも群れのボスになることの方が適応度により強く関係していると考えれば，訓練後に仲直り率が上がらなかったことも理解できます。

[13] Hruschka, D. J., & Henrich, J. (2006). Friendship, cliquishness, and the emergence of cooperation. *Journal of Theoretical Biology*, *239*(1), 1-15.

[14] ダンバー，R.（松浦俊輔・服部清美訳）(1998).『ことばの起源――猿の毛づくろい，人のゴシップ』青土社

[15] フルシュカとヘンリックの論文では，英語で排他的な仲間集団を意味するcliqueに行為者を表すerをつけて，cliquer戦略と書かれています。

[16] McCullough, M. E. (2008). *Beyond revenge: The evolution of the forgiveness instinct*. San Francisco, CA: Jossey-Bass.

[17] 進化ゲーム理論と動物行動学の研究も参考にするという本書のスタイルは，マッカローの著書におおいに影響を受けています。

[18] McCullough, M. E., Luna, L. R., Berry, J. W., Tabak, B. A., & Bono, G. (2010). On the form and function of forgiving: Modeling the time-forgiveness relationship and testing the valuable relationships hypothesis. *Emotion*, *10*(3), 358-376.

[19] この図は，ここで紹介している研究のデータに基づくものではありません。紹介している研究のデータは線が多すぎて見にくいので，同じ論文で報告されているより参加者人数が少なく，見やすい方の図を例として挙げています。

[20] de Quervain, D. J.-F., Fischbacher, U., Treyer, V., Schellhammer, M., Schnyder, U., Buck, A., & Fehr, E. (2004). The neural basis of altruistic punishment. *Science*, *305*(5688), 1254-1258.

[21] Burnette, J. L., McCullough, M. E., Van Tongeren, D. R., & Davis, D. E. (2012). Forgiveness results from integrating information about relationship value and exploitation risk. *Personality and Social Psychology Bulletin*, *38*(3), 345-356.

[22] 本当はカニクイザルの実験の場合のように，参加者の特定の人間関係を選んで，その相手との関係価値を高める（または低める）という操作をする

得点に及ばなかったからです。非協力的戦略がうまい汁を吸える間はTFTよりも非協力的戦略の方が有利なのです。

[5] Arnold, K., Fraser, O. N., & Aureli, F. (2010). Postconflict reconciliation. In C. J. Campbell, A. Fuentes, K. C. MacKinnon, S. K. Bearder, & R. M. Stumpf (Eds.), *Primates in perspective* (2nd ed., pp. 608-625). Oxford, England: Oxford University Press.

[6] 研究されたほとんどの霊長類では，軽いケンカの後で仲直りしやすいという結果になっていますが，例外的にボノボとリスザルでは深刻なケンカの後ほど仲直りしやすいという報告があります。

[7] やられた方が仕返しをすると仲直りしにくいと思われるかもしれません。ですが，さまざまな種の比較をしてみると，仕返しが起こりやすい種ほど仲直りもしやすいようです。そもそも順位制で上下関係が厳格に決まっているような種では，やられた方が自分より上位の個体に仕返しするということはほとんどないし，そのような種では上下関係が厳格に決まっているという理由によってそれほど仲直りする必要もないのかもしれません。一方，関係性がフラットな種では，ケンカもそれほど深刻ではなく，関係がフラットなので仕返しも多く起こりますが，仲直りもしやすいようです。

[8] 血縁同士が仲直りしやすいことは血縁淘汰理論により説明されます。血縁淘汰理論については，長谷川・長谷川（2000）の第6章，北村・大坪（2012）の第3章などを参考にしてください。

長谷川寿一・長谷川眞理子 (2000). 『進化と人間行動』東京大学出版会

北村英哉・大坪庸介 (2012). 『進化と感情から解き明かす社会心理学』有斐閣

[9] de Waal, F. B. M. (2000). Primates: A natural heritage of conflict resolution. *Science*, *289*(5479), 586-590.

[10] ランダム化比較試験（RCT）という言葉を知っている読者の方は，この実験は統制条件がなくて不完全だと思われるかもしれません。たしかに，協力をするとおいしい餌がもらえるという訓練を受けたことが仲直りの原因であると結論づけるためには，そのような訓練をしない統制群を作って，訓練なしでは仲直り傾向は高くならない（たんに繰り返し観察していると仲直りするようになるというものではない）ことを確認する必要があります。ですが，この例は次に紹介する実際の研究に即したものなので，あえてこの統制

方が少し遅れて対応するよりも効果的でした。赦しに焦点を当てて考えれば，どうせ赦すなら早く赦してあげた方がよいという結果でした。

Komorita, S. S., Hilty, J. A., & Parks, C. D. (1991). Reciprocity and cooperation in social dilemmas. *Journal of Conflict Resolution, 35*(3), 494-518.

[10] ラパポートのことを心理学者と呼んでよいのかどうかは悩ましいところです。というのは，彼は若い頃にピアニストとしてデビューしたけれど，思ったようなキャリアを歩めず，数学で博士号をとって研究者になっているからです。ただし，ラパポートがアクセルロッドのトーナメントに TFT を応募したときは，彼はたしかにトロント大学心理学部に所属していました。

Kopelman, S. (2020). Tit for tat and beyond: The legendary work of Anatol Rapoport. *Negotiation and Conflict Management Research, 13*(1), 60-84.

[11] ラパポート，A.・チャマー，A. M.（廣松毅・平山朝治・田中辰雄訳）(1983).『囚人のジレンマ——紛争と協力に関する心理学的研究』啓明社

第3章

[1] Molander, P. (1985). The optimal level of generosity in a selfish, uncertain environment. *Journal of Conflict Resolution, 29*(4), 611-618.

[2] Nowak, M. A., & Sigmund, K. (1992). Tit for tat in heterogeneous populations. *Nature, 355*(6357), 250-253.

[3] シミュレーション研究は，ランダムに発生させた数値（この例では，初期にどのような p と q の値をもった戦略が含まれるか）にも影響されます。そのため，シミュレーションの結果は毎回少しずつ違ったものになります。ノヴァクとシグムンドの論文で報告されている図は少し見にくい部分があるので，今回は筆者が彼らのシミュレーションを再現して，その結果をもとにグラフを作り直しました。その際，本書で紹介する結果がノヴァクとシグムンドの論文の結果と大きく違ったものにならないように，TFT 以外に全面非協力戦略も加えておきました。

[4] この説明だけ読むと，非協力者よりも TFT の方が有利に思えます。すると，それならなぜ最初から TFT が増えなかったのかということが気になります。初期状態では全面非協力戦略のカモになる戦略（q が高く，全面非協力戦略にもかなりの確率で協力してしまう戦略）がいたために，TFT 同士が協力し合っても協力的な戦略をカモにして高得点をあげる非協力的な戦略の

第2章

[1]　長谷川寿一・長谷川眞理子 (2000). 『進化と人間行動』東京大学出版会

[2]　Grant, P. R., & Grant, B. R. (2002). Unpredictable evolution in a 30-year study of Darwin's finches. *Science, 296*(5568), 707-711.

グラント夫妻の研究については，以下の本にくわしく紹介されています。

ワイナー，J.（樋口広芳・黒沢令子訳）(1995). 『フィンチの嘴 ―― ガラパゴスで起きている種の変貌』早川書房

[3]　https://population.un.org/wpp/

[4]　Nilsson, D., & Pelger, S. (1994). A pessimistic estimate of the time required for an eye to evolve. *Proceedings of the Royal Society of London: Biological Science, 256*(1345), 53-58.

[5]　本文の主旨とは直接関係ありませんが，過去の経験から将来の行動をより適応的なものに調整するためには絶対に意識的な記憶が必要ということはありません。たとえば，アメフラシのような小さな脳しかもたない動物でも，同じ場所を何度も同じように刺激されるうちに，最初は驚いていたのが，しだいに驚かなくなります。つまり，その刺激は危なくないと「記憶」して行動を変えるということです。心理学では，このような行動の変化のことを「学習」と呼びます。アメフラシが，意識的に「この刺激は危なくなかった」と過去の記憶に基づき考えているということはないでしょう。それにもかかわらずアメフラシで学習が観察されるということから，意識的な記憶がなくても過去の経験に基づき将来の行動を調整することはできるということがわかります。

[6]　Anderson, J. R., & Schooler, L. J. (1991). Reflections of the environment in memory. *Psychological Science, 2*(6), 396-408.

[7]　ジンマー，C.・エムレン，D. J.（更科功・石川牧子・国友良樹訳）(2017). 『カラー図解　進化の教科書　第3巻　系統樹や生態から見た進化』講談社

[8]　アクセルロッド，R.（松田裕之訳）(1998). 『つきあい方の科学 ―― バクテリアから国際関係まで』ミネルヴァ書房

[9]　人間の実験参加者にそれと知らせずに事前に準備されたコンピュータ・プログラムと囚人のジレンマ・ゲームを繰り返しプレイしてもらう実験では，TFT の特徴がいずれも実際の人間の参加者から協力を引き出すのに効果的だということが示されています。報復や赦しはすぐに相手の行動に対応する

Primatology, *71*(11), 895-900.

[15] Watts, D. P. (1995). Post-conflict social events in wild mountain gorillas (Mammalia, Hominoidea): I. Social interactions between opponents. *Ethology*, *100*(2), 139-157.

[16] Perelman, P., Johnson, W. E., Roos, C., Seuánez, H. N., Horvath, J. E., et al. (2011). A molecular phylogeny of living primates. *PLoS Genetics*, 7: e1001342.

[17] van den Bos, R. (1998). Post-conflict stress-response in confined group-living cats (*Felis silvestris catus*). *Applied Animal Behaviour Science*, *59*(4), 323-330.

[18] Cordoni, G., & Norscia, I. (2014). Peace-making in marsupials: The first study in the red-necked wallaby (*Macropus rufogriseus*). *PLoS ONE*, *9*: e86859.

[19] Yamamoto, C., Morisaka, T., Furuta, K., Ishibashi, T., Yoshida, A., Taki, M., Mori, Y., & Amano, M. (2015). Post-conflict affiliation as conflict management in captive bottlenose dolphins (*Tursiops truncatus*). *Scientific Reports*, *5*, 14275.

[20] Fraser, O. N., & Bugnyar, T. (2011). Ravens reconcile after aggressive conflicts with valuable partners. *PLoS ONE*, *6*: e18118.

[21] Ikkatai, Y., Watanabe, S., & Izawa, E. (2016). Reconciliation and third-party affiliation in pair-bond budgerigars (*Melopsittacus undulatus*). *Behaviour*, *153*(9-11), 1173-1193.

[22] Bshary, R., & Würth, M. (2001). Cleaner fish *Labroides dimidiatus* manipulate client reef fish by providing tactile stimulation. *Proceedings of the Royal Society of London B*, *268*(1475), 1495-1501.

[23] Romero, T., & Aureli, F. (2017). Conflict resolution. In J. Call, G. M. Burghardt, I. M. Pepperberg, C. T. Snowdon, & T. Zentall (Eds.), *APA handbook of comparative psychology: Basic concepts, methods, neural substrate, and behavior* (pp. 877-897). Washington, DC: American Psychological Association.

コラム 1

[1] Chen, F.-C., & Li, W.-H. (2001). Genomic divergences between humans and other hominoids and the effective population size of the common ancestor of humans and chimpanzees. *American Journal of Human Genetics*, *68*(2), 444-456.

もとの論文を読んでみた読者が混乱しないように，元論文の表記に合わせて，攻撃された方をB，攻撃した方をAとしています。英語で攻撃はaggressionなので，攻撃した方にその頭文字（A）がついている方がわかりやすいという事情もあったかもしれません。

［6］ 本書では，この後，さまざまな動物が登場します。名前を聞いただけではどんな動物かわからないということもあると思います。そのときには，ぜひインターネットの画像検索でそれぞれの動物の写真を眺めてみてください。本書で紹介する研究がより身近に感じられるようになると思います。

［7］ ボイド，R.・シルク，J. B.（松本晶子・小田亮監訳）(2011).『ヒトはどのように進化してきたか』ミネルヴァ書房

［8］ de Waal, F. B. M., & Yoshihara, D. (1983). Reconciliation and redirected affection in rhesus monkeys. *Behaviour, 85*(3-4), 224-241.

［9］ 薬の効き目があるかどうかを調べる実験を例にとれば，薬を投与する条件を実験条件と呼ぶのに対して，比較対象となる薬を投与しない条件のことを統制条件と呼びます。統制条件は薬の投与という部分以外はできるだけ実験条件と同じにしなければなりません。たとえば，病は気からというように，病気に効く薬を飲んでいると思うだけ（期待だけ）でも症状が少しはよくなることがあります。そのため，統制条件の参加者には効き目がないことがわかっている偽薬をそれと知らせずに渡して，期待という面で違いが出ないようにします。こうして統制条件を実験条件にマッチさせるのです。

［10］ Aureli, F., & de Waal, F. B. M. (Eds.). (2000). *Natural conflict resolution*. Berkeley, CA: University of California Press.

［11］ de Waal, F. B. M. (1993). Reconciliation among primates: A review of empirical evidence and unresolved issues. In W. A. Mason & S. P. Mendoza (Eds.), *Primate social conflict* (pp. 111-144). Albany, NY: State University of New York Press.

［12］ Pereira, M. E., & Kappeler, P. M. (2000). Divergent social patterns in two primitive primates. In F. Aureli & F. B. M. de Waal (Eds.), *Natural conflict resolution* (pp. 318-320). Berkeley, CA: University of California Press.

［13］ Schaffner, C. M., Aureli, F., & Caine, N. G. (2005). Following the rules: Why small groups of tamarins do not reconcile conflicts. *Folia Primatologica, 76*(2), 67-76.

［14］ Peñate, L., Peláez, F., & Sánchez, S. (2009). Reconciliation in captive cotton-top tamarins (*Saguinus oedipus*), a cooperative breeding primate. *American Journal of*

いって，selection とは違う単語が使われていて混乱がありません。ところが，日本語ではどちらも選択になってまぎらわしくなってしまいます。そこで，進化心理学の慣例にならって，本書では selection には「淘汰」を使うことにします。
[7] ダンバー，R.（松浦俊輔・服部清美訳）(1998).『ことばの起源 ── 猿の毛づくろい，人のゴシップ』青土社
[8] ダンバーの社会脳仮説のグラフはいろいろな本や教科書で紹介されています。それを見たことがあるという方は，ヒトのデータはそんなに右上にポツンと孤立してはいなかったと記憶されているかもしれません。そうだとすると，そのグラフの縦軸，横軸のいずれもが対数変換されていたはずです。対数の目盛は値が大きくなるほど目盛の間隔が詰まってきます。通常の目盛であれば 1 と 10 の間隔は 11 と 20 の間隔と等しくなります。ところが対数目盛では 1 と 10 の間隔は同じ 10 倍の関係にある 10 と 100 の間隔（あるいは 100 と 1000 の間隔）と等しくなります。グラフで言うと，通常の目盛で見たときの右上にある点は，左下の方にひっぱられることになります。そのため，他の種と比べて右上の方に飛び出してしまうヒトのデータも，対数目盛で示すと，他の霊長類のデータとさほど離れていない場所にプロットされるのです。

第 1 章

[1] ドゥ・ヴァール，F. B. M.（西田利貞・榎本知郎訳）(1993).『仲直り戦術 ── 霊長類は平和な暮らしをどのように実現しているか』どうぶつ社
[2] 朝日新聞デジタル (2020).「『邪魔だ，どけ』妊婦の腹を蹴った疑い　逃走の男を逮捕」6 月 24 日 https://www.asahi.com/articles/ASN6S3G5YN6SIIPE003.html
[3] de Waal, F. B M., & van Roosmalen, A. (1979). Reconciliation and consolation among chimpanzees. *Behavioral Ecology and Sociobiology*, *5*(1), 55-66.
[4] このような記録には客観性が求められます。そのため，事前にケンカならケンカが起きたと記録するための条件が必要です。論文によれば，ひっぱる，噛みつく，歯を見せて叫ぶ等の 9 つの行動のうち 1 つでもあったらケンカとして記録したと書かれています。
[5] A と B の順番が入れ替わって読みにくいと思われるかもしれませんが，

注・文献

はじめに

[1]　夏目漱石 (1950).『坊っちゃん』新潮社

[2]　シェイクスピア，W.（中野好夫訳）(1951).『ロミオとジュリエット』新潮社

[3]　Worthington, E. L., Jr. (Ed.). (2005). *Handbook of forgiveness*. New York: Routledge.

Worthington, E. L., Jr., & Wade, N. G. (Eds.). (2019). *Handbook of forgiveness* (2nd ed.). New York: Routledge.

[4]　みなさんが書店などで○○ハンドブックなどの本を見かけると，たいていはあまり厚くなくて，○○のことが要領よくまとめられた本であることが多いでしょう。そのイメージは正しいと思います。なんと言ってもハンドブックなのです。メリアム゠ウェブスター社の英英辞書を見ても，持ち運びに便利なマニュアル，簡潔な参考書と書かれています。しかし，研究の世界では，その学問分野についての集大成のような本になりがちで，分厚い本になります。

[5]　Fehr, R., Gelfand, M. J., & Nag, M. (2010). The road to forgiveness: A meta-analytic synthesis of its situational and dispositional correlates. *Psychological Bulletin*, *136*(5), 894-914.

[6]　自然淘汰は natural selection の訳で，自然選択とも訳されます。この natural selection という言葉は，品種改良のときに人間が自分たちに都合のよい変異（たとえば，より苦みの少ない野菜）を選んで（select して）いくのと同じようなプロセスが，自然に起きているというニュアンスをもっています。ですから，natural selection はより環境に適応したものが「自然によって選ばれる」という意味があり，そう考えると「選択」の方がよい訳語だということになります。ところが，進化心理学ではヒトを含むいろいろな動物が配偶者を選ぶことを配偶者選択といいます。英語ではこれを mate choice と

索　引

著　者

大坪 庸介（おおつぼ ようすけ）

2000 年，Northern Illinois University, Department of Psychology 博士課程修了。Ph. D.。現在，東京大学大学院人文社会系研究科准教授。

主要著作に，『進化と感情から解き明かす社会心理学』（共著，有斐閣，2012 年），『英語で学ぶ社会心理学』（共著，有斐閣，2017 年）など。

仲直りの理（ことわり）
進化心理学から見た機能とメカニズム

2021年10月10日　第1刷発行

著　者　大坪庸介
発行者　櫻井堂雄
発行所　株式会社ちとせプレス
〒157-0062
東京都世田谷区南烏山 5-20-9-203
電話　03-4285-0214
http://chitosepress.com
装　幀　山影麻奈
印刷・製本　大日本法令印刷株式会社

ISBN 978-4-908736-21-6　C1011

既刊書

偏見や差別はなぜ起こる？

心理メカニズムの解明と現象の分析

北村英哉・唐沢穣 編

偏見や差別の問題に，心理学はどのように迫り，解決への道筋を示すことができるのか。第一線の研究者が解説した決定版。

なぜ人は困った考えや行動にとらわれるのか？

存在脅威管理理論から読み解く人間と社会

脇本竜太郎 著

「いつか訪れる死への恐怖」に対する人間の心的防衛メカニズムから，人間と社会に広がる生きづらさを読み解く。

既刊書

組織と職場の社会心理学

山口裕幸 著／(株)オージス総研 協力

組織や職場の現場で生じるさまざまなトピックについて，科学的な行動観察の視点と社会心理学の実証研究から明らかとなった知見を紹介。

自制心の足りないあなたへ

セルフコントロールの心理学

尾崎由佳 著

多くの人が悩みを抱える誘惑との葛藤。セルフコントロールの仕組みと自制心不足を解消する手がかりを,科学的な研究成果からわかりやすく解説。

既刊書

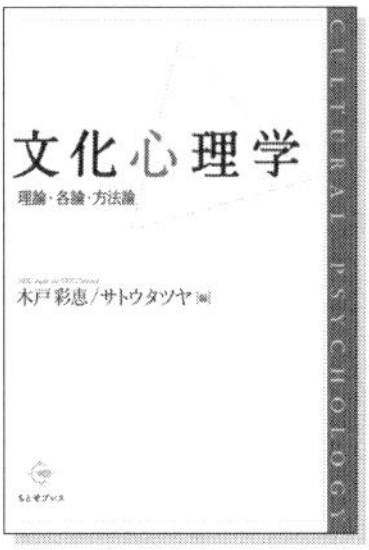

文化心理学

理論・各論・方法論

木戸彩恵・サトウタツヤ 編

人に寄り添う文化と人の関係性を描く。文化を記号として捉え，文化との関わりの中で創出される人の心理を探究する文化心理学の決定版テキスト。

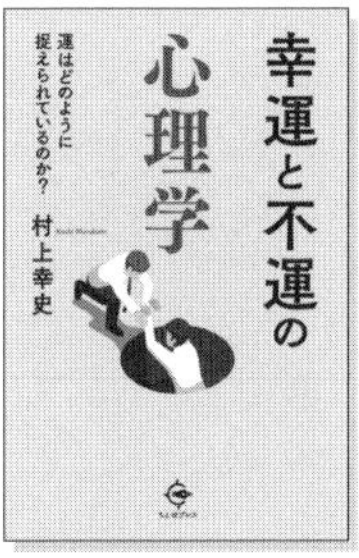

幸運と不運の心理学

運はどのように捉えられているのか?

村上幸史 著

運とはいったい何なのか。運の強さやツキはどのように語られ，認識されているのか。運を「譲渡する」現象はどのように捉えられているのか。